Casamayor/Dovaz/Bazin • Edle Tropfen

Copyright © 1994, Hachette Livre (Littérature Générale: Livres Pratiques)
Titel des französischen Originals: L'OR DU VIN (Les 100 vins le plus prestigieux du monde) by Pierre Casamayor, Michel Dovaz and Jean-François Bazin, fotografiert von Daniel Czap, erschienen bei Hachette Livre 1994, 79, bd Saint-Germain, F-75288 Paris Cedex 06
Die Übersetzung erfolgte durch Clemens Wilhelm

ISBN 3-275-01105-7

1. Auflage 1994

Satz: F. X. Stückle, Kreuzerweg 21, D-77955 Ettenheim
Printed by Rotolito Lombarda (Italy)
Binded in France by AGM.

Pierre Casamayor
Michel Dovaz
Jean-François Bazin

EDLE TROPFEN

Die 100 teuersten Weine der Welt

Deutsch von Clemens Wilhelm
Fotografien von Daniel Czap

Müller Rüschlikon Verlags AG, CH-6330 Cham

INHALT

Zum Aufbau des Buches

Die Welt des Luxus ist die Welt der verrückten Träume, der spontanen Gelüste, der Emotionen und irrationalen Begierden. Nobelkarossen, Haute couture, glitzernde Geschmeide, kostbare Parfums – all diese herrlich unnützen Dinge, auf die sich die Begüterten dieser Welt in den goldenen Meilen von London, New York, Paris und Tokyo stürzen, akzeptieren wir gerne als unentbehrlichen Tand.

Der große Wein – wobei «groß» teuer und «sehr groß» sehr teuer bedeutet – nimmt in der Welt des Erlesenen einen besonderen Platz ein. Einen Rolls-Royce zu fahren, sich bei Dior einzukleiden oder sich mit Chanel No. 5 zu umwölken, kann sich im Prinzip jeder leisten, der ein dickes Scheckbuch zücken kann; um aber Besitzer eines großen Weins zu werden, braucht man eine Initiation. Kennerschaft ist hier die Vorbedingung für den Besitzerstolz, und der illustre Kreis der *connaisseurs* mehrt den Ruhm der magischen Namen in einer geradezu esoterischen Sprache, die in aller Welt dieselbe ist. Bei jedem Essen außer Haus läßt man edle Gewächse auffahren, deren Etikett deutlich macht, daß der Gastgeber nicht nur eine gute Erziehung genossen hat, sondern auch über ein Bankkonto verfügt, das es ihm erlaubt, dies zu demonstrieren. Der texanische Ölmilliardär läßt es sich nicht nehmen, seine Gäste in seinen Keller zu führen, wo er die Pétrus-Jahrgänge und alle Mouton-Etiketten versammelt hat, flankiert von Romanée-Contis neben ihrer Originalkiste. Er treibt den Luxus so weit, daß er einen Winkel seines Kellers auch für die heimischen Kreszenzen reserviert hat, Diamond Creek oder Opus One. Alle diese Weine wiegt er mit Gold, Silber oder Bronze auf. Die Olympioniken des Weins geben sich hier ein Stelldichein.

Als die ehrwürdigen *courtiers* der Handelsbörse von Bordeaux im vorigen Jahrhundert um eine Hierarchie der Weine der Gironde gebeten wurden, waren sie um das anzulegende Kriterium nicht einen Augenblick verlegen. Sie zogen dasjenige heran, was sie seit Generationen zu ermitteln gewohnt waren: den Preis. Die berühmte Klassifikation von 1855 beruht daher auf dem Preisspektrum der verschiedenen Châteaus jener Zeit. Seither gilt sie als Tafel des Gesetzes.

Die Kotierung eines Weins kann langfristig durchaus ein Indikator für seine Qualität sein, denn der Markt läßt sich nicht auf Dauer täuschen. So bildet sich im Laufe der Zeit innerhalb der einzelnen Kategorien eine Rangordnung aus. Es schien uns lehrreich und spannend zu sein, einmal die Kategorien durcheinanderzuwerfen und die Preise der Weine der ganzen Welt miteinander zu vergleichen. Also haben wir Burgunder, Bordeaux, Weine aus Kalifornien, Spanien und Italien und Champagner in absteigender Reihenfolge ihres Preises symbolisch in ein Regal einer Luxus-Weinboutique der Place de la Madeleine oder der 5th Avenue gestellt – und hoffen, damit die snobistischste Weinboutique der Welt geschaffen zu haben!

Dabei wurden die Luxusweine der ganzen Welt nach ihrem Einzelhandelspreis klassifiziert. Allerdings gibt es international nur wenige Märkte, wo die ganze Weltproduktion angeboten wird und man daher die Weinpreise auf einem einzigen Markt vergleichen könnte. Frankreich ist Erzeugerland und importiert kaum ausländische Weine. In Großbritannien wie auch in Belgien gibt es ein sehr breites Angebot, doch sind manche Weine, insbesondere die kalifornischen, nicht vollständig vertreten. Es bleibt noch der amerikanische Markt, und hier ist das Angebot praktisch lückenlos. Es gibt keinen Luxuswein, wie klein seine Erzeugung auch sein mag, der in den Weingeschäften von New York, Washington oder Los Angeles nicht zu haben wäre.

Wir haben für dieses Buch den Durchschnitt der Einzelhandelspreise in Paris, London, Brüssel und New York zugrunde gelegt, wobei wir jeweils den mittleren Preis der einzelnen Weinkeller errechnet haben. Aufgrund der erheblichen Preisschwankungen desselben Weins selbst am selben Ort haben wir uns dafür entschieden, einen Mittelwert festzustellen, wobei allzu extreme Preise nicht in die Rechnung eingingen. Manche Weine unterliegen einer starken Spekulation, insbesondere auf dem amerikanischen Markt (zum Beispiel la Turque, le Pin). In solchen Fällen wurde der Durchschnittspreis anhand des Preises des Weins im Ursprungsland ab Erzeuger berichtigt. In allen Fällen handelt es sich um die Preise der letzten auf den Markt gekommenen Jahrgänge (je nach Weintyp drei bis vier), nicht um Primeurpreise oder die Preise alter Flaschen.

Bei einigen Weinen, die nur auf dem amerikanischen Markt zu haben sind, wurde der Preis als Durchschnittswert genommen; dies betrifft kalifornische Weine geringer Erzeugung.

Manche Weine wie z. B. der Tokajer oder der Vega Sicilia kommen erst nach langem Ausbau auf den Markt; hier wurde ebenfalls der Marktpreis der letzten Jahrgänge herangezogen.

Für den Preisvergleich wurden die Preise der Jahre 1989, 1990 und 1991 in US-Dollar umgerechnet. Es ist festzuhalten, daß es sich hier nicht um eine qualitative Klassifikation der Weine handelt. Alle Weine sind hervorragend und erfüllen die Erwartungen, die der Weinfreund bezüglich eines großen Weins hegen darf. Wir geben hier lediglich eine preisliche Rangfolge. Zur besseren Übersichtlichkeit wurde das Buch in vier Abschnitte gegliedert: Große Rotweine, Weißweine, Süßweine · Dessertweine und Schaumweine, wobei in letzterem Fall nur Champagner unter den 100 teuersten Weinen der Welt zu finden sind.

Klassierung	Skalierung von 100	Preis in US $
herausragende Erstplazierte	höher als 100	höher als 500
Erstplazierte	40 bis 100	200 bis 500
Zweitplazierte	25 bis 40	100 bis 200
Drittplazierte	15 bis 25	70 bis 100
Viertplazierte	10 bis 15	50 bis 70
Fünftplazierte	7 bis 10	35 bis 50

Klassifikation der 100 Weine

PREMIERS EXCEPTIONNELS

Egon Müller, Scharzhofberg TBA
La Romanée-Conti

PREMIERS

Dr. H. Thanisch, Bernkasteler Doctor TBA
Joh. Jos. Prüm, Wehlener Sonnenuhr TBA
Petrus
Schloss Johannisberg Eiswein
Schloss Schönborn, Hattenheimer Pfaffenberg TBA
Château d'Yquem
Andreas Carl von Schubert, Maximin Grünhäuser Abtsberg TBA
Montrachet, Domaine Marquis de Laguiche
La Tâche, Domaine de La Romanée-Conti
Langwerth von Simmern, Erbacher Marcobrunn TBA
La Turque
Clos du Mesnil

SECONDS

Richebourg, Domaine Méo-Camuzet
Bollinger, Vieilles Vignes Françaises
Staatlichen Weinbaudomänen Niederhausen Schlossböckelheim, Schlossböckelheimer Kupfergrube TBA
Dr. Bürklin-Wolf, Wachenheimer Luginsland TBA
La Romanée, Domaine du Château de Vosne-Romanée
Diamond Creek, Volcanic Hill
Tokay, Aszú Esszencia
Château Lafleur
Grace Family Vineyards
Lingenfelder, Freinsheimer Goldberg TBA
Château Mouton-Rothschild
Château Coutet, Cuvée Madame
Château Ausone
Hugel & Fils, Riesling SGN
Château Latour
Domaine Zind-Humbrecht, Tokay Rangen de Thann SGN
Château Suduiraut, Crème de tête
Château Lafite
Château Gilette
Domaine Weinbach, Gewürztraminer
Château Cheval Blanc
Château Le Pin
Cristal de Rœderer
Château Margaux
Bâtard-Montrachet, Domaine Ramonet
Chevalier Montrachet Les Demoiselles, Domaine Louis Latour
Bricco Rocche Ceretto
Château Haut-Brion
Château Trotanoy
Musigny, Domaine Comte Georges de Vogüé
Caymus Vineyards, Special Selection
La Romanée Saint-Vivant, Domaine Leroy
Stag's Leap Wine Cellars, Cask 23
Salon
Dom Pérignon

TROISIÈMES

Dr. von Bassermann-Jordan TBA
Gaja, Sorì san Lorenzo
Domaine de Chevalier
Château Certan de May de Certan
Chambertin-Clos de Bèze, Domaine Armand Rousseau
Taittinger, Comtes de Champagne
Opus One
Clos des Cortons-Faiveley
Bodegas Vega Sicilia, Unico
Griotte Chambertin, Domaine Ponsot Père & Fils
Clos de Tart
Château Léoville-Las-Cases
Pesquera Janus Gran Reserva
Corton Charlemagne Grand Cru, Bonneau du Martray
Penfold's Wines, Grange Hermitage

QUATRIÈMES

Chambolle Musigny Les Amoureuses, Domaine Jacques-Frédéric Mugnier
Château Pichon Longueville Comtesse de Lalande
Heitz Cellar, Martha's Vineyards
Bonnes Mares, Domaine Drouhin-Laroze
Ridge Montebello
Clos Saint-Denis, Domaine Dujac
Clos Vougeot, Domaine François Lamarche
Château Woltner, Cuvée Titus
Château L'Evangile
Puligny-Montrachet Les Pucelles, Domaine Leflaive
Solaia d'Antinori
Brunello di Montalcino, Biondi Santi Riserva
Chablis Grand Cru Les Blanchots, Réserve de l'Obédiencerie
Château Ducru-Beaucaillou
Château Palmer
Château Cos d'Estournel
Château d'Arlay, vin de Paille
Château Figeac
Grands Echézeaux, Domaine Gros Frêre & Sœur
Château Grillet
Château La Conseillante
Echézeaux, Henri Jayer
Vieux-Château-Certan

CINQUIÈMES

Insignia, Joseph Phelps Vineyards
Sassicaia, Niccolo Incisa della Rochetta
Clos des Lambrays
Hermitage La Chapelle
Volnay Clos des Ducs, Domaine Marquis d'Angerville
Ca' del Bosco chardonnay
Dominus
Andrus Reserve, Pine Ridge Winery
Château Rayas
Château Canon
Château Climens
La Quintessence de Petit Manseng, Domaine de Cauhapé
Rubicon, Niebaum Coppola

Klassifikation der 100 Weine nach Typ

Rotweine

Premier exceptionnel
La Romanée-Conti

Premiers
Petrus
La Tâche, Domaine de La Romanée-Conti
La Turque

Seconds
Richebourg, Domaine Méo-Camuzet
La Romanée, Domaine du Château de Vosne-Romanée
Diamond Creek, Volcanic Hill
Château Lafleur
Grace Family Vineyards
Château Mouton-Rothschild
Château Ausone
Château Latour
Château Lafite
Château Cheval Blanc
Château Le Pin
Château Margaux
Bricco Rocche Ceretto
Château Haut-Brion
Château Trotanoy
Musigny, Domaine Comte Georges de Vogüé
Caymus Vineyards, Special Selection
La Romanée Saint-Vivant, Domaine Leroy
Stag's Leap Vine Cellars, Cask 23

Troisièmes
Gaja, Sorì san Lorenzo
Château Certan de May de Certan
Chambertin-Clos de Bèze, Domaine Armand Rousseau
Opus One
Clos des Cortons-Faiveley
Bodegas Vega Sicilia, Unico
Griotte Chambertin, Domaine Ponsot Père & Fils
Clos de Tart
Château Léoville-Las-Cases
Pesquera Janus Gran Reserva
Penfold's Wines, Grange Hermitage

Quatrièmes
Chambolle Musigny Les Amoureuses, Domaine Jacques-Frédéric Mugnier
Bonnes Mares, Domaine Drouhin-Laroze
Château Pichon Longueville Comtesse de Lalande
Heitz Cellar, Martha's Vineyards
Ridge Montebello
Clos Saint-Denis, Domaine Dujac
Clos Vougeot, Domaine François Lamarche
Château L'Evangile
Solaia d'Antinori
Brunello di Montalcino, Biondi Santi Riserva
Château Ducru-Beaucaillou
Château Palmer
Château Cos d'Estournel
Château Figeac
Grands Echézeaux, Domaine Gros Frêre & Sœur
Château La Conseillante
Echézeaux, Henri Jayer
Vieux-Château-Certan

Cinquièmes
Insignia, Joseph Phelps Vineyards
Sassicaia, Niccolo Incisa della Rochetta
Clos des Lambrays
Hermitage La Chapelle
Volnay Clos des Ducs, Domaine Marquis d'Angerville
Dominus
Andrus Reserve, Pine Ridge Winery
Château Rayas
Château Canon
Rubicon, Niebaum Coppola

Weissweine

Premier
Montrachet, Marquis de Laguiche

Seconds
Bâtard-Montrachet, Domaine Ramonet
Chevalier Montrachet Les Demoiselles, Domaine Louis Latour

Troisièmes
Domaine de Chevalier
Corton Charlemagne Grand Cru, Bonneau du Martray

Quatrièmes
Cuvée Titus, Château Woltner
Puligny-Montrachet Les Pucelles, Domaine Leflaive
Chablis Grand Cru Les Blanchots, Réserve de l'Obédiencerie
Château Grillet

Cinquième
Ca' del Bosco chardonnay

Süssweine · Dessertweine

Premier exceptionnel
Egon Müller, Scharzhofberg TBA

Premiers
Dr. H. Thanisch, Bernkasteler Doctor TBA
Joh. Jos. Prüm, Wehlener Sonnenuhr TBA
Schloss Johannisberg Eiswein
Schloss Schönborn, Hattenheimer Pfaffenberg TBA
Château d'Yquem
Andreas Carl von Schubert, Maximin Grünhäuser Abtsberg TBA
Langwerth von Simmern, Erbacher Marcobrunn TBA

Seconds
Staatlichen Weinbaudomänen, Niederhausen Schlossböckelheim, Schlossböckelheimer Kupfergrube TBA
Dr. Bürklin-Wolf, Wachenheimer Luginsland TBA
Tokay, Aszú Esszencia
Lingenfelder, Freinsheimer Goldberg TBA
Château Coutet, Cuvée Madame
Hugel & Fils, Riesling SGN
Domaine Zind-Humbrecht, Tokay Rangen de Thann SGN
Château Suduiraut, Crème de tête
Château Gilette
Domaine Weinbach,Gewürztraminer

Troisième
Dr. von Bassermann-Jordan TBA

Quatrième
Château d'Arlay, vin de Paille

Cinquièmes
Château Climens
La Quintessence de Petit Manseng, Domaine de Cauhapé

Champagner

Premier
Clos du Mesnil

Seconds
Bollinger, Vieilles Vignes Françaises
Cristal de Rœderer
Salon
Dom Pérignon

Troisième
Taittinger, Comtes de Champagne

Le Grand Vin

Versuch einer Definition

Unter allen Früchten der Erde, die der Mensch kultiviert, nimmt der Wein eine kulturelle Sonderstellung ein. Bei den meisten Nahrungs- oder Genussmitteln wird Beständigkeit und Gleichmässigkeit angestrebt. Dies gilt zum Beispiel auch für Parfums: Der Käufer soll stets bestimmte Grundmerkmale wiederfinden, die für ihn oft das »Image« einer Marke prägen. Ganz anders verhält es sich mit dem Wein. Er trägt einen Namen, in dem sich, auch wenn er mit einer bestimmten Marke verbunden ist, eine eigenständige Persönlichkeit äussert, die mehr ist als nur eine Markenbezeichnung. Er hat eine Geschichte. Er trägt Erinnerungen. Er weckt Sinneseindrücke und erregt Leidenschaften, Gefühle, ästhetische Empfindungen. Er lebt und vibriert. Er ist immer einmalig.

Aber wie aus einem Marmorquader, der aus der Flanke eines griechischen Berges ausgehauen wurde, der Trümmerblock eines verfallenen Tempels oder aber die Venus von Milo werden kann, so gibt es gewöhnliche Weine, die man trinkt, und grosse Weine, Objekte unserer Verehrung, die man kostet. Was aber ist ein grosser Wein? Dies ist eine Frage, die kaum zu beantworten ist. Es ist ein Rätsel, das die Sphinx seit fünftausend Jahren den Menschen stellt.

DER WEIN IST STERBLICH

Die Weinzivilisationen sind sterblich. Wie Raymond Dumay gezeigt hat, ist jeder große Wein mit einer menschlichen Ambition verbunden. Shiraz stieg auf und fiel mit der persischen Welt, Askalon und Karthager mit der phönizischen Welt, Thrakier und Samos mit der griechischen Welt, Falerno mit der römischen Welt, der toskanische Wein mit der Renaissance, der Wein Spaniens mit Karl V. Ein großer Wein ist vor allen Dingen die Frucht eines Strebens nach Glanz und politischer und kultureller wie auch wirtschaftlicher Macht. Chile erzeugt einige hervorragende Weine, doch ist sein weltpolitisches Gewicht zu gering, als daß es ihnen weltweiten Ruhm sichern könnte. Kalifornien andererseits hat sich vor allem wegen seiner natürlichen Abstammung und seiner Überzeugungskraft sehr rasch den önologischen Adelsbrief gesichert. Könnte ein Wein aus Iowa oder Idaho einen ähnlichen Erfolg haben? Offensichtlich nicht.

Manchmal versinken Reben in einen Dornröschenschlaf, aus dem sie nach langer Zeit wieder erwachen. Dies könnte etwa bei dem Constantia der Fall sein, der in Südafrika in der Nähe des Kaps erzeugt wird und im achtzehnten Jahrhundert in Europa auf der Höhe seines Ruhms war. Die Renaissance des Tokajers, der

Vorhergehende Seite: Château d'Yquem, die berühmteste Hervorbringung der Rebe, beherrscht das Sauternais.

Oben: Das Wappen von Mouton-Rothschild mit seiner stolzen Devise: Mouton suis.

Der Jahrgang 1945 in den toskanischen Kellern von Biondi-Santi.

ungarischen, rumänischen, bulgarischen, mährischen und georgischen Weine in Mittel- und Osteuropa ist heute abzusehen.

Lange Zeit stellte sich die Frage überhaupt nicht, wodurch sich ein Wein gegenüber anderen auszeichnen könnte. Es gab »die« großen Weine und den Rest. Ein wenig wie in einem Altherrenclub hatten Bordeaux und Burgunder, Portwein, Madeira, Tokajer und einige andere Stammgäste ihren festen Platz, ihre wappengeschmückten Gedecke und ihre alten Gewohnheiten. Champagner war zum Dessert zugelassen. Dieser *Gotha* hatte seine Hierarchien, seine anerkannten und respektierten Werte. Er war europäisch, homogen und geschlossen.

ENTWICKLUNG EINES WELTMARKTS

Nach dem Zweiten Weltkrieg und vor allem in den sechziger Jahren entdeckten plötzlich die Vereinigten Staaten das bebende Glück einer leidenschaftlichen Liaison mit dem Wein. Bald erkannten auch die Japaner, daß dieses Getränk, das ihre Kultur nicht kennt, Bestandteil der westlichen Welt war, in die sie sich einzudringen anschickten. Die alte Gesellschaft der Weinerzeuger und Weintrinker sah sich plötzlich einer Herausforderung gegenüber, wie sie in ihrer Geschichte noch nie dagewesen war, mit Revolutionen konfrontiert, die nicht enden zu wollen scheinen.

Dieser weltweite Markt, wie er sich heute entwickelt hat, stellt Hierarchien und Gewohnheiten auf den Kopf, während gleichzeitig eine neue Kundschaft auf den Plan tritt. Weil dieser ein klassischer kultureller Bezugsrahmen fehlt, wirft sie sich in die Arme einer neuen Kritik, die sich ganz erheblich von der alten unterscheidet. Diese spricht Englisch, und dies umso mehr, als auch die neuen Rebgärten der Vereinigten Staaten, von Südafrika, Neuseeland und Australien das Englische als ihre natürliche Sprache ansehen.

Ein großer Wein ist heute nicht unbedingt mehr deshalb ein großer Wein, weil er es immer war, sondern deshalb, weil ihn die angelsächsische Weinkritik preist, die hervorragende Kenner in ihren Reihen hat, aber auch Gurus, auf deren Urteil nicht immer Verlaß ist. Es haben sich neue Vorgehensweisen durchgesetzt - es gibt Blindverkostungen, bei denen alle Flaschen dieselben Ausgangsbedingungen haben, und es gilt eine neue Philosophie, die der Degustation und objektiven Prüfkriterien den Vorrang einräumt. Diese Vorgehensweise hat allerdings ihre Grenzen, und zwar aus mehreren Gründen. »Was uns fehlt,« bekannte vor kurzem ein kluger kalifornischer Winzer, »sind einige Jahrhunderte Vergangenheit.« Wenn viele Pferde im Rennen sind, ist es schwieriger, lange an der Spitze zu bleiben. Europa mahnt die jungen Weine mit leiser Stimme an diese wichtige Wahrheit, aber es weiß auch, daß es sich selbst weiterentwickeln und anpassen muß.

JE TEURER EIN WEIN IST ...

Der Begriff des «großen Weins» muß also neu definiert werden. Unter allen Kriterien, die man heranziehen könnte, ist dasjenige des Preises ebenso objektiv wie anfechtbar. Zweifellos kann man sich dieser Meinung anschließen: Nach einer weiteren These, die Raymond Dumay in überzeugender Weise entwickelt hat, ist ein Wein aller Wahrscheinlichkeit nach umso besser, je teurer er ist. Wenn man einen Wein allen anderen Flaschen vorzieht, muß man ihn haben wollen, heißt es. Man muß die Pracht höher schätzen als die Eitelkeit, das Wesentliche höher als das Belanglose. Diese Forderung schlägt sich offensichtlich im Preis nieder, und er kann gelegentlich ein Unterscheidungsmerkmal sein. Die teuersten Weine sind nicht zwangsläufig die großartigsten, doch ist umgekehrt bei einem großen Wein sehr wohl zu erwarten, daß er teurer ist als die anderen. Die klassischen Hierarchien von Bordeaux und Burgund, die im neunzehnten Jahrhundert geschaffen wurden, basieren weitgehend auf dem Marktwert der Weine zu jener Zeit. In diesem Marktwert drückte sich aber nicht nur die eigentliche Qualität des Weins aus, sondern auch der Glanz und der Ruhm des Guts, die Bedeutung, die der Handel diesem Wein gab, und viele andere Faktoren, die mit den örtlichen gesellschaftlichen Verhältnissen zusammenhingen. So wurden zum Beispiel in den zwanziger und dreißiger Jahren im Burgund einige *climats* aus Gründen, die sich manchmal einer objektiven und kritischen Prüfung entziehen, als Grands crus klassifiziert, während andere Premiers crus wurden. La Perrière in Fixin und Les Saint-Georges in Nuits hätten die höheren Weihen als Grands crus verdient gehabt, doch erhob damals niemand Anspruch darauf - und heute ist der Zug abgefahren.

Der Preis ist ein einfaches Mittel, um sich schnell unter die ganz Großen einzureihen. Dies haben einige kalifornische Erzeuger sehr gut verstanden. Aber der Preis ist etwas Flüchtiges und Schwankendes. Daneben gibt es verschiedene Arten von Preisen: Erzeugerpreis, vom Alter und der Spekulation abhängiger Marktpreis. Hinzu kommen besondere Praktiken, die mit der Seltenheit eines Weins zu tun haben. Ein Beispiel hierfür ist die Verkaufspraxis der Domaine de la Romanée-

Die Tracht des Kellermeisters von Château Mouton-Rothschild.

Die Weine von Antinori werden in den Kellern des Klosters von Badia im Faß ausgebaut.

Conti: Eine Flasche Romanée-Conti gibt es nur zusammen mit elf anderen Flaschen des Guts. Die Idee ist allerdings nicht neu: Die Habsburger verlangten einst für jede exportierte Menge Tokajer den Kauf einer gleichen Menge österreichischen Weins bescheidenerer Herkunft.

Ganz besonders wachsam muß man bei Weinauktionen sein. Niemand kann ernsthaft das geringste Vertrauen in die angeblichen »Jefferson-Flaschen« haben, die vor einigen Jahren bei sehr angesehenen Auktionshäusern unter den Hammer kamen und Rekordpreise erzielten.

Der Preis hat - abgesehen von der Aussagekraft für aktuelle Modetrends - gar nichts zu bedeuten, wenn man dabei alle sonstigen Qualitätskriterien unberücksichtigt läßt. In hundert Jahren unterhalten wir uns wieder, sagen die Europäer - mit gutem Recht.

DAS WERK DER ZEIT

Wein ist kein alkoholisches Getränk, sondern ein Kulturprodukt. Er ist das Leben selbst, der unaufhörlich sich erneuernde Schwung der Lebenskraft, das Gedächtnis einer Kultur. Rinnt nicht das blaue Blut des Pinot noir in den Adern des Clos de Bèze in Chambertin, dessen Ursprung mindestens auf das Jahr 640 zurückgeht? Kein Königshaus, kein Wein kann sich wie er einer ununterbrochenen Herrschaft seit über dreizehn Jahrhunderten rühmen, und doch wird er jeden Herbst neu geboren, um seine Krone und sein Zepter dem Urteil des Geschmacks zu unterwerfen. Wie die Rose läßt uns dieses zarte Himmelsgeschenk an die Ewigkeit glauben.

Zweifellos ist ein solcher Wein ein historisches Monument, aber viel mehr noch ist er ein Schauspielhaus, das für jede Aufführung das Risiko einer Neuinszenierung eingeht. Man braucht ein Balkengerüst, das das Gebäude trägt, ein Rückgrat, das den Körper aufrecht hält, ein Ethos, das dem Wein zu seiner ihm gebührenden Größe verhilft. Für jedes Werk braucht man einen Meister. Es muß jemanden geben, der das Abenteuer wagt. Wie Choderlos de Laclos sagt, wird »in der Liebe niemals etwas wirklich ganz fertig.« Ein großer Wein ist vor allen Dingen Ausdruck einer schöpferischen, lyrischen, unbezwingbaren menschlichen Leidenschaft.

Muß man es aussprechen? Ein großer Wein braucht Liebe, menschliche Gegenwart und unaufhörliche Zuwendung. Je ferner der Besitzer den Reben, dem Keller, der Kelter ist, desto gefährdeter ist der Wein. Aber es gibt eine Kehrseite dieser Medaille. Wenn eine ganze Familie vom selben Feuer entflammt ist, dieselbe verzehrende Leidenschaft für etwas äußerst Ungreifbares empfindet, nämlich den bestmöglichen Wein, dann gerät sie völlig in dessen Bann. Der Wein ist Teil der Mahlzeiten der Familie, der Familienberatungen, des Familienlebens, und zwar nicht als Ahnenporträt, das an der Wand hängt, oder auch als Medaillon, das von der Mutter auf die Tochter vererbt wird, sondern als »Kind des Hauses«, wie es einmal ein Abt von Cîteaux so liebenswürdig formuliert hat, als er mit einem Besucher aus England über seinen Clos de Vougeot sprach. Es handelt sich weniger um ein Erbe als vielmehr um die Ehre eines ganzen Geschlechts und um seinen Rang; er ist ein Werk der Geduld wie der Bau eines Flaschenschiffes, die Leistung jeder einzelnen Generation. Der große Wein ist vor allen Dingen eine große Rebe. Ist er ein Kapital? Zweifellos, aber mehr noch ein Huhn, das goldene Eier legt, eine ästhetische Schöpfung, die von Jahr zu Jahr und von Jahrhundert zu Jahrhundert wiederholt wird. Ein großer Wein ist fast immer mit einer romanischen Familiensaga verbunden.

Die Rebe ist eine mehrjährige Pflanze. Der Wein muß »erzogen« werden. Rebe und Wein brauchen daher Ordnung, Beständigkeit, Dauer, mit einem Wort: Frieden, Stille. Dies erklärt das Aufblühen der klösterlichen Rebgärten im Mittelalter. Nur die mönchischen Gemeinschaften hatten inmitten einer unruhigen Gesellschaft die Ewigkeit für sich. Nur diese Gemeinschaften konnten dank der erprobten Verfahren wirklicher Spezialisten, der »Cellarii«, ihre Geheimnisse von Generation zu Generation weitergeben.

Der große Wein hört den Ruf der weiten Welt, und er folgt ihm. Er muß reisen, denn seine Kunden und Liebhaber leben oft fern von seiner Wiege. Weil ein großer Wein weltweite Anerkennung braucht, sucht er sie überall, wo sie sich befindet. Er pflegt auf der ganzen Welt Öffentlichkeitsarbeit. Eisenbahn und später das Flugzeug haben eine völlig neue Situation geschaffen, wie auch der Übergang vom Faß zur Flasche eine erste Revolution war: Es er-

Rebschnitt auf dem Gut Vega Sicilia in Altkastilien.

schienen Etikett, Korken und Korkbrand, die eine vom Erzeuger selbst angebotene oder von ihm überwachte Garantie beinhalteten.

EINE ZAUBERFORMEL?

Welche weiteren Kriterien sollte man neben demjenigen der Geschichte beibehalten? Auf der einen Seite hat man die langsame und ruhige Entwicklung von Traditionen auf einem kulturellen Hintergrund, auf der anderen die rasche Entwicklung moderner Technik überall auf der ganzen Welt. Kann ein großer Wein, der als solcher anerkannt ist, bewährte Rezepte liefern, die auf der ganzen Welt anwendbar sind? Gibt es eine archimedische Formel, eine magische Gleichung, eine göttliche Goldene Zahl, die die Geheimnisse der Alten Welt mit dem Entwicklungsdrang der Neuen Welt verbindet? Hiermit sind zwei Fragen gestellt: Die Frage nach dem Boden und diejenige nach der Eignung der Rebsorte für einen bestimmten Boden. Aus bordelaiser Sicht sind die Fragen schnell formuliert: Gibt es am linken Ufer eines Flusses, der in einem Tertiär-Gebirge entspringt, eine Lehmkuppe, die in flacher Neigung mit sandigen und lehmig-kalkigen Böden bedeckt ist? Wenn ja, gibt es in der Nähe einen kleinen Zufluß, der zum optimalen Zeitpunkt und am optimalen Ort für eine geeignete Feuchtigkeit sorgt? Herrscht in dieser Gegend ein atlantisch gemäßigtes Klima, das durch weite Kiefernwälder modifiziert wird? Wenn Sie irgendwo in der Welt einen solchen Ort entdecken, dann kaufen Sie schnell Flaschen, lassen Sie Etiketten drucken und pflanzen Sie Sémillon. Bitten Sie den Himmel, daß ein mikroskopischer Pilz Ihnen den Gefallen tun wird, sich hier zu entwickeln. Wenn der Himmel Ihr Gebet erhört, und wenn Sie genau so arbeiten wie man in Sauternes arbeitet, dann werden Sie eine perfekte Kopie des Yquem erzeugen. Aber trotzdem wird Ihr Wein niemals ein Yquem sein. Für den Namen, für die Appellation gibt es niemals einen Ersatz.

Andererseits wird man anhand von Geschmackskriterien, die weltweit gültig sind, Ihren Wein zwangsläufig mit dem Yquem vergleichen. Man wird ihn anhand des Yquem beurteilen. Wie eigenartig dies auch sein mag: Die neuen Rebgärten nehmen die Qualität der europäischen Weinbaugebiete als Maßstab und verzichten darauf, für sich eine eigene Identität zu beanspruchen, die sich jeglichem Vergleich entzieht. Dies ist der einzige Punkt, den Europa der übrigen Welt voraus hat. Überall, wo neue Weine entstehen, suchen sie eine Meßlatte und finden sie bei den authentischen Werten, die ihr Vorbild bleiben.

DER BODEN ...

Unter den objektiven Kriterien für einen großen Wein steht der Boden an erster Stelle. Der Boden - oder das «climat», wie die Burgunder sagen? Jenes Fleckchen Erde, wo ein bestimmter Wein entsprechend dem Boden, dem Untergrund, der Sonneneinstrahlung, der Feuchtigkeit, dem Wind, der Einwirkung von Frost usw. entsteht? Im Grunde fühlt sich die Rebe überall wohl: Auf dem Kies des Médoc, im Lehm des Pomerol, in den granitischen Sandböden der Côte Rôtie, den Kalkböden des Burgund, der Kreide der Champagne oder dem Vulkangestein Kaliforniens. Dasselbe gilt für den Untergrund - Lehm, Schiefer, Mergel, Granit, Sediment-, metamorphe oder Erruptivgesteine. Selbst ein feuchter Untergrund wie derjenige von Pétrus, der eher als Weideland geeignet zu sein scheint, kann eine üppigen Wein hervorbringen. Die

Rebe ist damit die anpassungsfähigste Pflanze der Welt. Aber es gibt auch verschwiegene Details: Etwa jenes rotbraune Band, das den Montrachet in der Mitte durchzieht, jene rötliche Lehmader mit einem besonders hohen Anteil an verfügbarem Kalk. Die vielfältigen Nuancen des Burgund, die manchmal von Meter zu Meter wahrnehmbar sind, bezeugen, wie wichtig der Boden ist.

Großen Einfluß auf die Qualität des Weins hat auch die Fähigkeit des Bodens, Wärme und Wasser zu speichern. Ein Überschuß an Wasser bekommt der Rebe nicht. Sie muß sich mit den vielfältigen natürlichen oder künstlich hinzugefügten (Kalium) Bestandteilen des Bodens auseinandersetzen. Im übrigen ist »Terroir« ein Begriff, der von Rebgarten zu Rebgarten unterschiedlich aufgefaßt wird: Hier wird jede Parzelle als *cru*, als ein Ganzes aufgefaßt, dort als Bestandteil eines Verschnitts, als Element des künftigen Weins. Und schließlich kann der Mensch den Boden verändern oder gestalten; man denke etwa an den Terrassenbau. Im achtzehnten Jahrhundert war auf Romanée-Conti fast aller Boden weggeschwemmt, und man ersetzte ihn durch Boden vom benachbarten Plateau oder vom tiefergelegenen Teil des Weinbergs. Jahrhundertelang hat man in allen Hanglagen stets im Winter Erde nach oben getragen, die im Sommer durch heftige Gewitter zu Tal gespült wurde; dies war zum Beispiel auf Ausone der Fall. Im Médoc wurden Sümpfe trockengelegt und Kiesinseln miteinander verbunden, aus denen die heutigen Rebgärten entstanden. Die burgundischen Clos sind von Menschenhand geordnet, und im Falle des Clos de Vougeot sind durch die Vielzahl der Besitzer sogar ganz verschiedene Böden und »Climats« zu einem einzigen *cru* zusammengefaßt.

... WÄHLT SICH DIE REBSORTE

Während mit dem Begriff des Bodens relativ leicht umzugehen ist, weil eine Lage unver-

Edelfaule Trauben auf Château d'Yquem.

Viognier

Merlot

rückbar ist, hat die Frage der Rebsorte heute einen Grad höchster Komplexität erreicht. Die klassische Ampelographie hat Rebsorten definiert, doch bilden diese heute seit der Revolution der Klonierung umfangreiche Familien, in denen die Individuen manchmal kaum mehr zu unterscheiden sind. Ein großer Wein entsteht aber erst durch die genaue Abstimmung von Boden und Rebsorte.

Die neuen Winzer von Kalifornien und Australien haben sich ganz auf die Rebsorte und darauf konzentriert, welche Begeisterung sie zu wecken vermag. Mehr und mehr beginnen sie sich jetzt jedoch für den Boden zu interessieren, weil sie erkennen, daß das eine ohne das andere wenig wert ist. Die Versuche, die in Europa seit beinahe zweitausend Jahren durchgeführt werden, haben gezeigt, daß der Chardonnay am besten auf Kalk und Mergel, Gamay, Syrah oder Viognier auf Granit und der Grenache am besten auf Schiefer gedeihen. Aber bis zur Einführung der kontrollierten Herkunftsbezeichnungen waren in den roten Lagen des Burgund auch weiße Stöcke zugelassen, althergebrachte, reguläre lokale Verfahren, die den Weinen Milde und Geschmeidigkeit gaben. Im Médoc sind viele alte Rebsorten verschwunden, und der Merlot wurde erst spät eingeführt. Ob rote oder weiße Rebgärten angelegt werden, ist hauptsächlich eine Funktion des Marktes. Kurz gesagt: Die Rebsorte ist ein wichtiges Glied der Gleichung, aber sie spielt eine weniger wichtige Rolle als der Boden.

Die Auswahl der Pflanzen ist ein weiteres dieser Geheimnisse. Früher wurde der Rebgarten unter Bedingungen, die ampelographisch wenig sorgfältig waren, aus sich selbst verjüngt. Die Reblauskrise und die Verwendung von amerikanischen Unterlagen (aus dem Osten der Vereinigten Staaten) haben zu einer Revolution des Wissens und Experimentierens geführt. Zu den Kriterien für das neue Pflanzenmaterial und die Auswahl der Unterlagsrebe zählten die erwartete Qualität des Weins, aber auch, und zwar nicht selten, der erwartete Ertrag. Die Vielzahl der verfügbaren Klone hat hier den Spielraum noch erweitert. Es gibt also zwei große Schulen, von denen die eine sich für die Massenauslese entschieden hat (wobei der

Cabernet sauvignon

Syrah

Sauvignon blanc

abgestorbene oder ausgerissene Stock durch Pflanzware aus demselben Rebgarten ersetzt wird; an der Spitze dieser Gruppe stehen Haut-Brion im Bordelais und La Romanée-Conti im Burgund); die andere versucht, die am besten angepaßten Klone zu ermitteln und vertraut auf die wissenschaftliche Forschung. Aus beiden dieser Schulen kann ein großer Wein hervorgehen, wenn gewissenhaft gearbeitet wird. Die Massenauslese gewährleistet eine größere Kontinuität eines Rebgartens oder eines Crus, doch kommt es manchmal zu Degenerationserscheinungen, vor allem virusbedingten, oder zu Krankheiten, die eine Erneuerung der Pflanzen notwendig machen.

WÄRME UND KÄLTE

Der Wein leidet unter Wärme ebenso wie unter Kälte. Das Klima und vor allem das Mikroklima spielen eine entscheidende Rolle für die Qualität der Früchte des Rebstocks. Je kühler das Land ist, desto mehr liegen die Rebgärten nach Osten. Auch im Médoc beeinflussen die Wassermassen der Gironde die thermische Regulierung des Mikroklimas. Es gibt klimatische Inseln wie zum Beispiel Vega Sicilia mitten im heißen Spanien, in denen es deutlich kühler ist und der Wein eine unvergleichliche Finesse entwickelt. Die Kalifornier haben diese Erscheinungen perfekt analysiert; die Forscher der Universität Davis haben eine Klassifizierung der dortigen Rebgärten entsprechend den klimatischen Merkmalen und im Hinblick auf die Rebsorten aufgestellt.

Manche Rebsorten sind universell wie zum Beispiel Cabernet Sauvignon und Chardonnay, der erstere aus Bordeaux, der letztere aus dem Burgund. Umgekehrt geben sich Pinot noir und Merlot häuslicher und lieben die Fremde nicht. Die neuen Rebgärten müßten sich zweifellos (was ein oder zwei Jahrhunderte in Anspruch nehmen würde) für ihre eigenen Rebsorten interessieren, wie zum Beispiel den Zinfandel der Vereinigten Staaten. Roger Dion hat gesagt, daß jede Rebsorte an den nördlichen Grenzen ihres Anbaugebiets ihr Bestes gibt, was für das Burgund wie für Oregon gleichermaßen interessant ist. Dies ist - mit Einschränkungen - richtig. Die großen Weine Kaliforniens kommen nicht aus dem heißen und

Semillon

Chardonnay

nuancenarmen mittleren Tal, sondern aus dem Norden, selbst wenn es auch dort nicht kalt ist. In Sumer, woher die Rebe stammt, kamen die angesehensten Gewächse aus den Bergen, und in der *Ilias* bietet Agamemnon Achilles Wein aus Thrakien an, der kalten nördlichen Provinz Griechenlands, um ihn zu besänftigen.

Es gibt unterschiedlich feine, unterschiedlich noble Rebsorten. Und doch kann jede von ihnen zu ihrem Optimum gelangen. Der als rustikal geltende Tannat wurde von einem engagierten und gewissenhaften Winzer aus Madiran auf ein ungeahntes Qualitätsniveau gebracht. Jede Rebsorte, auch wenn sie zu den bescheideneren gehört, findet - wie hier - ihren Alain Brumont. Ähnliches gilt für den Grenache von Château Rayas, für den Syrah Guigal in der Côte Rôtie, für den Tempranillo von Alejandro Fernández in der Ribera del Duero.

ERZIEHUNG DER REBE, AUSBAU DES WEINS

"Seine Hoheit wünscht, daß man nicht um eine große Menge Weins sich bemühe, sondern um Qualität,« schrieb im Jahre 1786 der Vertraute des Fürsten von Conti an den *régisseur* von Romanée-Conti. »Sie wissen, daß eine zu sehr mit Früchten behangene Rebe nur einen geringen Wein ohne Qualität hervorbringt. Ich bitte Sie daher, Monsieur, den Winzer anzuhalten, die Rebe zurückzuschneiden. Dies ist der jüngste Wille seiner Hoheit in dieser Angelegenheit.« Damit sind die unverzichtbaren Forderungen für die Erziehung der Rebe bestens zusammengefaßt. Wie die Gemahlin des Kaisers muß ein großer Wein ohne Fehl und Tadel sein. Der Rebschnitt ist ohne Zweifel wichtig, aber auch das Alter der Rebe, die Achtung vor der Natur, Zurückhaltung bei der Anwendung chemischer Mittel und viele andere Regeln. Ebenso sind Sortierung der Trauben bei der Lese, Sorgfalt bei der Kelterung, Sauberkeit der Keltergerätschaften, die Lagerung des Weins und der Ausbau der Weg zum großen Wein. Andererseits führen unzählige Techniken und Wege in den siebten Himmel. Wie das Beispiel des Entrappens zeigt, das Befürworter und Gegner hat, ist keine Überzeugung absolut, keine Religion endgültig.

Auch wenn der große Wein ein Geschenk des Himmels und der Natur ist, bleibt er letztlich doch das Werk des Menschen. Auf ihrer Suche nach dem Geheimnis der Komplexität der ruhmreichsten europäischen Crus glaubten die Winzer der Neuen Welt, es in der Rebsorte, im Faß, im Boden suchen zu müssen, doch liegt es in Wirklichkeit im Menschen. Es gibt genügend Beispiele von nebeneinanderliegenden Gütern mit gleichem Boden, von denen das eine einen großen, das andere einen mäßigen Wein erzeugt. Kommt es auf die Fähigkeiten des Besitzers, des Winzers, des Önologen an? Der Erfolg wird vor allen Dingen im Team erzielt, auch wenn in den verschiedenen Kulturen unterschiedliche Praktiken gehandhabt werden - wenn hier etwa der Önologe oder *Winemaker* im Vordergrund steht, dort der umfassendere Einfluß des Erzeugers, der persönlich die Entstehung des Weins vom Rebstock bis zur Flasche überwacht. Wie es Michel Delon so schön ausgedrückt hat, der Léoville Las Cases in die Riege der Besten erhoben hat: »Fehler lassen sich nicht wieder ausbügeln, aber die kleinen Erfolge bauen aufeinander auf.«

Es gibt aber keine beständige Gewähr für einen großen Wein ohne die Unterstützung einer intensiven ampelographischen und önologischen

Forschungsarbeit, ohne die Kompetenz einer in der Nähe befindlichen aktiven Universität. Schließlich und vor allen Dingen muß sich der große Wein in der Vollendung und der Haltbarkeit beweisen, in der Verführung seines Kleides, durch die Faszination seines Bouquets, durch die Fülle und Komplexität seines Körpers. Jede einzelne Flasche besitzt alle diese Qualitäten und Tugenden, und doch ist sie nur deren einmaliger Ausdruck.

FLASCHENPOST

Ein großer Wein erfüllt viele weitere Kriterien, die zum großen Teil vom Markt abhängen. Er muß geschützt werden, denn er zieht Fälschungen an. Ist er seines Namens noch würdig, des Namenszugs, den er trägt, seines Etiketts, seines Preises? Jeder ist sein Richter, und flüchtige Tugenden verlieren rasch ihren Reiz wie alles, was nur modisch oder gekünstelt ist. Ein großer Wein ruft eine ganze Bilderwelt wach, die sich der gustatorischen Analyse entzieht. Wenn eine Flasche Tâche oder Latour auf den Tisch kommt, ist dies alleine schon ein erhebender Augenblick, und Geist und Gaumen sind freudig erregt, noch ehe der Korken gezogen ist.

Wenn man aber alleine und traurig trinkt, kann dann selbst der verehrungswürdigste Montrachet, der vollkommenste Yquem Liebe oder Vertrauen wachrufen? Umgekehrt wird der einfachste Aligoté vom bescheidendsten Château, wenn er nur gut gemacht ist, den Sie an jenem Abend, an dem es um Sie geschehen war, mit Ihrer Auserwählten in gedämpftem Licht tranken, der große Wein Ihres Lebens bleiben. Bei einem großen Wein geschieht alles im Kopf, in der Seele, nicht nur im Körper. Ein großer Wein läßt verstehen, warum in Frankreich der Gaumen *palais* heißt. Man muß seiner würdig sein. Es gibt Weine, die für das Glück anderer Menschen geboren sind und die bei einem Geschäftsessen ganz fehl am Platze sind. In Italien oder Spanien geht man nicht mit nackten Schultern und kurzen Hosen in eine Kathedrale. Ein großer Wein hat Achtung verdient. Der Weintrinker oder besser der Weinliebhaber hat dem Wein gegenüber Pflichten. Durch die Sorgfalt seiner Auswahl und seine Kultur, durch die Qualität seines Kellers steht er ihm gegenüber auch in der Verantwortung. Welchen Namen der Wein auch immer trägt - er ist eine Flasche, die ins Meer geworfen wird und von selbst an ihr Ziel gelangen wird.

Lassen wir das Fest beginnen!

Folgende Doppelseite: Der Rebgarten und das Schloß von Clos Vougeot unter einer Schneedecke.

Unten: Franco Biondi-Santi mit seinem Brunello di Montalcino.

Von Geschmack und Farben

Geschmack: »Eine spontane Fähigkeit, die der Reflexion vorausgeht« (Littré).

Man braucht nicht Jean-Paul Sartre zu bemühen, um zu behaupten, daß der freie Mensch sich nur durch dasjenige bekräftigt, was er sich erwählt. Er wählt seine Frau, sein Haus, sein Auto, seinen Wein oder vielmehr seine Weine. »Geschmackssache,« sagt man. Soweit man in der Zeit zurückgeht, bringt der Mensch seinen Geschmack zum Ausdruck. Wenn individuelle Geschmacksvorstellungen übereinstimmen, entsteht ein Stil oder, kurzfristiger, eine Mode. Der Geschmack ist also ein universelles und durchgängiges Phänomen, das aber zeitlichen und örtlichen Schwankungen unterliegt.

Woher kommt er, wie ist er entstanden, warum und wie entwickelt er sich? Wenn ein Phänomen so allgemein ist und sich selbst noch im Tierreich manifestiert, muß man annehmen, daß der Geschmack angeboren ist. Die Ernährungspsychologen, die es wissen müßten, haben versucht, dies zu beweisen. Sie haben festgestellt, daß der Säugling wenige Stunden nach seiner Geburt von den vier Geschmacksrichtungen das Süße bevorzugt. Von hier ist nur mehr ein Schritt zu der Behauptung, daß »süß« die einzige angeborene Geschmackempfindung sei. Nach Auffassung anderer ist dieser Schluß voreilig, weil sie behaupten, daß die Konditionierung schon vor der Geburt im Mutterleib beginnen könne, und zwar durch irgendeine »Prägung«, weil der Foetus sich ja nicht selbst ernährt. Umgekehrt sollte sich vielleicht einmal jemand für den angeborenen oder erworbenen Widerwillen gegenüber bestimmten Geschmacksempfindungen interessieren. Lassen wir einmal das Salzige beiseite, das im Wein kaum einmal vorkommt (wenn man einmal von bestimmten verstärkten Weinen wie zum Beispiel Sherry absieht), jedenfalls nicht als dominante Geschmacksnote. Dann verbleiben sauer und bitter, zwei Komponenten, die im Wein immer vorhanden sind.

Vorhergehende Seite: Stilleben mit Vin blanc liquoreux, in diesem Fall Yquem.

Château Haut-Brion

EINE HIERARCHIE DES APPETITS?

Wenn man eine Hierarchie der Lust auf Süßes, Saures und Bitteres aufstellen will, und ohne uns auf die Streitigkeiten der verschiedenen Schulen einzulassen, besteht sicher Einigkeit darüber, daß Süße nicht nur akzeptiert, sondern sogar gesucht wird, daß Säure weniger angenehm empfunden und Bitterkeit abgelehnt wird. Um sich hiervon zu überzeugen, genügt es, die Speisen und Getränke zu kosten, die man Säuglingen und Kleinkindern gibt. Sie sind ohne jede Bitterkeit, und Säure ist praktisch nicht vorhanden.

Ob es nun Zufall ist oder nicht - es gibt einen Weintyp, der zu allen Zeiten und an allen Orten immer in höchstem Maße begehrt war, der sich immer gleich war und damit begnügte, er selbst zu sein. Er war, soweit wir auch in der Geschichte zurückgehen, das Getränk der Götter oder ihrer kirchlichen Stellvertreter (auch schon lange vor dem Christentum). Er war der Wein der Dynastien und Höfe: der Süßwein. Der Primat des Süßen ist ewig und universell. Wenn man die Analyse verfeinert und um von den Grundqualitäten des Geschmacks zu den Aromen überzugehen, ist der Einfluß der Konditionierung unbestreitbar, auch wenn einige Fachleute behaupten, daß die Lust auf den Vanillegeschmack angeboren, das heißt universell ist. Dies steht in keinem Widerspruch zum zeitlosen Vorrang der Süßweine, in denen oft Süße und Vanilleton miteinander verbunden sind. Diese Lust am Vanilleton kann auch (zum Teil) die stürmische und weltweite Entwicklung der Weine mit Holzton erklären, wenn man bedenkt, daß in der Palette der Geschmackstöne, die der Ausbau auf Holz mit sich bringt, Vanille einen bedeutenden Platz einnimmt.

Kerzenleuchter mit brennenden Kerzen im Bibliothekssalon von Château Margaux.

Wenn man die Geschmacksentwicklung bei Menschen verfolgt, die sich dem Wein zuwenden, dann läßt sich stets dasselbe Schema beobachten: Beim ersten Kontakt sprechen die Süßweine am stärksten an. Wenig später werden trockene Weißweine interessant, die sich durch Aroma, Unmittelbarkeit, Einfachheit und Frische auszeichnen. Markante Strukturen werden nicht gesucht, eher vermieden, Alkohol und Säure stoßen ab. Schon bald aber genügen diese Weine, der Typ des kühlen Durstlöschers, den man nachmittags unter schattigem Laub trinkt, nicht mehr. Der fortgeschrittene Liebhaber entdeckt das Gleichgewicht der verschiedenen Bestandteile und beginnt sich für Komplexität zu interessieren. Die Anthologie trockener Weißweine in diesem Buch ist für diese zweite Weinkategorie repräsentativ, und sie zeichnet sich darüber hinaus gegenüber den erstgenannten durch ihre Alterungsfähigkeit aus. Die Entdeckung der Rotweine vollzieht sich in ähnlichen Bahnen, von den einfachen fruchtigen Weinen hin zu komplexen, hochentwickelten Tertiäraromen, die sich vom ursprünglichen Traubensaft weit entfernt haben. Parallel hierzu werden die Strukturen entdeckt: Das Dreigespann Alkohol, Säure und Tannine wird nicht mehr vermieden, sondern gesucht, wobei die Hinnahme der Bitterkeit (Tannine) den krönenden Abschluß einer Entwicklung bildet. Dieser Weintyp gewinnt natürlich durch Alterung außerordentlich, ganz im Gegensatz zu den leichten und einfachen Weinen, deren Fruchtigkeit, ihr einziger Vorzug, sich immer mehr abbaut. Es versteht sich, daß die in diesem Buch vorgestellten Rotweine Urbilder an Komplexität und Langlebigkeit sind.

KOMPLEXITÄT VERSTEHEN LERNEN

Aus obigem kann man folgern, daß der Weinfreund unabhängig von seinem gesellschaftlichen oder geographischen, ja sogar seinem historischen Hintergrund dieselbe Entwicklung

Gebäude und Rebgarten von Schloss Johannisberg.

durchläuft. Die Schulung oder einfach die regelmäßige Beschäftigung mit Wein führt ihn zu denselben Archetypen, zu denselben Modellen. Bedeutet dies, daß es für alle Weinfreunde der Welt einen einzigen und einzigartigen Süßwein gibt, der der Allerbeste ist, einen einzigen trockenen Weißwein, der einhelliges Lob findet, und schließlich einen sublimen, beherrschenden Rotwein, der alle anderen hinter sich läßt?

Dies könnte nur dann der Fall sein, wenn alle Weintrinker Zwillinge und Klone wären. Der Geschmack ist »eine Fähigkeit, die bei jedem anders ist«, schrieb La Rochefoucauld. Die Wahl und Auswahl der besten Weine vollzieht sich daher auf zwei Schienen: Das eine sind die allgemeinen Grundtendenzen, die oben dargestellt sind, das andere die individuell verschiedenen Geschmacksnuancen, die von den Wahrnehmungsschwellen, von der Summe der Erfahrungen und Erinnerungen bis hin zum berühmten Madeleine-Erlebnis Prousts oder einer entsprechenden Erfahrung abhängen. Wie jeder weiß, kann man eine Speise oder ein Getränk Menschen nicht aufzwingen, die es nicht mögen, mit welchen Mitteln auch immer man dies versucht; der Wein aber, Jahrtausende alt, war als Urbild schon immer vorhanden. Er ist, wie oft gesagt wird, Teil der Kultur oder der Zivilisation. Der Weintrinker erwählt sich ihn, aber der Wein formt auch den Geschmack des Weintrinkers. Dies erinnert an die berühmte Frage, was zuerst war, das Huhn oder das Ei... Die in diesem Buch beschriebenen Weine zeichnen sich dadurch aus, daß Weinliebhaber in der ganzen Welt sehr viel Geld für sie bezahlen, und wir können dies so verstehen, daß sie den anderen, nicht erwähnten Weinen den Rang abgelaufen haben. Aber die Frage ist, ob sie diesen Vorrang allein ihren geschmacklichen Eigenschaften verdanken. Oder, einfacher formuliert: Sind die einhundert teuersten Weine der Welt *eo ipso* die einhundert besten Weine der Welt? Ein bloßer Blick auf die Liste dieser einhundert Weine genügt, um zu erkennen, daß es ausnahmslos beachtliche Weine sind. Sind sie deshalb aber schon die einhundert besten? Sollte es nicht hie und da, in diesem oder jenem Land, einen unbekannten Winzer geben, der einen außerordentlichen Wein erzeugt? Ja, dies ist möglich, denn um internationale Berühmtheit zu erlangen, ohne die kein guter Preis zu erzielen ist, müssen neben der Qualität, die selbstverständliche Voraussetzung ist, noch einige weitere Bedingungen erfüllt sein.

MARKETING

Zunächst braucht man eine Absatzorganisation, kommerzielle Schlagkraft, ein Marketing. Dann ist eine gewisse Produktionsmenge erforderlich. Nicht zuviel, damit der Wein keine Massenware wird, und nicht zuwenig, damit man nicht an den Rand gedrängt wird oder untergeht, weil der Wein ja doch nirgendwo zu haben ist.

Dann muß man über den Wein reden, und zwar möglichst indirekt, denn jede offensichtliche Werbung würde das Denkmal stürzen und zu einem ganz gewöhnlichen Getränk werden lassen. Die Großen dieser Welt müssen ihn trinken, die nobelsten Restaurants müssen ihn zu einem astronomischen Preis anbieten, denn »wer liebt, rechnet nicht.«

Ab einer gewissen Ebene wird er dann zum Prestigeobjekt; man kommt nicht an ihm vorbei, er ist ein gesellschaftliches Muß. Dann kommt der Moment, zu dem man nicht mehr weiß, ob die berühmte Persönlichkeit dadurch aufgewertet wird, weil sie diesen Wein trinkt, oder ob umgekehrt der Wein durch diese Persönlichkeit aufgewertet wird. Der Mythos muß in vielerlei Weise gepflegt werden. In Ländern mit alter Zivilisation ist es nützlich, wenn das Gut und seine Besitzer in der regionalen Geschichte irgendeine Rolle gespielt haben, wenn einige von ihnen sich in der Gesellschaft ausgezeichnet haben, und wenn ihre Weine auf die Tische der Großen und Mächtigen vorgedrungen sind.

Gleichgültig, ob der Wein eine historische Gestalt ist oder ob seine Berühmtheit jüngeren Datums ist - der Besitzer muß immer das Spiel der Medien mitmachen. Dazu müssen Château, Keller und Rebgärten photogen sein: Schöpfungen großer Architekten sind immer vorteilhaft. Die Zeit der düster-romantischen, spinnwebenbedeckten Keller ist vorbei; überall muß neueste Technologie präsentiert werden. Geniales Arbeiten und phantastischer Boden alleine genügen nicht mehr. Außerdem müssen Besitzer und Kellermeister von einem Önologen, von Beratern und Labors unterstützt werden. Gleichmäßigkeit der Qualität ist auf dem internationalen Parkett unerläßlich. Idealerweise sollte jeder technologische Fortschritt die Besonderheiten des Bodens noch deutlicher werden lassen. Dies ist allerdings nicht immer der Fall, und man kann sich mit Recht fragen, ob der technische Fortschritt nicht inzwischen zu einem Selbstzweck geworden ist und der Beitrag des Bodens nur mehr ein Element unter den Qualitätsmerkmalen des Weins ist.

Man kann, ohne zu sehr in Details zu gehen, sicher sagen, daß alle in diesem Buch aufgeführten Meisterwerke aus Ländern mit großer Weinbautradition ihre Berühmtheit dem Boden ihres Herkunftsorts verdanken.

Der Weinfreund hat, wie gesagt, noch nicht den einzigen und wahren Wein entdeckt, der alle anderen überträfe, und ebenso hat die Geo-

Folgende Seite: Die prachtvolle Architektur von Château Margaux steht der Berühmtheit seines Weins nicht nach.

Rebenbau in Kalifornien

logie noch nicht den einzigen und idealen Boden gefunden. Allerdings gibt es gewisse Dinge, die sich mit der Geburt eines großen Weins nicht vertragen. Sie alle aufzuzählen, hätte wenig Sinn; beschränken wir uns darauf zu sagen, daß alle Extreme (zu trocken, zu feucht, zuviel Regen, zuviel Sonne, zu fetter Boden, zu armer Boden) schädlich sind, ebenso jegliche Eintönigkeit (kein Wechsel zwischen Kühle und Wärme, zwischen Regen und Sonne usw.). Ansonsten fühlt sich die Rebe auf sehr unterschiedlichen Böden wohl, auf Kies, Schiefer, Sand, Lehm und Kalk, sofern nur der Boden durchlässig ist (wobei gegebenenfalls Entwässerungsmaßnahmen Abhilfe schaffen können).

Zur Pluralität der Böden und Klimata kommt die Pluralität der Bestockung hinzu, auch wenn die Reblaus zu einer erheblichen Verarmung des genetischen Materials geführt hat. Auch hier wiederum haben bisher weder Rebschulen noch Winzer die Sorte entdeckt, die alle anderen schlagen würde. Umgekehrt haben sie eindeutig bestimmte Rebsorten identifiziert, die niemals einen großen Wein liefern können. Andererseits waren sie die Urheber - und manchmal auch Leidtragenden - einer zweifellos übertriebenen Mode bestimmter Rebsorten: Des weißen Chardonnay etwa, und des roten Cabernet Sauvignon.

EIN UNIVERSELLES MODELL?

Diese Frage der Mode führt uns zum Archetypischen, zum Modellhaften an den einhundert teuersten Weinen der Welt. Diese Modelle sind keineswegs für alle Ewigkeit gültig. Hätten wir doch ein Buch, das zur Zeit der Pharaonen, der alten Griechen und Römer oder auch nur zur Zeit der Französischen Revolution den einhundert teuersten Weinen gewidmet war! Man würde hierbei eine erstaunliche Entwicklung des Geschmacks feststellen. Man könnte ein langsames, aber stetiges Fortschreiten wahrnehmen, das von der Kraft, der Fülle, dem Volumen zur Finesse geht. Man würde feststellen, daß es lange dauerte, bis der Eigengeschmack des Weins über die Gewürze und andere Hilfsmittel triumphieren konnte, die ihn erstickten, man würde die lange Vorherrschaft der Weißweine wahrnehmen, die ebenso beständig war wie der Hang zur Oxidation, ja zur Maderisation. Man würde den technischen Fortschritt beobachten können, der zur Entwicklung von Moden - oder Modellen - führte, die vieles auslöschten, was man heute als Fehler ansieht und was einst als Qualität gesucht war. Heute vermeidet man Oxidation um jeden Preis; der reine Traubensaft triumphiert, flüchtige Säuren, die einst ein wichtiges Element waren, werden nicht mehr geduldet, und seit der Einführung der Flaschenfüllung (Französische Revolution) gibt es Tertiäraromen, die das aromatische Spektrum beträchtlich erweitert haben.

Ohne die heutige Zeit kritiklos rühmen zu wollen, kann man doch objektiv sagen, daß die Weine heute unendlich viel besser vinifiziert und interessanter sind als die Weine von einst. Dies gilt vielleicht nicht unbedingt im Vergleich des zeitgenössischen Weinfreundes mit den römischen Weintrinkern. Der Weinfreund von damals kannte spanische, »französische« Rhein- und Moselweine usw.. Es ist ziemlich sicher, daß die einhundert teuersten Weine jener Zeit ein erheblich größeres organoleptisches Spektrum aufwiesen als heute, wie dies die Versteigerung des Kellers des Herzogs von Aiguillon kurz vor der Französischen Revolution zeigt. Die Liste läßt eine große Vielfalt vermuten. Ist dies heute auch noch der Fall, wo alle Erzeuger von den Rotweinen von Bordeaux und den Weißweinen des Burgund hypnotisiert zu sein scheinen? Und wie wird dies in einhundert Jahren aussehen? Wird es nur noch einen Cabernet-Rotwein mit einem Hauch Pinot, einen Weißwein aus Chardonnay und einen Süßwein aus Sémillon-Riesling geben, oder werden die großen Weine Indiens und Chinas mit neuen Rebsorten auftrumpfen?

Lesen Sie dies im Jahre 2095 in der neuen Ausgabe von *Die einhundert teuersten Weine der Welt* nach.

Marmor und moderne Technik im Cuvier von Château Léoville-Las-Cases in Saint-Julien.

BODEGAS VEGA
BODEGAS Y VIÑEDOS VEGA SICILIA
TINTO «VALBUENA»
Ribera del Duero

Der Preis des Weins

Unter allen Früchten der Erde nimmt der Wein durch die erstaunliche Komplexität seines Preises, seines Marktes, seines Wirtschaftswerts einen besonderen Platz ein. Natürlich ist er ein Primärprodukt; es sind die Trauben eines Weinstocks. In diesem Stadium sind abgesehen vom Bodenwert und den Verfahren bei der Erziehung der Rebe die Herstellungskosten auf der ganzen Welt praktisch gleich. Einmal in der Flasche, wenn er sein Etikett trägt und Anspruch auf seine Qualität, seinen Namen und seinen Jahrgang erhebt, ist der Wein aber etwas anderes als eine Ackerfrucht. Er hat den Mehrwert einer menschlichen Leistung hinzugewonnen. Sein Preis ist jetzt Ergebnis einer Vielzahl anderer Faktoren, die sich im übrigen in der Zeit und manchmal auch im Raum weiterentwickeln.

»Mein Name ist Legion, denn wir sind viele,« lautet die geheimnisvolle Antwort des Dämons in der Bibel, der sich in der Gestalt eines Herdentiers verbarg. Ebenso verhält es sich mit dem Wirtschaftswert des Weins, mit seinem Markt, mit seinem Preis. Unter der zarten Hülle des Glases, unter der dünnen Haut des Etiketts verbirgt sich eine bunte Fülle von Träumen und Leidenschaften: Alter und Berühmtheit, Mode und Snobismus, Wesentliches und Belangloses, Geschmack und die Werte, die man damit verbindet, die Vorstellung, die man davon hat, oft ein Name, Kompetenz und Geschäftstüchtigkeit, Sein und Schein, kurz: die ganze *Menschliche Komödie* Balzacs. Erstmals in der Geschichte der Rebe und des Weins ist der Markt seit den sechziger Jahren weltumspannend. Der Preis wird nicht mehr nach objektiven Werten oder nach alter Gewohnheit festgelegt, sondern nach neuen Regeln, die weitgehend die Medien diktieren. Die Kritiker, die Presse, der Einfluß einiger »Gurus« bilden Preise und bringen sie zum Tanzen. Letztlich aber hat der Preis einen bleibenden und gerechten Richter: den Käufer. Was bleibt von ihm jenseits der Strohfeuer, der flüchtigen Illusionen?

Wenn man die entscheidende Frage nach dem Verhältnis zwischen Preis und Wert stellt, findet man die Antwort am ehesten im Vergleich mit Kunstwerken. Ein mittelmäßiges Gemälde eines großen Impressionisten erzielt durch den bloßen Namenszug immer noch einen hohen Preis. Ein großartiges Werk eines kleinen Impressionisten sorgt auf dem Markt nicht für Aufregung. Und doch kann man ein solches Gemälde schätzen, das zum Verkauf angeboten wird. Kauft man den Wein oder nur die Flasche? Die Qualität eines Weins kann sich nur bei der Verkostung erweisen, aber gibt es in der Welt genügend Liebhaber, die fähig wären, den Preis zu bezahlen und den Wert zu schätzen? Schweigen wir von der schlichten Spekulation, die man vor allem auf

Vorhergehende Seite: Vega Sicilia, in der Holzkiste verpackt, ist der teuerste Wein Spaniens.

Gegenüber: Die Erzeuger großer Weine sind oft Menschen von einer klassischen Kultur. Hier Egon Müller, dessen TBA der teuerste Wein der Welt ist, in seiner Bibliothek.

dem Markt der Vereinigten Staaten findet und die mit dem Wein überhaupt nichts zu tun hat. Flaschen wie bei Transaktionen an einer Börse zu verkaufen, zeugt von einer absoluten Geringschätzung des Weins; hinzu kommt, daß es auf diesem Markt notorische Fälscher gibt. Gibt es heute auf der ganzen Welt einen ernsthaften Kenner, der auch nur das geringste Vertrauen in die angeblichen Jefferson-Flaschen hätte, die vor kurzem ohne den geringsten Beweis für die Echtheit zu Rekordpreisen versteigert wurden?

Ein Urteil über den Preis eines Weins wird die Zeit fällen müssen. In einem oder zwei Jahrhunderten wird man seine Seriosität beurteilen können. In fünfhundert Jahren wird man zweifellos immer noch von Yquem und Montrachet sprechen, wenn schon viele plötzlich aufgehende Sterne ebenso plötzlich und ohne die geringste Spur zu hinterlassen verschwunden sein werden.

KEIN UNIVERSELLES PRINZIP

Bezüglich des Preises des Weins gibt es kein allgemeingültiges Prinzip. Jeder Rebgarten hat seine eigenen Methoden und seine eigenen Vorstellungen. Offensichtlich ist, daß der Wein immer eine Vergangenheit, eine Erinnerung braucht. Ohne Rückhalt ist er nur eine Intention. Man sieht dies am Beispiel Italiens. Kein Land war einst auf diesem Gebiet größer als Italien. Achtzehnhundert Jahre lang verharrte es dann in der önologischen Bedeutungslosigkeit. Heute gewinnt die Heimat des Falerno - dank der Angelsachsen - wieder an Glanz, weil sie erkennt, daß sie nach dem Vorbild Frankreichs die Rebsorte und den Boden zur Geltung bringen muß, aus der genossenschaftlichen Anonymität heraustreten muß, um wieder zur Blüte zu gelangen.

Jeder verfährt nach seiner eigenen Art. In Deutschland zum Beispiel wird ein Preisfestsetzungsverfahren praktiziert, das sich hauptsächlich an den bei Versteigerungen erzielten Preisen orientiert. Solche Versteigerungen durch einzelne oder Winzervereine gibt es seit dem achtzehnten Jahrhundert. Unter den zahlreichen Veranstaltungen, die sich von März bis Mitte November hinziehen, gibt es einige Großereignisse, die den Markt prägen: Die Versteigerungen des großen und kleinen Rings in Trier für die Weine der Mosel, diejenige von Bad Kreuznach, auf der seit dem Ende des neunzehnten Jahrhunderts der Preis für die Naheweine festgelegt wurde und die seit den sechziger Jahren erheblich an Gewicht gewann, diejenige des Klosters Eberbach, auf der seit fast einhundert Jahren alle großen Erzeuger des Rheingaus vertreten sind. Im neunzehnten Jahrhundert organisierten die größten Güter individuelle Versteigerungen, die widersprüchliche Ergebnisse erbrachten; um diese Diskrepanzen zu beseitigen, wurde im Jahre 1897 die Vereinigung Rheingauer Weingüter gegründet. Schließlich gibt die im Jahre 1974 vom Verband Deutscher Prädikatsweingüter (VDP) als rheinhessische Weinbörse gegründete Mainzer Weinbörse den Händlern die Möglichkeit einer Marktübersicht. Heute nehmen andere Erzeuger aus anderen Weingegenden an dieser Messe teil, die neun Weinbaugebiete umfaßt: Außer Rheinhessen Rheingau, Nahe, Pfalz, Mosel-Saar-Ruwer, Franken, Baden, Württemberg und Mittelrhein, wobei etwa achthundert Weine von achtzig Erzeugern, die sämtlich Mitglieder des VDP sind, einen globalen Marktüberblick ermöglichen.

Auf den Versteigerungen alter Weine treffen sich Sammler, aber auch Spekulanten; hier werden manchmal Spitzenpreise erzielt. Hier bei Christie in London.

In Spanien - und in jüngster Zeit auch in der Champagne - verkauft der Erzeuger seine Trauben an eine spezialisierte Kellerei, die Bodega, die die Vermarktung übernimmt. Die Preisbildung ist hier also eine völlig andere.

DAS BORDELAISER MODELL

In der Weinlandschaft von Bordeaux wurde durch das Auftreten der Makler und durch die Entstehung der Klassifikationen, vor allen Dingen der berühmten Klassifikation von 1855, ein ganz spezielles Preissystem perfektioniert. In Bordeaux herrscht reiner und unerbittlicher Kapitalismus. Es gibt zwar mehrere Kommerzialisierungssysteme, doch ist ein Verfahren, das kaum anders organisiert ist als eine Effektenbörse, am weitesten verbreitet. Es gibt zwar auch Direktverkauf ab Erzeuger, doch ist diese Praxis praktisch nur außerhalb der Grand crus zu finden. Diese Vertriebsform, die von einigen Crus Bourgeois (Haut Marbuzet, Poujeaux) propagiert wurde, die sich dem Diktat der Klassifikation entziehen wollten, führt ein Schattendasein.

Das zweite System ist der Exklusivvertrieb eines Gutes durch einen einzigen *négociant*. Sehr oft handelt es sich dabei um ein Gut, das einem Handelshaus gehört Gruaud Laroze von Cordier, Kirwan von Schröder und Schyler, Palmer von Sichel und Mähler-Besse usw.. Es gibt jedoch auch Formen eines Alleinvertriebs wie zum Beispiel vorübergehend Giscours und Gilbey de Loudenne, wo sich Gut und Handel zusammengetan haben. Diese Vertriebsform hat jedoch praktisch nie zu dem erhofften Imagegewinn des Châteaus geführt (keine Notierung durch die Makler), und zahlreiche Betriebe sind enttäuscht wieder zur »Börse« zurückgekehrt.

Hier treten eine Vielzahl von Akteuren in Erscheinung: Das Gut, das den Wein ausbaut und einen Basispreis für den Jahrgang vorschlägt, der Makler (Courtier), der die Preisangebote an den Handel weitergibt und das Gut berät, die Händler (*négociants*) des »Börsenplatzes« Bordeaux (über vierhundert), die den Wein aufkaufen und entweder *en primeur* weiterverkaufen oder ihn nach der Abfüllung lagern. Bei der Festlegung der Weinpreise von Bordeaux lassen sich daher mehrere Stadien unterscheiden.

Der Produzentenpreis (*prix de sortie*) wird im Prinzip vom Gut festgelegt. Dies geschieht im März nach der Ernte, wenn die Verkostung der Weine beginnt. Theoretisch sollte dieser Preis nach den Prinzipien des klassischen Marketing entstehen, d.h. entsprechend einer objektiven Einschätzung der Nachfrage, dem Lagerbestand an älteren Jahrgängen hinsichtlich Umfang und Wert (Stocks am Gut selbst und bei den Händlern). Bei der Einmaligkeit des Produkts, d.h. angesichts der Tatsache, daß ein Wein Jahrgang für Jahrgang neu erzeugt wird, daß unterschiedliche klimatische Einflüsse und Qualitätsschwankungen auftreten, müßte es auch Preisschwankungen geben. Aber dabei würde man vergessen, daß man es hier mit Weinen der höchsten Preiskategorie und einem Markt der Luxusartikel zu tun hat. Ein solcher Preis entsteht nicht aus den Produktionskosten, die je nach Ertragslage, dem Lebensstil, Investitionen oder einem eventuellen Kauf des Guts, d.h. zu leistender Hypothekentilgungen, zwischen fünfzehn und fünfzig Franc je Flasche liegen können. Er richtet sich viel häufiger nach »emotionelleren« Erwägungen: Bekanntheitsgrad des Châteaus, dem Wunsch, sich gegenüber seinen Nachbarn abzugrenzen, dem Ehrgeiz des Besitzers, in eine höhere Klassifikation aufzusteigen, dem Ruf, der dem Jahrgang vorauseilt - es ist gewissermaßen ein Preis der Eitelkeit. Aber wer kennt schon den Gestehungspreis eines Cartier-Füllers oder einer Hermès-Tasche? Der *prix de sortie* gilt in alle Regel für die erste Tranche der Ernte; er kann für die nächste Tranche geändert werden, was in der Regel eine Erhöhung bedeutet. Die Kritik hatte bis dahin Zeit, sich über den Jahrgang zu äußern; der junge Wein ist schließlich ein Medienereignis. Dies ist nicht der geringste Vorzug des *primeur*-Systems. Im Preis für die zweite Tranche spiegelt sich oft dieses Echo in den Medien, sofern man dadurch gegenüber seinen Nachbarn aufrücken kann. Pech für diejenigen, die ihre erste Chance ungenutzt ließen; sie werden teuren Aufwand treiben müssen, um sich schadlos zu halten!

Manche Châteaus behalten zu späteren spekulativen Zwecken eine letzte Partie zurück, die »Réserve du Château«, ein Mittel, um Preisschwankungen auszugleichen oder um bessere Gewinnmargen zu erzielen.

Über die *prix de sortie* gibt es unzählige Anekdoten, so zum Beispiel den gnadenlosen Wettlauf,

Berühmt wird ein Wein entweder durch einen enthusiastischen Zeitungsartikel oder wenn er auf der Speisekarte grosser Restaurants zu finden ist. Hier das Hotel Savoy in London.

den sich Mouton und Lafite lieferten, bevor Baron Philippe in den ersten Cru-Himmel aufgenommen wurde: Wer als erster mit seinem Preis herausrückte, mußte sich prompt vom anderen überbieten lassen und konnte erst bei der zweiten Tranche Revanche nehmen. Auf der Ebene der Zweitklassierten lieferten sich lange Zeit Léoville Las Cases und Ducru Beaucaillou einen Wettbewerb innerhalb des Wettbewerbs um den seltsamen Titel eines »Ersten unter den Zweiten.« Grundsätzlich wartet jeder auf die Bekanntgabe der Preise der »Ersten«, um dann nachzuziehen. Dies alles hat nichts mit Wissenschaft oder Vernunft zu tun; dieser Markt gehorcht Zwängen, die manchmal einen hohen Preis fordern. Wenn man zu hoch »einsteigt«, wird der *prix de sortie* vom Handel nicht akzeptiert, und das Gut ist zu einem Preisabschlag - mit allen negativen Folgen - gezwungen; wenn es den Preis zu niedrig ansetzt, läuft es Gefahr, ein gutes Geschäft zu verpassen und vor allen Dingen sich unter Wert zu verkaufen. Manche Châteaus wenden wahre Knebelungspraktiken an, indem sie die Händler zwingen, alljährlich ihre Zuteilung abzunehmen; wenn sie dies nicht tun, müssen sie damit rechnen, auf die schwarze Liste gesetzt zu werden und beim nächsten Jahrgang leer auszugehen.

Als nächstes treten die Schlüsselpersonen in Aktion, die grauen Eminenzen der Rebgärten, die »Messieurs 2%« des ehrwürdigen Berufsstands der Makler. Als obligatorische Mittelsmänner zwischen den Gütern und dem Handel nehmen sie die Position von Schiedsrichtern und Informanten ein. Sie sind über alles auf dem Laufenden, unterhalten bevorrechtigte Beziehungen zu den Besitzern und Händlern, kennen Kinder und Enkelkinder beim Vornamen und wissen über die Finanzkraft aller Güter Bescheid. Sie haben ihr Ohr am Puls des Marktes, sind über die vorhandenen Vorräte und die bestehende Nachfrage informiert und treten so als echte Handelsberater mit jener Objektivität und jenem Realismus auf, der möglicherweise den beiden Parteien fehlt. Sie haben die schwierige Aufgabe, die Jahrgänge am örtlichen »Börsenplatz« zu kotieren.

Als beeidigte Inhaber eines Amtes besiegeln und verbürgen sie jede Transaktion. Ihre größte Ruhmestat war immerhin die Schaffung der berühmten Klassifikation von 1855.

Wie verhält es sich mit dem Wein, der *en primeur* verkauft wird? Dieser Wein wird ja noch in den Kellern des Châteaus ausgebaut, während der Handel bereits seine Tranche gekauft und bezahlt hat. Die Flaschen werden jedoch erst ein oder zwei Jahre später ausgeliefert. Der noch im Keller liegende Wein wird dann mit einer komfortablen Marge, die wiederum vom Bekanntheitsgrad des Châteaus und vom Jahrgang abhängt, entweder an Großhändler, an Importeure, an Kellereien oder auch an Endkunden verkauft, die sich dadurch noch nicht existierende Flaschen sichern, in der Hoffnung, den Wein billiger zu bekommen, als er nach der Flaschenfüllung sein wird.

Hier ist Raum für spekulative Preisentwicklungen (beim 1989er 40% innerhalb weniger Monate). Jedes Glied der Handelskette versucht dabei, selbst ein gutes Geschäft zu machen. Die Primeureinkäufe werden wie Börsentitel gehandelt, und in den verrückten achtziger Jahren sah man »Telex-Handelshäuser« aus dem Boden schießen, die in Zeiten der Hausse lukrative Geschäfte machten, jedoch beim geringsten Preisverfall ebenso schnell wieder verschwanden. Wenn ein Jahrgang anfänglich aufgrund einer aufgeblähten Nachfrage, des Hinzutretens

Der Sommelier, einer der besten Botschafter des großen Weins.

neuer Märkte oder der plötzlichen Stärke einer Währung überkotiert ist, kann der Sturz heftig und der erwartete Gewinn negativ sein (wie zum Beispiel 1984 und 1987).

Man kann sich nun fragen, warum die großen, weltweit bekannten Châteaus ihren Wein nicht direkt verkaufen und dieses Börsensystem akzeptieren, womit sie doch auf einen erheblichen Teil ihres Gewinns verzichten. Ihre Antwort lautet stets: »Schuster, bleib bei deinen Leisten!« Das Gut erzeugt, der Handel verkauft. Jeder tut das Seinige. Neben dem großen finanziellen Vorteil, daß der Wein bezahlt wird, bevor er noch in der Flasche ist, verfügt das kotierte Weingut über das Vertriebsnetz mehrerer Händler, die den Wein in der ganzen Welt vertreiben. Damit wäre ein einzelnes Gut überfordert. Schon die Güter, die exklusiv von einem einzigen Handelshaus verkauft werden, leiden darunter, daß sie nicht an der Bordelaiser Börse sind, weil ein einziges Vertriebsnetz oft unzureichend ist. Der Bekanntheitsgrad eines solchen Château geht in aller Regel zurück, und die Preise sinken.

Auch der Handel profitiert von diesem System: Die großen Weine bringen nicht den großen Umsatz, sondern spielen die Rolle von Zugpferden für den Verkauf der übrigen Weine. Von den *négociants-télexistes* abgesehen, erlauben es die Eigenmittel des Bordelaiser Handels (eine Serie kleiner Jahrgänge oder ein Konjunktureinbruch kann sie drastisch abschmelzen lassen), Jahrgänge zu lagern und in besseren Zeiten zu verkaufen. Die ganze Kunst besteht darin, diese Lagerbestände nicht zu lange zu halten, da der Wein meist irgendwann einen Höhepunkt erreicht, über den hinaus die Lagerung keine Vorteile mehr bringt. Es kommt darauf an, fette Jahre mit mageren Jahren auszugleichen; dieser schwierigen Aufgabe sind jedoch nur alteingesessene Handelshäuser gewachsen, die den örtlichen Markt kennen. Viele Neulinge in diesem Geschäft, vor allem große internationale Firmen, haben sich hieran schon die Zähne ausgebissen, selbst ihre vergoldeten.

Der Handel ist Bürdenträger der kleinen Jahrgänge und hält sich dafür in guten Jahrgängen schadlos, doch sind die Margen niemals übermäßig üppig. Die Grenzen zwischen beiden Branchen verwischen sich heute allerdings. Viele Händler sind auch Weingutbesitzer, während die Besitzer ihrerseits ihren persönlichen und direkten Beitrag zur Absatzförderung leisten: Kundenempfänge im Château, Auslandsreisen, kommentierte Degustationen. Man muß zeigen, daß der Wein ein Antlitz hat, und die frohe Botschaft in das Land des Konsumenten tragen. Manche Weingutbesitzer sind zu regelrechten Stars geworden, auf deren Wort man hört. Manchmal sind es auch ihre Kellermeister oder Önologen, die in die Rolle des Hauptdarstellers schlüpfen und das Loblied ihres Crus vor einem andächtig lauschenden Publikum singen. Dann ist der Preis des Weins gerechtfertigt, denn der Käufer durfte sich vor seinem lebenden Idol in den Staub werfen...

Prix de sortie, prix primeur - der Wein wandert nun über die klassische Treppe der Gewinnmargen, die zwischen Groß-und Einzelhandel liegen. Er wird zum Einzelhandelspreis. Im Durchschnitt kann man davon ausgehen, daß bei einem Produzentenpreis von 100 Francs der Primeurpreis 115 Francs betragen wird. Nach der Abfüllung liegt er zwischen 200 Francs im Einzelhandel und 170 Francs im Großhandel, der manchmal als Primeurkäufer auftritt, womit die Zwischenhändler übersprungen werden.

Es gibt jedoch Ausnahmen. Während ein Château, das jährlich 200 000 Flaschen erzeugt, in aller Regel den klassischen Marktgesetzen folgt, durchbrechen Kleinsterzeuger manchmal dieses Schema und werden Gegenstand überschießender Spekulationen: Ausone ist schlicht deshalb teurer als Cheval Blanc, weil sein Ertrag um zwei Drittel niedriger liegt. Le Pin (2 ha) erzielt manchmal in den Vereinigten Staaten schwindelerregende Preise, wenn es von Robert Parker beweihräuchert wird. Auf Château Petrus wird eine systematische Spekulation betrieben. Das Management seiner Rarität beginnt schon mit dem Exklusivverkauf an die Handelshäuser Moueix; dann werden Zuteilungsquoten je Einfuhrland festgelegt, und jeder bis hin zu den Privatleuten, die diese kostbaren Kisten weiterverkaufen, verdient recht ordentlich an Petrus, mit Ausnahme desjenigen, der den Wein letztlich trinkt und sich manchmal fragt, warum er hierfür gar so viel Geld ausgibt.

Die Rolle der Börse ist hiermit noch nicht erschöpft. Die Vorräte an alten Jahrgängen, die die Châteaus noch in Reserve haben, die in den Lagern der Händler liegen oder von Importeuren zurückgegeben werden, weil sie sie in

Flaschen im Rüttelpult in den Kellern von Taittinger in der Champagne.

ihrem Land nicht absetzen konnten oder weil sie sich Wechselkursgewinne erhofften, werden von den Courtiers zu einem offiziellen Kurs geführt. Dies ist der *prix de place*. Hier besteht ein echter »zweiter Markt«, dessen Kurs den Erfolg der einzelnen Güter und ihren Ruf für die einzelnen Jahrgänge widerspiegelt. Die wenigen Selbstmarkter orientieren sich an dieser Notierung und liegen oft noch etwas darüber. Es hat keinerlei Vorteile, direkt im Château zu kaufen, wenn man nicht auf die Gewißheit Wert legt, daß der Wein dessen Keller noch nie verlassen hat.

DAS BEISPIEL BURGUND

Im Gegensatz zur weit verbreiteten Meinung wird keineswegs beim Weinverkauf der Hospices de Beaune alljährlich im November der Kurs des Burgunders festgelegt. Zweifellos besteht ein gewisser Zusammenhang zwischen den Ergebnissen von Beaune und der Marktsituation, doch sind die Abweichungen oft recht erheblich. Beaune gibt eine Tendenz vor, die aber sehr oft einige Monate später korrigiert wird. Es gibt gewisse Gemeinsamkeiten zwischen Burgund und Bordeaux, doch sind die beiden Weinbaugebiete letztlich sehr verschieden.

Was im Bordeaux der Cru (oder die Appellation) ist, ist im Burgund die Marke. Das Burgund gibt dem Boden den Vorrang gegenüber seinem Besitzer und baut seine Hierarchie auf einer Klassifikation der Herkunftsgebiete auf, unabhängig davon, wer im Augenblick der Besitzer ist. Der Preis ist daher an diese Hierarchie gebunden, wobei es unzählige Abstufungen gibt. Einige *premiers crus* wie zum Beispiel Les Amoureuses in Chambolle-Musigny werden zu Preisen verkauft, die an diejenigen vieler *grands crus* heranreichen. Der klangvolle Name eines *négociant-éleveur* oder des Winzers kann den Preis einer einfachen Gemeindeappellation in die Höhe schnellen lassen, wie zum Beispiel jüngst der mythische Name Ramonet in der Côte de Beaune oder derjenige von Henri Jayer in der Côte de Nuits. Vor allen Dingen rechtfertigt ein *monopole* (Alleinbesitz einer Lage) höhere Preise, ebenso die Seltenheit eines Weins. Manche *grands crus* erstrecken sich über Dutzende von Hektar, andere umfassen gerade zwei Hektar. Hinzu kommen der feststehende oder vermutete Glanz eines Jahrgangs und viele andere Faktoren: So standen die Rotweine traditionell im Schatten der Weißweine; dies hat sich umgekehrt.

Im wesentlichen kontrollierte der lokale Handel im ganzen neunzehnten Jahrhundert die Preise. Der Winzer kam kaum aus seinem Keller heraus und verkaufte seine ganze Ernte an »ces Messieurs« in Beaune, Nuits oder Mâcon. Seit sich in den dreißiger Jahren das Interesse den Erzeugerweinen zugewandt hat, wurde dieses Handelsmonopol geschwächt. Seit den sechziger Jahren füllt jeder Winzer selbst ab. Da es heute eine -überwiegend angelsächsische - Weinkritik auf einem weltweiten Markt gibt, hat sich diese Entwicklung verstärkt und die Preisbildung sich völlig geändert. Die wesentliche Auswirkung dieser Entwicklung ist, daß lange Zeit die innerfranzösische Nachfrage das burgundische Angebot geregelt hat, während heute die weltweite Nachfrage das Regulativ ist. Früher gab es eine Relation zwischen dem Preis der Rebe und dem Preis des Weins. Letzterer aber ist in den letzten Jahrzehnten explodiert, wodurch aus dem Wein, der einst ein Produkt zu einem relativ objektiven Preis war, ein Modeartikel wurde, ein Luxusgut wie ein teures Parfum, ein Objekt der Begierde und Gegenstand des reinen Genusses.

Folgende Seite:
So farbig wie die Dächer des Hôtel-Dieu sind manchmal auch die Versteigerungen der Hospices de Beaune.

Hospices de Beaune. Versteigerung bei Kerzenlicht, wie es in aller Welt üblich ist.

Dadurch wurde die Ökonomie des Burgunders völlig umgekehrt, und jegliche Fixpunkte und kulturellen Bezüge sind weggefallen. Die Entwicklung eines Weltmarkts hatte auch Auswirkungen auf das Produkt selbst, auf seinen Wert und die Kriterien seiner Wertschätzung.

Guy Faiveley, der einstige Großmeister der Confrérie des Chevaliers du Tastevin, unternahm den Versuch, die Burgunder von den Vorteilen einer Preisstabilisierung durch entsprechende Vorhaltung von Lagerbeständen ähnlich wie in der Champagne zu überzeugen. Der eingefleischte Individualismus der dortigen Winzer ließ jedoch diesen Versuch einer Organisation des Marktes scheitern, der völlig dem freien Spiel von Angebot und Nachfrage unterworfen ist. Der Wein wird entweder direkt vom Erzeuger zu einem Preis verkauft, den er ganz alleine festlegt und der innerhalb einer Appellation und einer einzigen Gemeinde um bis zu 100 % schwanken kann, oder er wird über einen Makler en gros an einen *négociant-éleveur* verkauft, wobei die Preise ebenfalls starken Schwankungen unterliegen. Das Verhältnis zwischen Gemeindeappellationen und *premiers crus* liegt relativ konstant bei 1 : 2 und gegenüber den Grand crus bei 1 : 3 bis 1 : 4, in manchen Fällen bis zu 1 : 10. Einige Erzeuger, insbesondere die Domaine de la Romanée-Conti, haben ein ganz eigenes System entwickelt. Dabei muß der Käufer mindestens zwölf Flaschen abnehmen, die aus verschiedenen *grands crus* stammen. Wenn der Inhalt dieser Kisten einzeln verkauft wird, vor allem auf ausländischen Märkten, erzielt man für manche Flaschen - wie zum Beispiel den Romanée-Conti selbst - manchmal den Preis, der ursprünglich für die ganze Kiste zu bezahlen war.

Abgesehen von einigen Versuchen zur Organisation des Markts, wie sie zum Beispiel in Cha-

Der Geist eines Weins beherrscht manchmal den Ort seiner Geburt. Hier La Mission Haut-Brion in den Graves.

blis oder von regionalen Appellationen unternommen wurden, entwickelt sich der Preis während der Kampagne (von Oktober bis zum darauffolgenden September) in Abhängigkeit vom Marktdruck und der Bevorratung des Handels oder des Gutes. Jeder beobachtet dabei seinen Nachbarn. Weil die sozialen Verhältnisse hier jedoch gegenüber Bordeaux weniger bürgerlich und mehr erdverbunden sind, hat sich hier der Direktverkauf stärker entwickelt. Auf dem internationalen Markt führt die chaotische Entwicklung von Importstrukturen manchmal zur Bildung eines grauen Markts: Flaschen, die auf Parallelmärkten eingeführt und zu niedrigeren Preisen verkauft werden, stören die Aktivitäten der Exklusivimporteure und bringen sie in Schwierigkeiten.

Während die Weinbaugebiete mit alten Wurzeln im allgemeinen Preisbildungsgesetzen folgen, die auf einer einigermaßen objektiven und anerkannten Hierarchie beruhen - die natürlich immer wieder Schwankungen unterliegt: l'Hermitage und die Côte Rôtie im Rhônetal tauchen zur Zeit wieder aus einer langen Vergessenheit auf -, müssen die jüngeren Weinbaugebiete noch ihr eigenes Wertsystem entwickeln. Ein Verfahren, das bei den Kaliforniern sehr beliebt ist, besteht darin, zunächst einen sehr hohen Preis festzulegen, um sich so Zugang zum »Club der Großen« zu erzwingen. Die solide Unterstützung durch eine einflußreiche Presse, die plötzliche Bekanntheit eines Erzeugers mit einer kleinen Ernte, Vergleichsverkostungen, bei denen alles durcheinander gebracht wird, erlauben es oft, Flaschen, die mit vereinzelten Vorzügen und einem bunten Etikett ausgestattet sind, zu schwindelerregenden Preisen zu verhelfen. Wobei nicht verschwiegen werden soll, daß sie manchmal eine ganz außerordentliche Qualität aufweisen...

Rotweine

La Romanée-Conti

Die Tat des Fürsten

LAND:
FRANKREICH

HERKUNFTSGEBIET:
ROMANÉE-CONTI GRAND CRU

ERZEUGUNG:
6.000 FLASCHEN

Keine Geschichte könnte einfacher und zugleich geheimnisvoller sein. Einfach, weil die Grenzen dieser Lage seit 1512 unverrückbar feststehen. Geheimnisvoll wegen des Rätsels, das sich an seinen Namen, an seine Persönlichkeit knüpft. Es ist einer der Cloux (Clos), die dem Kloster Saint-Vivant de Vergy, einer Benediktinerpriorei, in Vosne gehörten. 1584 geht dieser Cloux des Cinq Journaux an Claude Cousin über. Die nächsten Besitzer sind sein Neffe Germain Danon und Jacques Venot, Mitglied des parlamentarischen Bürgertums des Burgund. Dessen Erbe ist sein aus einer flämischen Familie stammender Schwager Philippe de Croonembourg. Die Lage verliert die Bezeichnung Cloux und nimmt statt dessen den Namen Romanée an, der plötzlich im siebzehnten Jahrhundert erscheint. Das Wort ist in der Côte nicht einmalig. Geht es auf das altfranzösische »Romenie« zurück, Wein von den griechischen Inseln, Wein der Legende?

Die Familie Croonembourg herrscht vier Generationen lang auf La Romanée und verkauft den Besitz im Jahre 1760, weil sie Geld braucht. Der exorbitante Preis läßt auf höchste Bekanntheit schließen: Während die besten Rebgärten 250 *livres* das Tagwerk kosten, erzielt dieser Besitz einen Preis von 2.310 livres! Daher überrascht es auch nicht, wer der Käufer ist: Louis-François de Bourbon, Fürst von Conti (1717 - 1776), der praktisch Herr von Nuits und Argilly ist. Er besitzt riesige Güter in der Côte de Nuits. Der Fürst ist also hier zuhause und hat es gar nicht nötig, sich mit Madame de Pompadour in den Korridoren von Versailles zu befehden, um sich des Kernstücks von La Romanée zu bemächtigen, wie gerne erzählt wird - dies entbehrt jeder Grundlage. Der Fürst ist ein Mann von überragendem Geist und Witz. Ludwig XV. versichert sich oft seines Rats. Diese Vertrautheit erregte den Unwillen seiner Geliebten, und dies dürfte der Anlaß für die später kolportierte Geschichte gewesen sein. Louis- François, freigebiger Mäzen, Kapazität in Fragen des Geschmacks und des Wissens, bringt also diese seltene Perle in seinen Besitz. Sie wird aus dem Markt genommen und nur mehr am Pariser Hof kredenzt. Beim Tod des Fürsten geht der Rebgarten an seinen Sohn Louis-François Joseph de Bourbon (1734 - 1814) über, der respektvoll über ihn wacht, bis ihn die Revolution in das Exil treibt und seine Güter einzieht.

1794 ist erstmals die Rede von »La Romanée-Conty,« denn die Fürsten stammten aus Conty in der Picardie: Die Sans-culotten haben keine Hemmungen, sich beim Ancien Régime zu bedienen. Der Verkauf dieses verstaatlichten Guts gestaltet sich schwierig, weil Paris einen sehr hohen Preis verlangt, denn man möchte vermeiden, daß sich hier auswärtige Spekulanten festsetzen. Bald jedoch erwirbt Julien Jules Ouvrard, Sohn eines Bankiers, La Romanée-Conti neben anderen hervorragenden Lagen wie zum Beispiel dem Clos de Vougeot. Er leitet dieses Gut wie ein guter Familienvater. 1869 verkaufen seine Kinder La Romanée-Conti an

DU DOMAINE DE LA ROMANÉE-C
VOSNE-ROMANÉE (COTE-D'OR) FRANC
OMANÉE-CONTI
ATION ROMANÉE-CONTI CONTROLÉE
Récoltées
LES ASSOCIÉS-GÉRANTS
NNEE 1985
PRODUCT OF FRANCE
75 cl

Jacques Marie Duvault-Blochet (1789 - 1874), einen Weinhändler, der über 130 ha bester Lagen verfügt. Der Romanée-Conti wird zu diesem Zeitpunkt im Château Passe-Temps in Santenay vinifiziert. Nach dessen Tod bleibt der Rebgarten in der Familie, wird jedoch geteilt, dann wieder zusammengefügt, bis ihn sich schließlich zwei Zweige von Abkömmlingen teilen, die Chambon und die Gaudin de Villaine, die ihn als Familienschmuckstück im Herzen eines großartigen Guts in Beaune betrachten. 1942 gehen die Chambon-Teile an Henri Leroy (1894 - 1980) über, Weinhändler in Auxey-Duresses. Seither wird die Domaine de la Romanée-Conti, deren Juwel diese Lage ist, von den beiden Familien gemeinsam geführt.
Die Domaine de la Romanée-Conti gehört zu gleichen Teilen den Familien Gaudin de Villaine und Leroy. Sie ist satzungsgemäß von den übrigen Aktivitäten der Familien getrennt. Die gemeinsame Leitung haben Aubert de Villaine (seit 1974) und Henry-Frédéric Roch (seit 1992). Ein 1974 geschaffener Aufsichtsrat überwacht die Geschäftsführung sowie die geistige und politische Linie. Neben dem Monopol von La Romanée-Conti und demjenigen von La Tâche verfügt das Gut etwa über die Hälfte von Richebourg, zwei Drittel von La Romanée Saint-Vivant (einschließlich der Rebflächen von Marey-Monge), etwa die Hälfte von Grands Echézeaux sowie Parzellen von Echézeaux, Montrachet und Bâtard-Montrachet. Man sucht förmlich nach einem Château, einem prächtigen schmiedeeisernen Tor ... doch findet man nichts als ein kleines Haus ohne besonderes Gepräge, ganz im Stil der sprichwörtlichen burgundischen Zurückhaltung. André Noblet war lange Zeit die Winzerseele des Guts; er kümmerte sich bis 1984 um Reben und Keller. Sein Sohn Bernard trat seine Nachfolge als Kellermeister an, während Gerard Marlot *chef de culture* wurde. Wir sind hier im Burgund, und der Önologe tritt bescheiden hinter dem Wein zurück.

Eine Palastrevolution

Der 1939 geborene Aubert de Villaine gehört einer Familie aus der Normandie an, die sich im Bourbonnais niederließ. Hélène Zinoviev, seine Mutter, war die Tochter eines Mitglieds der Duma, der letzten russischen Volksvertretung im Zarenreich, und eine der fünf Hausdamen der Zarin. Er heiratete Pamela Fairbanks aus einer der ältesten Familien Kaliforniens, Spanier, die im achtzehnten Jahrhundert über Mexiko in dieses Eldorado gekommen waren. Aubert ist Repräsentant seiner Geschwister und seiner Cousins. Von dieser Seite trübt kein Wölkchen den Himmel. Das Gewitter kommt aus Richtung Leroy: 1954 übergab Henri Leroy seine Anteile zu gleichen Teilen seinen Töchtern Pauline und Marcelle, genannt Lalou, behielt sich aber den Nießbrauch bis zu seinem Tode vor. 1974 tritt Lalou in die gemeinsame Leitung der Geschäfte ein. Dieses quecksilbrige Persönchen, passionierte Bergsteigerin, hat den Wein im Blut und birst vor Energie. Anspruchsvoll und cholerisch, ist sie das genaue Gegenteil von Aubert, eines ehrenwerten Mannes mit aristokratischer Zurückhaltung. Diese Vermählung von Wasser und Feuer bekommt La Romanée-Conti gut, doch kommt es eines Tages zur Explosion. Der japanische Takashimaya-Konzern beteiligt sich am Kapital des Hauses Leroy, was mit dem Gut nichts zu tun hat, doch kommt es zu einer Verwirrung der Geister. Lalou kauft Reben um Reben, vor allem in Vosne. Dies führt zu neuen Unklarheiten. Schließlich bricht 1992 eine Palastrevolution aus. Pannen bei der Kommerzialisierung und die Entstehung eines grauen Markts in den Vereinigten Staaten, nachdem einige Kisten unklarer Herkunft aufgetaucht waren, zerstören das Vertrauen des amerikanischen Importeurs, und das Gut gerät in erhebliche Schwierigkeiten. Es kommt zum Rechtsstreit, der zugunsten des Guts und gegen Lalou entschieden wird. Ihre Schwester Pauline Roch schlägt sich auf die Seite von Aubert. Lalou muß zugunsten von Charles Roch, Paulines Sohn, aus der Geschäftsführung ausscheiden, der wenige Wochen später stirbt; sein Nachfolger wird sein Bruder Henry-Frédéric. Diese Scheidung, dieser Bruch gehen nicht spurlos an dem Gut vorüber, das sich jedoch sehr schnell wieder stabilisiert und zu neuen Zielen aufbricht.

Parzelle von Romanée-Saint-Vivant beim Anbruch des Morgens.

Anfang der siebziger Jahre ließ sich das Gut ein wenig gehen. Lalou Bize-Leroy hatte wesentlichen Anteil an einer Rückkehr zu rigorosen und schonenden Verfahren: Kompostdüngung, Verzicht auf chemische Fungizide. Nachdem bisher stets sehr spät gelesen wurde, wird der Lesezeitpunkt jetzt früher angesetzt. Der durchschnittliche Ertrag dieser Lage beträgt von 1971 bis 1980 53 hl, dann 45 hl mit einem Spitzenergebnis von 58 hl im Jahre 1990, gefolgt von 41 hl 1991; dies bedeutet etwa 6.000 signierte und numerierte Flaschen jährlich.

Gegensätzliche Verfahren

Die Pinot noir-Trauben werden auf einem Förderband verlesen und in die makellos geführte cuverie transportiert. Zehn Eichenbottiche, acht Edelstahltanks. Der ovale Bottich Nummer 17 mit einem Fassungsvermögen von dreißig *pièces* (à 228 l) nimmt die Trauben von La Romanée-Conti auf, wenn die Ernte sehr reichlich ist; in einen weiteren, kleineren Holzbottich kommt die Ernte des königlichen Rebgartens in kleineren Jahren. Die Eiche glänzt wie die Sonne. Die Trauben werden manchmal durch eine Mühle mit kautschukbeschichteten Walzen geschickt. Entrappt wird nicht, sofern nicht die Rappen zum Beispiel durch Hagel beschädigt sind. Auf dem Gut wird nicht abgebeert, was dem Wein manchmal eine gewisse Adstringenz geben kann. Vergoren wird vorsichtig bei einer Temperatur von höchstens 32 - 33° C in offenen Bottichen mit schwimmendem Tresterhut. Die Holzbottiche werden vor der Wiederverwendung mit einem Kübel erwärmtem Tresterbranntwein, der angezündet wird, sterilisiert. Vorsichtige Verwendung von Schwefeldioxid. Kein Zusatz von Reinzuchthefen.

Remontage. Die Maische bleibt zunächst fünf bis sechs Tage bei 10 - 15° C stehen, bis die Hefen ihre Tätigkeit entfalten. Die anschließende Gärung dauert etwa eine Woche, manchmal länger, wobei der Tresterhut seit 1989 zwei- bis dreimal täglich aufgerissen wird. Bis dahin war dies nach gutem altem Brauch die Arbeit nackter Männer. Anschließend, falls erforderlich, vorsichtige Chaptalisierung mit raffiniertem Zucker. Nach abgeschlossener Maischegärung sind die Tannine und die Farbe im Wein. Anschließend wird der Wein in ein anderes Faß abgezogen, der Trester vorsichtig in einer pneumatischen Presse gepreßt und der Preßwein im Faß mit dem Vorlauf verschnitten. Dieser Verschnitt kommt in neue Fässer, die hier nur einmal benutzt werden, aus Eichen aus dem Wald von Tronçais im Allier (Küferei François mit in La Charité-sur-Loire von Hand zugerichteten Dauben, die drei Jahre getrocknet werden). Spundvollhalten, natürlicher biologischer Säureabbau, langes Liegen auf den Hefen, meist nur ein Abstich. Am Ende von achtzehn bis vierundzwanzig Monaten Faßlager, Schönung mit frischem Eiweiß, gelegentlich leichte Filtration (je nach Jahrgang) und Abfüllung in traditionelle Burgunderflaschen. Keine halben Flaschen, jedoch einige Magnums, Jéroboams und Methusalems. Die gekennzeichneten und mit Jahrgang versehenen Zapfen sind meist aus spanischem oder portugiesischem Kork hergestellt. Die Flaschen werden mindestens ein Jahr auf dem Gut gelagert.

Proustsche Weine

La Romanée-Conti erstreckt sich über eine Fläche von 1,81 ha. 1760 wurden seine Grenzen das einzige Mal verändert, als im Zuge des Verkaufs an Croonembourg zwei bis drei Tagwerk vom benachbarten Richebourg hinzugefügt wurden. Das Gutachten während der Französischen Revolution beschreibt den Rebgarten wie folgt: »Er befindet sich im Weinberg von Vosne in einer überaus günstigen Lage, in der die Früchte perfekt reifen können; im Westen höher als im Osten, bietet er sich zu allen Jahreszeiten den ersten Sonnenstrahlen dar.« Mehrmals mußte neuer Mutterboden von benachbarten Äckern oder von tiefergelegenem Gelände herangeschafft werden. Bis 1945, ein halbes Jahrhundert länger als in allen anderen burgundischen Rebgärten, standen hier wurzelechte französische Reben, die mittels Schwefelkohlenstoff gegen die Reblaus verteidigt worden waren. Die Schäden des Zweiten Weltkriegs und der Frühjahrsfrost des Jahres 1945 zwangen schließlich zur Rodung des »letzten Ars« und zur Neubestockung mit Pfropfreisern von La Tâche. Keine Ernte von 1946 bis 1951.

Dieser mythische Wein entgleitet schon bald der Hand seines Meisters. Ein Gespräch zwischen dem belgischen Besitzer des »Comme chez soi« und Lalou Bize-Leroy führt zur Praxis des gekoppelten Verkaufs: Eine Flasche Romanée-Conti für den Kauf von fünf oder sechs Flaschen des Guts, dann für den Kauf einer Kiste mit zwölf Flaschen. Der Preis liegt zwischen 10 000 und 15 000 Francs je Kiste. Ausnahmen sind möglich (Großbritannien). Der Wein kommt nicht sofort auf den Markt, sondern wird erst noch im Keller ausgebaut; so kam zum Beispiel der 1989er erst 1993 in den Handel. Die internationale Wertschätzung, die enorme Nachfrage, die Qualität des Jahrgangs können den Romanée-Conti zum teuersten Wein der

Welt machen: Der 1988er wurde für 1.300 Francs ab Gut verkauft, der 1989er für 3.000 Francs, und die Spirale scheint kein Ende zu haben.

»Dieser Traumwein, von dem man in meiner Familie nur mit gesenkter Stimme sprach,« wie sich Alexandre de Lur Saluces erinnert, »ist Samt und Satin am Gaumen zugleich«. Er ist ein lebendes Rätsel, eine Sphinx, die unaufhörlich neue Fragen stellt. Mit seinem Duft leicht angewelkter Rosen, jener »faszinierenden Spur einer zeitlosen Vollkommenheit« ist er Aubert de Villaine zufolge« der »Proustsche« der großen Weine, den uns ein Fleckchen Erde schenkt, das die Götter vergaßen, als sie noch unter den Menschen lebten. Es ist wahrhaftig ein göttlicher Wein, den ein Tâche oder ein Richebourg manchmal an Intensität oder Frucht übertreffen, aber kaum jemals an Komplexität oder Grazie.

Burgundische Rebgärten tragen niemals den Namen einer Familie, verraten niemals den Namen eines Besitzers. Die Lagen Corton-Grancey und Clos des Cortons Faiveley sind Sonderfälle. Der Montrachet von Laguiche und der Musigny von Vogüé, beide älter als die Revolution, könnten die Mouton Rothschilds spielen. Aber dies ist nicht die burgundische Art. Der Boden hat seine eigene Identität, die von den Amtshandlungen der Notare unberührt bleibt. La Romanée-Conti bildet die Ausnahme von dieser Regel. Dies geht auf den Fürsten Conti zurück, dem das Gut nur einige Jahrzehnte gehörte und der ihm seinen Namen gab, den es heute noch trägt. Dieser Rebgarten entstand, wie man von großen Familien sagt, durch die gelungene, wenn auch zufällige Vermählung zweier Worte. Sie passen gut zusammen, und sie passen zum Körper, zum Bouquet, zur Farbe und insbesondere zur Komplexität des Weins. Der Name derer von Conti ist heute erloschen. Durch die wundersamen Wege der Geschichte hat dieser Wein ihn in einer fürstlichen Art erhalten. Nirgendwo sonst auf der Welt könnte man das Geheimnis besser verstehen, das die Geschichte mit der Geographie verbindet. Dies ist einer der seltenen Falle, in denen der Mensch ein Wunder vollbracht hat. Im achtzehnten Jahrhundert hat La Romanée hübsche rosa Wangen, einen pfirsichfarbenen Teint, den Charme der Zwanzigjährigen. Der Fürst von Conti vermählt sich mit ihr, und diese Winzerin erfüllt Versailles mit ihrem hellen Glanz, verleiht ihre Persönlichkeit einem Märchen, das noch lange Zeit eine Bereicherung der Zivilisation und Kultur bleiben wird.

Lesekorb mit den Trauben von La Romanée-Conti.

Château Petrus

Ein Mythos

LAND:
FRANKREICH

HERKUNFTSGEBIET:
POMEROL

ERZEUGUNG:
42 000 FLASCHEN

Petrus wacht über die Reben und den Wein ...

In der Umgangssprache versteht man unter einem Mythos etwas so Außergewöhnliches, daß es in das Reich des Fabelhaften entrückt ist, daß man zweifelt, ob es dies überhaupt gibt. Genau in diesem Sinne ist Petrus ein - relativ junger - »Mythos«. Das kleine, seit dem Ende des neunzehnten Jahrhunderts bekannte Libournaiser Gut ist ein bescheidenes Haus, das sich nicht Château zu nennen wagt. Petrus gehörte damals den Arnauld, die es auf ein so hohes Qualitätsniveau bringen, daß es im Cocks et Feret schon 1886 unter den besten Pomerols erwähnt wird. Aber erst ab 1947 entsteht der Mythos Petrus.

Eine junge Geschichte

Madame Loubat, Gemahlin eines Hoteliers in Libourne, kauft 1925 Teile dieses Besitzes. Mit ihrem angeborenen Geschäftssinn baut sie einen Kundenstamm begüterter Liebhaber auf. Sie versteht es, Werbung für Petrus zu machen: Anläßlich der Verlobung der Königin Elisabeth von England gelingt es ihr, Petrus bei Hofe einzuführen. Niemals wurde ein Geschenk fürstlicher vergolten: Sie wird zur Hochzeit der Königin eingeladen. Sie begibt sich, viele Flaschen Petrus im Gepäck, nach London, und stellt ihren Wein in den besten Restaurants vor. Damit ist dem Wein sein Weg zu einer internationalen Karriere gebahnt.

1961 teilen sich ihre Erben Lily Lacoste-Loubat und ihr Neffe Robert Lignac das Gut. 1964 erwirbt Jean-Pierre Moueix die Lignac-Anteile. Wie es heißt, sind die Petrus-Anteile schon einem der Söhne von Jean-Pierre Moueix als Hochzeitsgeschenk zugesagt. Die Geschichte der Begegnung der Moueix mit Petrus ist faszinierend. Jean Moueix, der Anherr aus der Corrèze, macht als Viehhändler, dann als Milchhändler in Paris ein Vermögen und kauft Châ-

POMEROL
1990

teau Fouroque in Saint-Emilion. Damit legte er den Grundstein zum künftigen Moueix-Imperium. Auch seine beiden Söhne Jean-Antoine und Jean-Pierre verstehen es, in Phasen der Krise einzukaufen: Trotanoy, Magdelaine, Latour à Pomerol, Lafleur-Petrus ...

Das 1937 gegründete Handelshaus entwickelt sich hervorragend. Alles gelingt, trotz der Skepsis der Bordelaiser Chartrons, jener Händler, die seit dem achtzehnten Jahrhundert die besten Weine des Médoc und der Graves auf den Markt bringen. Petrus gibt ihnen die höheren Weihen.

Der englische Hof genügt ihnen nicht. In den sechziger Jahren bringen sie Petrus bei der Familie Kennedy im Weißen Haus unter. Ganz Washington schwört bald auf den Wein des Präsidenten. Petrus hat nun die höchsten Höhen des Ruhms erklommen und erzielt märchenhafte Preise. Dabei ist dieses Gewächs nicht »klassifiziert.« Die Appellation Pomerol, die immer entschieden auf ihre Unabhängigkeit achtete, sträubte sich immer gegen jegliche Form einer Klassifizierung der Gewächse. Es gab Bestrebungen, die Klassifikation von 1855, die dem linken Ufer der Garonne und der Gironde vorbehalten ist, zu ändern und den großen Pomerols zu öffnen, doch scheiterten die Bemühungen im Jahre 1961 endgültig.

Ein einzigartiger Boden

Petrus besitzt eine vollkommene Einheit des Stils, Ausdruck eines konstanten Perfektionismus. Auf einem einzigartigen Boden, der eigentlich mehr für die Rinderzucht geeignet zu sein scheint, einer tiefen Schicht reinen Lehms auf einem flachen Hügel, einer Basis aus blauem Ton und einem tiefreichenden Untergrund aus Eisenschlacke (»crasse de fer«) entsteht unverhofft das Wunder - dank eines Entwässerungssystems mit Gräben und Röhren, das genau demjenigen gleicht, mit dem man im Médoc gerade die Reben mit Wasser versorgt. Die 11,4 ha umfassen den ursprünglichen Besitz und eine Parzelle von 5 ha, die von Château Gazin übernommen wurde. Bestockt ist diese Fläche mit 95 % Merlot und einer geringen Menge Cabernet franc in einer Dichte von 6.500 Stöcken pro Hektar. Das Durchschnittsalter der Reben beträgt 35 Jahre. Die Erneuerung erfolgt nach alter Art, d.h. mittels Massenselektion, wobei die besten Stöcke des Guts ausgewählt werden. Heute leitet Christian Moueix, der Sohn von Jean-Pierre, Petrus mit Strenge und Leidenschaft. Im Weinberg wird ultra-traditionell gearbeitet. Rigoroses Auslichten, wobei nur eine Traube pro Auge belassen wird. Auf Behandlungen gegen Botrytis verzichtet man. Optimale Reife wird angestrebt, doch meidet man Überreife, die für die Finesse des Weins gefährlich wäre. Geerntet wird nachmittags, und zwar sehr schnell. Und wenn ein Tröpfchen Tau sich mit den Trauben vermengen möchte? Dann läßt man einen Hubschrauber kommen, der den Rebgarten trocknet ...

Petrus, ein einzigartiger Boden. Rebstöcke nach dem Schnitt.

Jean-Claude Berrouet, Hausönologe seit 1964, extrahiert dann den Wein aus dem Rohmaterial. Ein großartiges Talent von biblischer Bescheidenheit: Er ist Geburtshelfer, und er nimmt für sich nicht in Anspruch, der Erzeuger zu sein. In einem mönchischen, fast archaischen Keller, ohne Edelstahl und pneumatische Pressen, vollzieht sich das Wunder. Für jede Parzelle ein kleiner Betontank, eine uralte Vertikalpresse, die einen wunderbar feinen und ausgewogenen Preßwein liefert. Falls nötig, werden dem Most Reinzuchthefen zugesetzt. Vergärung bei 30° C mit häufiger Remontage. Zwanzig Tage Maischegärung. Man extrahiert stark, aber niemals zu stark. Nach dem biologischen Säureabbau wird eine erste Assemblage vorgenommen. Die ausgesonderten Partien verlassen im Tankwagen das Gut und bilden eine Cuvée Moueix. Ein zweiter Wein? Aber wo denken Sie hin...

Der Wein kommt in neue Barriques verschiedener Provenienzen, um die Komplexität der Holztöne sicherzustellen, und wird ohne Filtration alle drei Monate mit Hilfe der Schwerkraft abgestochen. Er bleibt zwischen zwanzig und zweiundzwanzig Monate im Faß und wird abschließend mit frischem Eiweiß geschönt. Die Flaschenfüllung erfolgt je nach Jahrgang mit oder ohne Filtration. Die 42.000 Flaschen gehen über die Handelsgesellschaften der Familie Moueix, die praktisch ein Monopol besitzen, in die fünf Kontinente. Theoretisch wird der Wein an der Börse von Bordeaux kotiert, doch ist dies schon seit langem nicht mehr der Fall. Der *prix de sortie* liegt auf der Ebene der erstklassifizierten Gewächse des Médoc. Anschließend setzt der Preis zu einem schwindelerregenden Höhenflug an. In jedem Land hat ein exklusiver Vertreter Anspruch auf eine feste Zuteilung, die er an langjährige Kunden weiterverteilt. Da jeder Zwischenhändler seinen Gewinn aufschlägt, beträgt der Preis für eine Flasche Petrus beim Endverbraucher, dem Liebhaber, der nicht nur reich sein, sondern auch Glück haben muß, das Vier- bis Fünffache des Erzeugerpreises. Es bleiben noch die Versteigerungen, wo die alten Flaschen als Spekulationsobjekte unter den Elfenbeinhammer kommen; diese werden praktisch nie getrunken.

Christian Moueix.

Wenn man das Vorrecht hat, einen Petrus trinken zu dürfen, will man dann überhaupt wissen, ob er seinem Mythos gerecht wird? Der Petrus ist ein immenser Wein, der wie kein anderer begeistert. Dieser opulente Wein besitzt eine außerordentlich feste Farbe und verströmt ein Bouquet, das oft von extremer Fruchtigkeit und Generosität ist. Mit seiner außerordentlichen Konzentration begeistert er, sobald ihn die Augen oder die Lippen wahrnehmen. Trüffeln, Schokolade oder heller Tabak sowie schließlich schwarze Johannisbeeren spielen ihre Partitur. Eine außerordentliche fruchtige Dichte, ein Fleisch, wie es nur der Merlot besitzt, samtige, opulente Tannine. Er entfaltet sich mit immer neuen Nuancen. Und wenn er dies nur zögernd tut, dann nur, um Ihre Spannung zu steigern.

La Tâche

Außergewöhnlich

Domaine de la Romanée-Conti

Land:
Frankreich

Herkunftsbezeichnung:
La Tâche Grand Cru

Erzeugung:
20 000 Flaschen

La Tâche war einst zweifellos ein Rebgarten in Vosne-Romanée, der einem Winzer gegen eine feste Vergütung »en tâche« zur Bearbeitung anvertraut wurde. Der erste bekannte Besitzer ist 1622 Jean-Baptiste Le Goux aus la Berchère, Präsident des burgundischen Parlaments. Anschließend gehört der Besitz den Joly de Bévy, ebenfalls eine bedeutende burgundische Familie. Die Französische Revolution zwang sie in die Emigration, und ihr Land wurde als nationales Gut verkauft. Schon damals gilt La Tâche als einer der besten burgundischen Weine. Das Gut geht durch verschiedene Hände, bis es im Jahre 1800 Nicolas-Giullaume Basire kauft, ein Bürger aus Dijon. Seine Tochter Claire-Cécile bringt es in die Ehe mit ihrem zweiten Mann ein, dem General Louis Liger-Belair. Diese Familie wahrt den Besitz bis 1933. Aufgrund von Erbschaftsauseinandersetzungen wurde es zum Verkauf angeboten, und die Domaine de La Romanée-Conti, die seit langem ein Auge auf dieses Gut geworfen hatte, sichert sich den Besitz. Wie so oft im achtzehnten Jahrhundert, entstand eine gewisse Verwirrung bezüglich des sogenannten historischen La Tâche und einigen benachbarten Lagen, deren Wein unter diesem Namen verkauft wird. Ersteres umfaßt 1,44 ha; letztere nennen sich Tâche oder Gaudichots und bilden einen weiteren Besitz der Domaine de la Romanée-Conti, der im Laufe der Jahre durch Flurbereinigung zu 4,63 zusammengefaßt wurde. Durch den Erwerb des historischen La Tâche sind hier auf heute 6,6 ha zwei Monopole vereint. 1932 billigten mehrere Urteile der Domaine de la Romanée-Conti das Recht zu, ihre Gaudichots nur unter dem Namen Tâche zu verkaufen.

Nach der Reblaus wurde um 1890 La Tâche von mit Pflanzenmaterial aus La Romanée-Conti wiederhergestellt. Umgekehrt sind es in La Tâche ausgewählte Pfropfreiser, die 1947 bis 1948 die Neubestockung von La Romanée-Conti ermöglichen. Diese beiden Lagen, die von den Romanées durch das schmale Band der Lage La Grande Rue getrennt sind, sind also Blutsverwandte. Um La Tâche regelmäßig zu erneuern, wird alle vier Jahre durch Massenselektion ein Sechstel Hektar neu bestockt. Die Erziehung der Reben und der Ausbau des Weins erfolgen in derselben Weise wie auf Romanée-Conti. Erzeugt werden etwa 20 000 Flaschen pro Jahr, die numeriert und mit Namenszug versehen sind. Der La Tâche ist eine Klasse für sich und mit nichts zu vergleichen. Er erinnert manchmal an den Geruch frisch geschnittener Wildkräuter, an Pilze vor einem Hintergrund von Himbeeren und Gewürzen, unterlegt mit einem ausgeprägten Terroir. Dieser Wein erreicht mit seinem irdischen Fleisch oft irreale Dimensionen; er ist manchmal die Perfektion eines menschlichen Werks und die Vollendung des Pinot noir.

La Turque

Der unwiderstehliche Aufstieg von La Turque

MARCEL GUIGAL

LAND:
FRANKREICH (RHÔNE)

HERKUNFTSGEBIET:
CÔTE RÔTIE

ERZEUGUNG:
8000 FLASCHEN

Gab es jemals schnelleren Ruhm? Nachdem das Etikett Côte Rôtie »La Turque« seit 1929 verschwunden war, erschien es 1985 wieder auf einigen tausend Flaschen. Durch Mund-zu-Mund-Propaganda stieg der La Turque innerhalb kürzester Zeit zum Rang eines der besten Weine Frankreichs auf. Allerdings hat dieser Turque auch hervorragende Startbedingungen: Die Patenschaft von Etienne und Marcel Guigal, und die Nachbarschaft zweier berühmter Crus, La Mouline und La Landonne. Vom La Mouline hat La Turque die Geschmeidigkeit und Finesse, vom La Landonne die feste Struktur und seriöse Kraft.

La Turque, ein kostbarer Rebgarten.

Die Côte Rôtie hat ein eigentümliches Schicksal. Zweifellos war dieses Weinbaugebiet mit seinen 150 ha zu klein, um den Platz zu erobern, der ihm durch seine Geschichte und seine Qualität zugestanden hätte.

Seine Geschichte ist eine der ältesten Frankreichs, denn nur noch Narbonne kann sich eines Ursprungs rühmen, der 26 Jahrhunderte zurückliegt. Als es noch keinen Bordelaiser Rebgarten gab, als das Burgund noch von Wald und Dickicht bedeckt war, pflanzten die Griechen neben dem künftigen römischen Vienna (Vienne) unweit von Ampuis am rechten Rhône-Ufer die ersten Rebstöcke. Sehr schnell zeigt sich, daß sie guten Boden gewählt hatten: Der Wein von Vienne ist in Rom sehr gesucht und erzielt so hohe Preise, daß Plinius sich darüber beklagt, daß dieser köstliche Vinum picatum so teuer ist. Er verdankte und verdankt noch heute seine Qualität seinem Boden und der Rebsorte. Sehr vieles weist darauf hin - ohne daß man es beweisen könnte - daß diese Rebsorte bereits die Syrah war, die nicht aus Syrien stammt und damit auch nicht von den Kreuzfahrern mitgebracht worden sein kann. Es scheint, daß diese Syrah mit einer lokalen Rebsorte, der Mondeuse verwandt ist. Den heutigen Côte Rôtie-Weinen darf eine weiße Rebsorte, die unbestritten aus dieser Gegend stammt, der Viognier, bis zu einem Anteil von 20 % hinzugefügt werden, der jedoch niemals erreicht wird.

Das Herkunftsgebiet gliedert sich in zwei Abschnitte, die Côte Brune und die Côte Blonde. Angeblich gehen diese beiden Namen auf den Anteil weißer und blauer Rebsorten zurück: Auf der Côte Blonde stehen 10 % Viognier, auf der Côte Brune 3 -4 %. Eine andere lokale Erklärung für die beiden Namen besagt, daß der Boden der Côte Brune tiefer ist als derjenige der Côte Blonde.

Interessant ist auch die Frage nach dem Ursprung des Namens La Turque. Einige vertreten die Auffassung, daß dieser auf den (sehr seltenen) französischen Ausdruck »faire la turque« zurückgeht, der eine im rechten Winkel nach vorne geneigte, gestreckte Körperhaltung bezeichnet, die auch die hiesige Rebe einnimmt. Wahrscheinlicher ist aber, daß dies eine Anspielung auf den Ausdruck »mettre les turques« ist, wobei mit »turque« zwei mit einem Rebenzweig verbundene Pflöcke gemeint sind, die zur Zurückhaltung der Erde eingesetzt werden.

La Turque, jene großartige Parzelle, gehörte einst Monsieur Dervieux-Cachet. Bei seinem Tod Ende der zwanziger Jahre übernahm sein Sohn den Rebgarten. Um diese Zeit beginnt der Behördenapparat eine ungehemmte Aktivität zu entfalten. Der Fiskus interessiert sich für den Boden und die Rebgärten, und die Schikanen der Beamten nehmen kein Ende. Dervieux-Cachets jr. erfüllt keine einzige behördliche Auflage. Der Fiskus aber läßt nicht von seinem Opfer. Dervieux-Cachet verliert darüber den Verstand und verbringt die restlichen vierzig Jahre seines Lebens in einer geschlossenen Anstalt. Während dieser ganzen Zeit liegt der Rebgarten brach. 1970 verkauft der Staat La Turque an das Haus Vidal-Fleury. Madame Vidal-Fleury stellt Etienne Guigal ein, der nur einen Wunsch hat: Daß La Turque wieder bestockt wird. Dies geschieht im Jahre 1981 so erfolgreich, daß La Turque zum Zeitpunkt der Übernahme des Hauses Vidal-Fleury durch Etablissements Guigal im Jahre 1984 vor dem ersten Ertrag steht. Dieser Rebgarten war immer der Traum des Vaters von Marcel Guigal gewesen. Er erinnerte sich, daß er als Sechzehnjähriger als eine Art Ehrenbezeigung gegenüber dieser Parzelle sämtliche Trauben von La Turque allein heruntergetragen hatte. Als 1985 die erste Lese der wiederbestockten Lage La Turque anstand, bot Etienne Guigal in Erinnerung an seine einstige Glanzleistung den anwesenden Lesehelfern an, demjenigen die ganze Ernte zu schenken, der sie alleine hinabtragen würde. Niemand nahm diese Herausforderung an... So verkosten 1985 Marcel Guigal, seine Frau und sein chef de culture zum erstenmal etwa 25 bis 30 Fässer des Côte Rotie des Hauses. Alle drei haben noch niemals in ihrem Leben einen La Turque verkostet, doch »erkennen« sie ihn sofort: »Ein heller Côte Brune mit dem Charme der Côte Blonde.« Seither bestätigt der Wein Jahr für Jahr seine Persönlichkeit.

Woher kommt der besondere Rang von La Turque? Entscheidend ist die Lage. Alle umliegenden Rebgärten liegen entweder nach Osten oder nach Westen; nur La Turque wird den ganzen Tag von der Sonne beschienen. Der Boden erinnert an denjenigen der Côte Brune (Eisenschlacke) mit dem zerklüfteten Gestein und 50 cm Mutterboden. Von den in einer Dichte von 10.000 Stöcken pro Hektar stehenden Reben sind 93 % Syrah und 7 % Viognier, die mittels Massenselektion ausgewählt wurden.

Vinifiziert wird im geschlossenen Tank, wobei der Tresterhut hydraulisch untergetaucht wird (18 Tage, 33° C am Ende der Maischegärung). Anschließend wird der Wein achtzehn Monate in neuen Barriques ausgebaut, die zu 40 % aus dem Wald von Tronçais stammen und zu 60 % aus Eichenholz aus dem Departement Allier. Es ist ein großartiger androgyner Wein, der die Klasse der Großen hat: Unmittelbar, aber nuanciert, fest ohne Aufdringlichkeit, geradlinig, aber nicht simpel. Er ist zweifellos die Essenz der Côte Rôtie.

LA TURQUE
LA TURQUE
CÔTE BRUNE
Côte-Rôtie
APPELLATION CÔTE RÔTIE CONTRÔLÉE

Richebourg

Unter einem guten Stern geboren

Domaine Méo-Camuzet

Land:
Frankreich

Herkunftsgebiet:
Richebourg Grand Cru

Erzeugung:
1.200 Flaschen

Der unter einem guten Stern geborene Richebourg strahlt Gesundheit aus, verströmt Opulenz. Sein Name allein füllt schon das Glas. In einer vorzüglichen Lage am Hang von Vosne-Romanée oberhalb von Romanée Saint-Vivant und unmittelbar neben La Romanée-Conti und La Romanée gelegen, erlangt dieses Climat, das seit 1512 erwähnt wird, dank der Abtei von Cîteaux, der ein Teil der Lage gehört, im achtzehnten Jahrhundert große Bekanntheit. Da der Besitz schon geteilt ist, muß man auf jede einzelne Parzelle ein besonderes Auge haben... 1924 gewähren die Richter von Dijon die Gunst der Herkunftsbezeichnung Richebourg auch der Gemarkung Les Véroilles oder Richebourgs, die im achtzehnten Jahrhundert ebenfalls sehr geschätzt war, insbesondere der Clos de Varoilles (oder Véroilles) der Familie Chasan. Mit Dekret vom 11. September 1936 wird die Klassifikation als Grand cru festgelegt, deren derzeitige Fläche 8,03 ha beträgt. Hat nicht La Romanée-Conti, das 1760 um drei *ouvrées* (etwa 13 Ar) Richebourg vergrößert wurde, ein wenig von diesem Wein in seinen Adern?

»Die Richebourg,« schrieb im Jahre 1831 Dr. Denis Morelot, »sind von la Romanée-Conti nur durch einen Pfad getrennt. Da sich die Lage mehr am steilen Hang hinaufzieht, ist der Wein weniger erlesen als derjenige von Romanée; trotzdem hat er einen hohen Wert. Es ist sogar sicher, daß die Qualität gleich wäre, wenn der Wein der Richebourg nur aus den Trauben erzeugt werden würde, die auf der Höhe von La Romanée wachsen; die weiter oben stehenden Reben befinden sich gewissermaßen auf einem Boden, der mehr vom Regen ausgewaschen wird, und ergeben keinen so vollkommenen *liqueur* wie diejenigen von La Romanée.« Dem ist nichts hinzuzufügen.

Ein Mosaik von Gütern

Die etwa 30 500 Flaschen Richebourg, die jährlich erzeugt werden, stammen von acht Besitzern und mehreren Gütern, die den verschiedenen Zweigen der Familie Gros gehören. Auf die Domaine de la Romanée-Conti entfallen 3,5 ha, fast die Hälfte. Weitere Besitzer sind Domaines Leroy, Xavier Liger-Belair, Jan Grivot, Mongeard-Mugneret, Albert Bichot und Alain Hudelot sowie die Domaine Méo-Camuzet mit 35 Ar.

Jean Méo, der 1927 geborene Sohn von Gaston Méo und Marcelle Lamarche ist Ingenieur. Zunächst Mitarbeiter von General de Gaulle im Elyséepalast, wird er anschließend Präsident der Agence Havas und Europaabgeordneter. Seine Tante Maria Noirot, Tochter von Etienne Camuzet (dreißig Jahre lang Abgeordneter und Bürgermeister von Vosne, Besitzer des Château von Clos de Vougeot) vermacht ihm alle ihre Reben unter der Auflage, daß er den Geist der Familie wahrt, was zum Beispiel bedeutet, daß er die Halbpächter übernimmt. So ist

Jean Méo jetzt Herr eines großartigen Guts mit Clos de Vougeot, Richebourg und anderen Lagen in Nuits und Vosne. Bis 1983 werden die Weine über den Handel verkauft. Ab diesem Zeitpunkt verkauft das Gut direkt. 1989 folgt der 1964 geborene Jean-Nicolas, Absolvent der Ecole Supérieure de Commerce de Paris und Ehemann einer Fürstin Walewska seinem Vater nach und übernimmt die Geschäfte, wobei er auf die Unterstützung von Henri Jayer zählen kann, ehemals Halbpächter und heute Berater des Guts.
Die Richebourgs (die Mehrzahl bezeichnet den Weinberg, die Einzahl den Wein) waren einst Besitz von Alfred Lamarche, den am Abend seines Lebens eine große Niedergeschlagenheit überfiel, weshalb er sich bei seinen Reben niederließ, eine Flasche Marc austrank und sich nicht mehr erhob. Ein schöner Tod für einen burgundischen Großvater. 1949, 1955 und 1959 wurde jeweils ein Drittel der Reben durch Massenselektion erneuert (Unterlagenreben 161, 3309 und Riparia). Von den Halbpächtern Tardy, Jayer und Faurois gingen sie nach und nach an den neuen Winzer über. Seit dem Jahrgang 1993 führt Jean-Nicolas Méo die Vinifikation durch. Relativ frühe Lese. Vollständige Entrappung, kein Mahlen. Kurze, nur wenige Tage dauernde gekühlte Maischegärung. Es folgen vierzehn Tage im Betontank. Fünfzehn bis zwanzig Monate im neuen Holz. Keine Filtration, Schönung je nach Jahrgang, anschließend Abfüllung.
Der Wein besitzt eine explosive Frucht mit Anklängen von Schattenmorellen. »Der stürmischste und intensivste aller Crus,» urteilt Richard Olney. Seine überschwengliche Jugend führt ihn in ein heiteres Gleichgewicht, verbunden mit einer Empfindung der Überfülle, einer unsäglichen Generosität. »Vielleicht der vollständigste aller Weine von Vosne,« befindet Alexis Lichine. In den zwanziger und dreißiger Jahren war dies das Zugpferd von Charles Viénot, der sich gewissermaßen mit dessen maßlosen Rundungen identifizierte. Dieser Rohdiamant aus dem Inneren der Erde wird alljährlich auf diesem Gut in einer Auflage von 1200 bis 1500 Stück (vier bis fünf *pièces*) geboren. Seltene und hinreißende Flaschen!

La Romanée

Das Kleinod

Domaine du Château de Vosne-Romanée

Land:
Frankreich

Herkunftsgebiet:
La Romanée Grand cru

Erzeugung:
4 000 Flaschen

Dieses Kleinod (84,52 Ar) liefert 4.000 Flaschen pro Jahr und ist damit die kleinste Herkunftsbezeichnung Frankreichs. Der am Hang von Vosne-Romanée unterhalb von Romanée-Conti gelegene Rebgarten entstand 1827 durch die Zusammenfassung von sechs winzigen Parzellen durch General Louis Liger-Belair, der alle Feldzüge Napoleons mitgemacht hatte und hier die Veteranenruhe genoß. Eine seiner Parzellen hieß schon 1790 »En la Romanée«; eine weitere trug diesen Namen im Jahre 1815. Neben Romanée Saint-Vivant und Romanée-Conti gelegen, wurden diese Reben schon im achtzehnten Jahrhundert mit den *Climats* Romanée und Richebourg verwechselt.
La Romanée blieb seither in dieser Familie, der das Château von Vosne gehört. Zwischen 1933 und 1991 gehörte es dem Kanonikus Just Liger-Belair, der mit Argusaugen über seinen Besitz wachte. Lyrisch und rasend parteiisch zückte dieser Kommandeur des Ritterordens vom Heiligen Grab zu Jerusalem das Schwert, wenn es um die Ehre seiner Reben ging. Nach seinem Tod trat sein Neffe, der 1928 geborene General Henry Liger-Belair seine Nachfolge an. Sein Sohn Louis-Michel, geboren 1973, absolviert ein Studium als Agraringenieur, um das kleine Gut zu übernehmen, zu dem auch die Premier Cru-Lage Reignots gehört. Das seit langem in Halbpacht (*métayage*) vergebene La Romanée wird von der Familie Forey bestellt und vinifiziert.
Ein Viertel der Reben ist im Augenblick über fünfzig Jahre alt. In den dreißiger Jahren wurde ein Drittel Hektar neu bestockt, der Rest wird laufend erneuert. Es ist ein empfindlicher Rebgarten mit steiler Lage (12 %); der Boden ist weniger lehmig als auf La Romanée-Conti, wobei unten Schotter und flache Steine auf Rendzina liegen, oben brauner kalkhaltiger Boden. Wenig Mutterboden, doch der Pinot noir gedeiht hier ausgezeichnet. Die Trauben werden um die Mitte oder gegen Ende der Lesezeit geerntet. Zweitägiges kühles Stehenlassen auf der Maische, anschließend eine gut zwanzigtägige Gärung, wobei die Rappen teilweise entfernt werden. Nach der Vinifikation und der Gärung kommt der Wein im Juni oder Juli, je nach Jahrgang, seit 1976 insgesamt zu der Firma Bouchard Père et Fils in Beaune, die familiäre Bande mit den Liger-Belair verbinden.
»Der Romanée ist eine große Dame, die sich niemals ganz hingibt,« sagte der Kanonikus Just. »Sie bewahrt immer etwas für später auf.« Ein Degen in seiner Scheide, auf den man warten muß. Die Farbe ist in der Regel verhalten. Das Bouquet setzt mit Aromen von Datteln oder Feigen und Pflaumen ein und geht dann zu animalischen und ledrigen Aromen über. Während der Wein in seiner Jugend ziemlich hart ist, setzt nach fünfzehn bis zwanzig Jahren eine großartige Entwicklung ein. In den achtziger Jahren drang La Romanée wieder zur Spitze vor. Es ist ein wirklich einzigartiger Wein, eines jener sehr seltenen Exemplare eines Alleinbesitzes, der seit über einhundertfünfzig Jahren intakt ist.

ROMANÉE
1989
LA ROMANÉE
GRAND CRU
APPELLATION LA ROMANÉE CONTROLÉE
RÉCOLTE DU DOMAINE
DU CHATEAU DE VOSNE-ROMANÉE

Diamond Creek Volcanic Hill

Die Theorie der climats

DIAMOND CREEK VINEYARDS

LAND:
VEREINIGTE STAATEN VON AMERIKA
(KALIFORNIEN)

HERKUNFTSGEBIET:
NAPA VALLEY

ERZEUGUNG:
- VOLCANIC HILL: 16 800 FLASCHEN

- LAKE:
1.560 FLASCHEN

- GRAVELY MEADOWS:
8 400 FLASCHEN

- RED ROCK TERRACE:
8 400 FLASCHEN

Sollten die Burgunder die einzigen auf der Welt sein, die sich darauf verstünden, ihre Lagen auf den Quadratmeter genau abzugrenzen, die wüßten, daß jedes Fleckchen Erde eine eigene Identität hat, und die an die Theorie der *climats* glaubten? Aber nein. In Calistoga am Ende des Napa Valley und am Fuße des Diamond Mountain gibt es einen engagierten Winzer, der ebenfalls daran glaubt. Wie der ehemalige Botschafter James D. Zellerbach, auch er ein passionierter Liebhaber des Burgunders, einst glaubte, in das Geheimnis der burgundischen Komplexität eindringen zu können, indem er als erster seinen Sonoma-Wein in französischen Fässern ausbaute, so schwor sich auch Al Brounstein, alle Geheimnisse des Labyrinths zu lüften. Er arbeitet in einer ganz besonderen Weise. Wenn man den Kaliforniern oft vorwerfen konnte, daß sie sich mehr um die Rebsorten als um den Boden, mehr um die Sonne als um die Erde kümmerten, mehr um eine High-tech-Önologie als um die Trauben, mehr um das Faß als den Wein, der darin lagerte, so ist Diamond Creek hierfür das beste Gegenbeispiel. Die Rebfläche ist hier so klein parzelliert, daß man sich nach Vosne-Romanée oder Puligny-Montrachet versetzt glaubt. Es fehlt nur die INAO.

Burgund oder Napa

Al Brounstein gab die komfortable Existenz und die Einkünfte aus einem großen pharmazeutischen Großhandelsbetrieb auf und wurde zu einem wahren Pionier des Rebenbaus. Er erwarb 8 ha auf den Hügeln über Calistoga und erweiterte den Besitz auf 16 ha, indem er einen angrenzenden Wald rodete. Dabei stellte er fest, daß Boden, Lage und Natur des Geländes sehr unterschiedlich waren. Deshalb erzeugt er heute je nach Typ der Parzellen unterschiedliche Weine, Lagenweine mit unterschiedlichen Qualitäten und Vorzügen, womit er möglicherweise den Grundstein für eine künftige Klassifikation der Grands crus in der AOC der regionalen Appellation Napa Valley gelegt hat, wie es sie in einhundert oder zweihundert Jahren geben wird. Eine Idee, die von den Medien dankbar aufgenommen wurde und sich als genialer Marketing-Schachzug erwies: Ein Wein von jedem Bodentyp, wie es im Burgund üblich ist. »Ich werde meine verschiedenen Parzellen miteinander verschneiden, wenn Romanée-Conti, la Tâche und Richebourg ebenfalls in dieselbe Cuve kommen,« erklärt dieser Winzer, der damit gegen den üblicherweise mehr von Bordeaux inspirierten Strom in Kalifornien schwimmt.
Diamond Creek liegt in der Talmulde eines Cañons. Es umfaßt drei Lagen: 3,2 ha in voller Südlage auf Vulkangestein (Volcanic Hill), 2,8 ha auf der anderen Seite in einer Nordlage auf eisenhaltigen Böden (Red Rock Terrace), und dazwischen flaches Kiesgelände auf 2 ha (Gravely Meadows). Im Talgrund stehen auf 0,3 ha einige Stöcke an einem kleinen See, die den überaus raren Lake liefern. Diese Lage ist kleiner als das winzige Romanée! Könnte man sich in Ka-

diamond creek
Volcanic Hill
1989
Napa Valley
Cabernet Sauvignon
grown, produced and bottled on diamond mo
DIAMOND CREEK VINEYARDS

lifornien etwas Großartigeres vorstellen? Die Reben sind in einer Dichte von zweihundert Stöcken pro Hektar gesetzt und werden mit vier Streckbogen erzogen. Sie haben ein Alter von etwa zwanzig Jahren, wobei die einzelnen Sorten die folgenden Anteile haben: Cabernet Sauvignon 88 %, Merlot 8 % und Cabernet franc 4 %. Immerhin hat Al Brounstein die Kühnheit nicht so weit getrieben, den Pinot an sein Land anpassen zu wollen, denn diese Rebsorte weigert sich hartnäckig, Englisch zu lernen. Nach dem 25. April wird nicht mehr bewässert. Der Ertrag wird auf 50 hl/ha beschränkt. Die Ernte wird sorgfältig verlesen, und die Trauben bestimmter Lesedurchgänge werden gesondert vinifiziert. Je nach Jahrgang wird die Ernte vom Lake mit derjenigen der Gravely Meadows vermischt oder aber in der Winery im Herzen des Gutes getrennt vinifiziert. Die von Hand gelesenen Trauben werden auch von Hand abgebeert. Sie werden in Fässern aus Sequoia-Holz bei 26 bis 29°C in acht bis zehn Tagen mit untergetauchtem Tresterhut vergoren. Der Preßmost wird vollständig mitverwendet: Von dem kostbarsten Wein Kaliforniens wird nicht ein Tropfen vergeudet. Der Ausbau erfolgt auf Barriques aus französischem Holz (Nadalier) mit einem Anteil von 40 bis 50 % neuer Fässer. Während dieser zweiundzwanzig Monate wird viermal abgestochen. Keine Schönung, keine Filtration.

Die Freuden des Sammlers

Das Gut erzeugt 3.000 Kisten, davon 130 vom legendären Lake, 1400 vom Volcanic Hill und je 700 von den übrigen Lagen. Verkauft wird direkt an Privatkunden, an feste Händler und Restaurants. Wer bei einer Degustation in den Vereinigten Staaten mitreden können will, muß die gesamte Palette besitzen, damit er bei der Erkundung der verschiedenen Böden, von denen diese mythischen Flaschen kommen, die Etiketten vergleichen kann. Bei den Verkaufsveranstaltungen, wo die Weine zu stolzen Preisen gehandelt werden, werden die Liebhaber schwach und zögern nicht, ihr Sparschwein zu schlachten.

Der Rebgarten von Diamond Creek beherrscht den See.

Im Volcanic Hill kommt das unterirdische Feuer der Eingeweide der Erde zum Ausdruck: Dies ist der mächtigste, der robusteste der vier Weine, stets reich und sehr konzentriert, tanninreich und geschlossen in seiner Jugend, ein Wein zum Weglegen. Der Red Rock Terrace besitzt mehr Frucht. Er ist ein Vetter ersten Grades des ersteren, zeichnet sich jedoch zusätzlich durch Eleganz und Geschmeidigkeit aus. Der vegetalere, manchmal mineralischere Gravely Meadows zeigt kantige Tannine, die sich mit der Zeit abschleifen. Der nur in den Jahrgängen 1978, 1984 und 1987 getrennt vinifizierte Lake ist ein Seiltänzer von perfektem Gleichgewicht, mit luftiger Grazie, gestützt von einer langen und feinen Struktur mit zarter Frucht.

Château Lafleur

Die Quintessenz des Pomerol oder Petrus auf den Fersen

SYLVIE ET JACQUES GUINAUDEAU

LAND:
FRANKREICH

HERKUNFTSGEBIET:
POMEROL

ERZEUGUNG:
12.000 FLASCHEN

Lafleur? Eine Blume? Sagen wir lieber: Eine Rosenknospe, denn dieses Château könnte im Garten des Pomerol leicht übersehen werden. Der Rebgarten ist gerade 4,5 ha groß. Wenn der Boden nicht aus Lehm und rotem Kies zusammengesetzt wäre, wenn sich nicht Merlot und Cabernet franc brüderlich die bestockte Fläche teilen würden, dann könnte man sich fast im Burgund wähnen ... aber seine Nachbarn heißen Petrus, Le Gay, La Croix de Gay und Gazin, nicht Tâche oder Musigny. Es gibt hier ein Dutzend Châteaus, die La Fleur oder Lafleur heißen und verschiedene Variationen zum Thema repräsentieren. Das hier gemeinte Château wurde Ende des neunzehnten Jahrhunderts von Henri Greloud auf den besten Böden von Le Gay geschaffen. André Robin hat es zu höchsten Höhen geführt, und seine Töchter Thérèse und Marie führen sein Werk auf Lafleur und Gay mit Takt und Diskretion, Gewissenhaftigkeit und Tatkraft fort. »Qualität geht über Quantität,« lautete die Devise ihres Vaters. Nach dem Tode von Thérèse übernahmen Sylvie und Jacques Guinaudeau, Nachfahren von Henri Greland, das Gut, das damit in der Familie des Gründers blieb. Dann kam das Gut in die Jahre. Es wurde modernisiert, und maßgeblichen Anteil an seiner Wiedergeburt hatte die Ankunft von Jean-Claude Berrouet im Jahre 1981, des Önologen von Jean-Pierre Moueix. Der Wille, die Persönlichkeit dieses Crus zu erhalten, beseelt die ganze Mannschaft, die heute die Geschicke lenkt: Sparsamster Umgang mit Dünger, Erträge um 25 hl/ha, optimale und über Petrus hinausgehende Reife, strenge Auslese, achtzehn bis sechsundzwanzig Tage dauernde Maischegärung bei 32° C. Rasch auf Fässer gefüllt und schnell verschnitten trennt sich nun der *grand vin* vom zweiten Wein, dem Pensée de Lafleur (8 ha), für den die ausgeschiedenen Partien verwendet werden. Er wird achtzehn bis einundzwanzig Monate auf zu fünfzig bis fünfundsiebzig Prozent neuen Fässern ausgebaut.

Die Firma Jean-Pierre Moueix verkauft die fünfzehntausend Flaschen zu stolzen Preisen vor allen Dingen in die Vereinigten Staaten. Zwar könnte allein schon die Seltenheit des Château Lafleur seinen Preis erklären, doch muß man den Grund hierfür vor allen Dingen in seiner Qualität, seinem Charakter und in der Gegenüberstellung mit Petrus suchen. Lafleur ist nur einen Steinwurf von Petrus entfernt. Cabernet franc contra Merlot? Der Stil ist massiver, männlicher, dichter und tiefer. *Haute époque* mit einem Wort, sehr würzig, kraftvoll wie ein Ritter der Tafelrunde, und er fügt dieser Dichte jenen Schmelz hinzu, der alles verändert. Er muß altern. Wäre Lafleur ohne Moueix ebenso aufgeblüht? Möglicherweise nicht.

Grace Family Vineyards

Ein Bonsai

CABERNET SAUVIGNON

LAND:
VEREINIGTE STAATEN VON AMERIKA
(KALIFORNIEN)

HERKUNFTSGEBIET:
NAPA VALLEY

RICHARD GRACE

ERZEUGUNG:
2 400 FLASCHEN

Wenn ein Kalifornier plötzlich feststellt, daß er dabei ist, auf der Jagd nach dem Erfolg sein Leben zu vergeuden, daß seine Kinder nichts von der Natur wissen, dann träumt er davon, seinen Golfsack endgültig irgendwo in der grünen Natur abzustellen. So beschloß Dick Grace, Börsenmakler in San Francisco und Streßgeschädigter, im Jahre 1976, im Napa Valley Winzer zu werden. Dieser Golden Boy beginnt also gemeinsam mit seiner Frau Ann ein neues Leben. Kann er seinem Schicksal entgehen? Ihr Wein hat Erfolg, und schon wieder steht Dick Grace in der mörderischen Mühle des Business...
Ihr Gut, ein hübscher Landsitz im viktorianischen Stil, liegt in Santa Helena. Dick Grace pflanzte zunächst nur einige wenige Stöcke Cabernet Sauvignon auf einen knappen halben Hektar, den er später auf 1,5 ha erweiterte: Ein Bonsai, ein Gärtchen auf lehmigem, kiesigem Boden an einem Osthang. Die Reben stehen mit der hohen Dichte von 3.400 Stöcken pro Hektar und werden als Kordons erzogen. Trotz Bewässerung sind die Erträge mit fünf bis sechs Fässern pro Hektar gering. Im Keller genügen zwei kleine Edelstahltanks; vinifiziert wird nach klassischer Art: Gärung bei 28 bis 29° C, Untertauchen des Tresterhuts und kurze Maischegärung; 10 % des Preßmosts werden dem Vorlauf wieder zugefügt. Der Wein bleibt sechsunddreißig Monate in französischen Barriques, von denen jährlich die Hälfte erneuert wird. Keine Klärung, eine leichte Filtration vor dem Abfüllen in eine spezielle Bordeaux-Flasche. Die 2.400 bis 3.600 Flaschen gehen an die Privatkunden des Guts, eine Kartei von etwa 250 treu ergebenen Freunden, die nicht zögern, einen hohen Preis für das Privileg zu bezahlen, dieses Hauswein in ihrem Weintresor zu haben. Dieser sehr düstere Cabernet Sauvignon, der von einer äußersten Konzentration ist, bietet einen exklusiven Holzton, schwarze Johannisbeeren, reichlich Rauchgeschmack und Goudron, eine imposante Struktur, sehr reifes Tannin. Ein opulenter Wein, der mehr zum Degustieren als zum Trinken gemacht ist: Der Gaumen ist wie betäubt. Dick Grace, der sein Handwerk gelernt hat, hat es perfekt verstanden, einen Luxusmarkt um seine raren Flaschen aufzubauen, von denen er keinen einzigen Tropfen trinkt: »Mir genügt es, meinen Wein zu atmen und zu verkaufen,« sagt er. Grace Family Vineyard ist einer der überaus medienwirksamen Hauptdarsteller des jährlichen Wohltätigkeitsverkaufs von Napa Valley, der von den Hospices de Beaune inspiriert ist. Dort erzielte ein Sortiment von zwölf Flaschen unterschiedlichen Inhalts 42.000 Dollar...

Château Mouton Rothschild

Kunst und Wein im Blut

Die Kunst ist auf Mouton allgegenwärtig. Eine Statue im Park.

Land: Frankreich (Bordeaux)

Herkunftsgebiet:
Pauillac

Château Mouton Rothschild
Baron Philippe de Rothschild
SA

Erzeugung:
360 000 Flaschen
Erster d'Armailhacq
Jahrgang: 1989

Geschichte eines Kampfes

Mouton hat seinen Namen von »Mothe«, einem Hügel im Médoc. Dieses alte Land der Herrschaft Lafite gehörte einst der Familie Ségur. Auf einer Karte aus dem Jahre 1750 ist bereits »Clos de Mouton« angegeben, der vermutlich schon damals mit Reben bestockt war. Der Bordelaiser Historiker René Pijassou nimmt an, daß auf Mouton kurz vor 1725 auf Veranlassung von Joseph de Brane, der in der Gemeinde Pouyalet in der Nähe von Pauillac einen Landsitz besaß, ein Rebgarten angelegt wurde. Baron Hector de Brane (»der Napoleon der Reben«) soll zusammen mit seinem Nachbarn M. d'Armailhacq den Cabernet Sauvignon im Médoc eingeführt haben. Dieser Wein war schon im achtzehnten Jahrhundert geschätzt und erzielte Preise, die teilweise über denjenigen der zweiten Gewächse lagen. 1830 verkaufte Hector de Brane Mouton an den Pariser Bankier Isaac Thuret und erwarb dafür Château Gorce, das er in Brane-Cantenac umbenannte. Einige Jahre später verwüstete der Mehltau den Rebgarten, dessen Ertrag drastisch sank. 1853 verkaufte der Investor sein Gut zu einem Preis, der unter dem Kaufpreis von 1830 lag, an Nathaniel de Rothschild. Nathaniel, der zum englischen Zweig der berühmten Dynastie gehört, hat die Genugtuung, seinen Wein an die Spitze der zweiten Crus vorstoßen zu sehen. Mit der Klassifikation von 1855 aber setzen sich die *premiers crus* ab, und Mouton verliert Boden gegenüber Margaux und Lafite, denen es dicht auf den Fersen war. Nach dem Tode von Nathaniel im Jahre 1870 bis zur Ankunft von Baron Philippe im Jahre 1922 sind die Rothschilds mit anderem beschäftigt. Sie lassen ihren Regisseuren wie R. Galos oder dem Baron de Miollis weitgehend freie Hand. Diese zeichnen für einen hervorragenden Wein verantwortlich, der preislich im Durchschnitt der Zweitklassifizierten liegt.

Dann tritt der junge Baron Philippe auf den Plan, 1902 geboren, Rennpilot, Segler, Literat, Filmproduzent, Dr. rer. nat. und dazu noch wohlhabend. Er entdeckt Mouton: einen ungemütlichen alten Bau ohne Wasser und elektrischen Strom und ohne Zufahrtsstraße. Fern ist hier das Théâtre de Pigalle, das er in jener Zeit aufbaute und leitete, fern sind Baty, Dullin, Jouvet und Pitoeff, die er um sich versammelt. Sehr bald regt sich in ihm etwas, eine Gewißheit. »Premier ne puis, second ne daigne, Mouton suis...« Mouton soll in die Elite der premiers crus aufsteigen, dies ist sein fester Wille. Warum wurde es nicht schon 1855 in die erste Kategorie aufgenommen? Den Courtiers war offensichtlich der Zustand des Rebgartens, das Fehlen eines Châteaus und zweifellos auch der kürzliche Erwerb des Guts durch einen Engländer ein Dorn im Auge. Florentinisch und modern zugleich, legt Baron Philippe eine Marschroute fest, setzt er sich ein Ziel: Bessere Produktqualität, teurer verkaufen, besseres Know-how. 1924 erfindet er den Schloßabzug, und die *premiers crus* müssen nachziehen. Nur Lafite ziert sich ein wenig, über die Ambitionen jenes ungestümen Vetters indigniert. Dann schlägt der Krieg grausam zu. Mouton wird besetzt; Philippes Frau wird deportiert und kommt in Ravensbrück um. Er selbst kämpft bei den Freien Franzosen. Nach der Rückkehr führt er auf Mouton mit Eifer und manchmal auch mit Zorn wieder das Zepter. Verführer, prunkvoller Mäzen, Kreuzfahrer und Höfling, Winzer und Financier, spielt er hier alle seine Fähigkeiten aus. Zu seinen genialen Ideen gehören die Umwandlung der alten Second Empire-Stallungen des Châteaus, die 1880 erbaut wurden, in einen prächtigen Tempel, der ganz dem Wein geweiht war, die Schaffung eines Museums mit kostbaren Stücken aus dem Bereich des Weinbaus, und die berühmten Etiketten, die jedes Jahr einem anderen großen Künstler gewidmet waren (1924 Carlu, dann nach 1945 Picasso, Chagall, Salvador Dalì, Alechinsky, Mirò, John Houston, Andy Warhol ...). 1933 kauft er Mouton d'Armailhacq, vereinigt damit die beiden Moutons der alten Domaine de Brane und gibt dem Gut den Namen seiner Frau, Mouton Baronne Philippe. Ab dem Jahrgang 1989 trägt der Wein wieder seinen ursprünglichen Namen.

Hinsichtlich der Preise erinnert sich Baron Philippe, daß er einst die vierundzwanzig Stunden von Le Mans bestritten hat, und er liefert sich ein packendes Duell mit Lafite. Dieser Wettkampf reißt schließlich das ganze Médoc mit, und die Preise der *premiers crus* heben ab. Dies ist nicht unbedingt der beste Dienst, den der Baron dem Weinbaugebiet erwiesen hat. Und der Wein? Er baut nüchterne und elegante Chais und zögert nicht, die Jahrgänge 1927, 1930, 1931 und 1932 vollständig zu deklassieren. Die Marke Mouton Cadet entsteht, die zum Eckstein seiner Handelsgesellschaft wird, seit 1982 Baronnie, und die für ein bedauerliches Mißverständnis sorgt: Es handelt sich um einen Markenwein der Appellation Bordeaux, der aus Tausenden von zugekauften Hektolitern erzeugt wird, und nicht um einen zweiten Wein. Zusammen mit Pauline Fairfax Potter, die er 1954 heiratet, führt er einen wahren kulturpolitischen Kreuzzug für seinen Wein. Muß denn die Regierung nicht irgendwann seinen unermüdlichen Vorstößen nachgeben? Er versteht es, sich Ministertüren zu öffnen, und im Jahre 1973 unterzeichnet Jacques Chirac, damals Landwirtschaftsminister, das Dekret, in dem die Klassifikation von 1855 geändert und Mouton Rothschild dieser einmalige, eher feudale als republikanische Gunsterweis zuteil wird. »Premier je suis, second m'indiffère, Mouton ne varie« lautet nun die Devise des Mouton premier cru. Nachdem sein Traum in Erfüllung gegangen ist, widmet sich der Baron schließlich bis zu seinem Tode ganz dem Opus One,

1987
A mon père

den er in Kalifornien mit Robert Mondavi kreiert, und der Übersetzung seiner geliebten elisabethanischen Gedichte. »Exegi monumentum aere perennius«, kann er mit Horaz sagen: Ich habe ein Monument errichtet, das dauerhafter ist als Erz...

Das Gut im Mouton

Die fünfundsiebzig zusammenhängenden Hektar dieses Guts liegen auf einem leicht geneigten Kiesplateau über Ortstein (*alios*), wo die Mächtigkeit der Kieselschicht teilweise zwölf Meter erreicht. Die Böden werden bei jeder Neubestockung drainiert. Eine Enklave (Les Carruades) gehört Lafite, das seinen zweiten Wein sinnigerweise Le Moulin des Carruades nennt... Wie auf Latour entfällt auf den Cabernet Sauvignon der Löwenanteil (79 % der bestockten Fläche); der Rest sind Merlot (12 %), Cabernet franc (8 %) und Petit verdot. Die Erneuerung der Stöcke erfolgt durch Massenauslese.

Die Reben werden mehrmals ausgelichtet; pro Fruchttrieb wird nur eine Traube belassen. Niedriger Ertrag. Dann bestimmt Patrick Léon, der Önologe des Guts, den Lesezeitpunkt anhand einer Vielzahl von Parametern, die für den Weinberg ermittelt und im Computer gespeichert werden. Die Trauben werden von Hand geerntet, verlesen, in Bütten in den *cuvier* gebracht, erneut auf einer Matte verlesen, zu 80 % von Hand auf Rebbelgittern abgebeert (eine Seltenheit!) und anschließend traditionell in Holzbottichen bei relativ hohen Temperaturen (30 bis 33° C) unter häufigem Umpumpen (Remontage) vinifiziert. Die Gärung kommt unter dem Tresterhut in Gang, doch wird der Wein noch »warm« in ausschließlich neue Fässer abgezogen (»abgewirzt«). Dies ist ein kritischer Vorgang, doch wachen die Männer in den weißen Kitteln im Labor Tag und Nacht. Die beim Abwirzen vorverschnittenen Weine werden beim ersten Abstich selektioniert, zwanzig bis dreißig Monate lang ausgebaut und nach einer leichten Filtration in Flaschen abgezogen.

Dieser aus schlichten Trauben gegorene Wein ist schon in seiner frühen Jugend extravertiert, aufregend, sehr dicht, großartig konzentriert und besitzt eine üppige Frucht, die von den Holzaromen gesteigert wird. Der Saft rinnt vom Stock. Mächtige, aber geschmeidige, strukturierte, aber samtweiche Tannine machen ihre Aufwartung. Mouton Rothschild setzt sich mit seiner Finesse und Komplexität jedoch erst nach zehn bis fünfzehn Jahren an die Spitze. *En primeur* liegt der Preis für die 360.000 Flaschen im Rahmen desjenigen der übrigen *premiers*. Bis die Flasche beim endgültigen Käufer angelangt ist, hat sie sie jedoch weit hinter sich gelassen. Bei Versteigerungen haben die Etiketten - weil jeder seine Sammlung komplett haben möchte - erheblichen Einfluß auf die Kotierung dieses Weins, und manchmal treiben sie auch den Preis eines kleinen Jahrgangs durch ihre Seltenheit in die Höhe - was liegt an der Flasche, Hauptsache, man hat das Etikett. Denjenigen, die sich mehr für den Inhalt interessieren, könnte man noch sagen, daß die Jahrgänge 1929, 1945, 1947, 1953, 1961, 1970, 1975, 1981, 1982, 1983 und 1985 die schönsten Erinnerungen an den Baron wecken, der jetzt Regisseur der himmlischen Rebgärten ist. Seine Tochter Philippine, ehemals an der Comédie Française, hat heute seine Nachfolge angetreten.

Château Ausone

Dichter sind unsterblich

LAND:
FRANKREICH (BORDEAUX)

HERKUNFTSGEBIET:
SAINT-EMILION GRAND CRU CLASSÉ

EIGENTÜMERGEMEINSCHAFT
CHÂTEAU AUSONE

ERZEUGUNG:
25 000 FLASCHEN

"Heil dir, mein Vaterland, durch Bacchus berühmt!« Decimus Magnus Ausonius lebte im vierten Jahrhundert unserer Zeitrechnung. Er lehrte in Bordeaux Rhetorik, verfaßte Gedichte und wurde so berühmt, daß der Kaiser ihn zum Erzieher seines Sohnes machte, des späteren Kaisers Gratian. Er war sehr wohlhabend und besaß acht Güter in dieser Gegend, von denen eines möglicherweise in Margaux lag. Trieb er dort Weinbau, wie die Legende hartnäckig behauptet? Es gibt hierfür keinen Beweis, doch steht fest, daß Saint Emilion bereits im vierten Jahrhundert mit Reben bepflanzt war. In der Nähe von Château La Gaffelière und unweit von Ausone wurde bei Ausgrabungen die erlesene Ausstattung einer gallisch-römischen Villa gefunden, die sehr wohl der Alterssitz dieses berühmten Mannes gewesen sein könnte. Rühmte er nicht einst den Zauber und die Lieblichkeit jener »einhundert aquitanischen Morgen«, von denen aus er »den wellenbewegten sonnenhellen Fluß« bewunderte?

Ein steiler Aufstieg

Ausone war bis zum *Second Empire* das einzige Château von Saint Emilion und hieß zunächst Cantenat. Es war ein rebengesäumter Landsitz, den sich der Faßhändler Jean Cantenat im Jahre 1781 erbaut hatte. Nach ihm führte die Familie Laffargue das Gut. Ihr Wein, den sie Ausone nannte, erlebte einen raschen Aufstieg. 1850 nach der Klassifizierung von Charles Cocks noch auf dem elften Rang, stand es 1868 auf dem Cocks et Féret bereits hinter Bélair, Troplong-Mondot und Canon auf dem vierten Platz. 1886 stand es bereits an zweiter Stelle, und wenig später nahm es die Spitzenposition ein. 1916 vereinigte Jean Dubois-Challon, der die Erbin des Hauses Laffargue geheiratet hatte, Ausone und Bélair, benachbarte Crus, die oft hinsichtlich ihrer Qualität in einem Atemzug genannt wurden. Ihre beiden Kinder erbten das Gut, das zwischen dem Sohn Jean und der Tochter Cécile aufgeteilt wurde, die Marcel Vauthier heiratete. Heute sichern Madame Jean Dubois-Challon und die Familie Vauthier die Kontinuität auf dem Château. Das Gut ist nicht geteilt, doch führt jeder Familienzweig seine Geschäfte selbständig. Es ist allerdings klar, daß durch diese Eigentümergemeinschaft Probleme für die Zukunft des Crus vorprogrammiert sind.

Ausone ist mit seinen 7,3 ha an einem Stück der Prototyp eines »Vin de côte.« Die steil nach Südost abfallenden Hänge grenzen an das Kalkplateau. Mit einem Untergrund aus Kalk und Fronsadais-Molasse mangelt es dem Boden nicht an Vielfalt. Die Wurzeln der Reben, die mit einer Dichte von 6.500 Stöcken pro Hektar gepflanzt sind, treffen auf kalkige, lehmig-kalkige und Molasseböden, auf Sand- und Schwemmsandschichten bei einem Oberboden von nur 30 bis 40 cm Tiefe. Cabernet franc und Merlot stehen einander in gleichen Anteilen gegenüber und sind in den älteren Parzellen sogar noch miteinander vermischt. Bis 1926 gelang es auf Ausone noch, wurzelechte französische Reben zu erhalten. Die Neubestockungen mit gepfropften Pflanzen begannen nach und nach im Jahre 1906. Heute gibt es noch über ein Hektar Reben, die in diesem Jahr gepflanzt wurden. Die durchschnittlich vierzig Jahre alten Rebgärten werden auch heute noch mit Pferden bearbeitet.

Loblied der Finesse

Die Trauben werden von Hand verlesen, wobei jegliche Überreife sorgfältig vermieden wird, auf einem Förderband ähnlich demjenigen von Romanée-Conti verlesen und lieferten 1989 45 hl/ha, 1988 37 hl/ha und 1981 22 hl/ha. Die Vertikalpresse ist so alt und die Holzbottiche sind so klein, daß man schon von einem »Puppen-cuvier« gesprochen hat. Das Traubengut wird zu 95 % entrappt, bei 28 bis 32° C vergoren und je nach Jahrgang zwei bis vier Wochen auf der Maische belassen. Mit der modernen Welt kommt es erst dann in Berührung, wenn in temperaturgeregelten Edelstahlbehältern der biologische Säureabbau durchgeführt wird. Der Wein der ersten Pressung wird beim Verschnitt mitverwendet, der in neuen Barriques erfolgt. Diese ruhen sechzehn bis zwanzig Monate in kühlen Felsenkellern. Die Schönung mit Eiweiß und der Verzicht auf eine Filtration offenbaren ebenfalls die alte Schule.
Diese aus Marmor gehauenen Weine zeigen in ihrer Jugend eine gewisse Kälte, bis sie erwachen. Draufgängertum und Übermaß aber sucht man auch dann vergebens; statt dessen findet man ein schmeichelndes Bouquet, Anschmiegsamkeit, eine bebende Sinnlichkeit. Die Wärme, ja manchmal Glut ihres Körpers bleibt stets den Regeln der Liebeskunst unterworfen. Ihre Tannine sind wie gewachst, glänzend wie das Parkett von Versailles bei einem großen Ballereignis. Kann dieser Wein leicht, kann er oberflächlich sein? Er ist voller Charme, voller Esprit, wie ein Gemälde von Fragonard. Pascal Delbeck, der *régisseur* von Madame Jean Dubois-Challon hatte seit 1975 wesentlichen Anteil daran, daß Ausone seinem Rang als Premier Grand cru classé A wieder gerecht wurde. Die Jahrgänge 1978, 1982 und 1985 sind Wunder an Grazie, ohne jedoch die großartigen 1961er und 1964er vergessen machen zu können. Erwähnt werden müssen auch die legendären Jahrgänge 1831, 1869, 1893, 1900, 1919, 1921, 1928, 1945 und 1949, wobei der 1928er bei einer Versteigerung mit 3.850 $ für eine Kiste mit zwölf Flaschen einen Rekord erzielte. Jener ausgeprägte Charakter, jener Stil, der nur ihm eigen ist, und die geringe Erzeugung von 25.000 Flaschen erklären seinen Preis. Während Ausone in den sechziger Jahren noch 60 % unter dem Preis des Mouton lag, betrug der Unterschied 1970 nur noch 30 %, und 1988 übertraf er ihn um 20 %. So lag 1982 der *prix de sortie* bei 195 Francs gegenüber 170 Francs für Cheval Blanc, Mouton, Lafite und Margaux. Bei Versteigerungen stehen die von Pascal Delbeck vinifizierten Jahrgänge (1975 bis 1989) ganz oben auf der Hitliste; so erzielt zum Beispiel eine Kiste des 1982er zwischen 1.000 und 1.200 Francs. Die älteren Jahrgänge werden weniger hoch bewertet. Dies zweifellos zu Unrecht, denn eine 1988 durchgeführte Verkostung von achtzig im Château gelagerten Jahrgängen von 1870 bis heute stellte die außerordentliche Langlebigkeit des Ausone eindrucksvoll unter Beweis, der sich offenbar von Lamartine inspirieren läßt: »Jener Wein, von alten Erinnerungen durchtränkt...« Sind die Dichter nicht unsterblich?

CHATEAU AUSONE

Château Latour

Aus gutem Hause

LAND:
FRANKREICH

HERKUNFTSGEBIET:
PAUILLAC

ERZEUGUNG:
200 000 FLASCHEN

Jahrhundertelang wurde auf Latour abwechselnd die französische Fahne und der Union Jack gehißt. Schon im Mittelalter zankten sich Engländer und Franzosen um diese Festung. 1963 wurde der berühmte Rebgarten der Pfarrei von Saint-Lambert, Gemeinde Pauillac, blutenden Herzens für 2,7 Millionen Dollar an die englischen Firmen Pearson und Harveys of Bristol veräußert. 1989 erwarb Allied Lyons für 600 Millionen Francs die Pearson-Anteile. Aber im Juli 1993 wurde der gallische Hahn wieder Herr im eigenen Hause - dank François Pinault, dem Besitzer der Warenhauskette Printemps, der die 62 ha Latour für 720 Millionen Francs erwarb.

Die belagerte Festung

1963 verkauft die Familie Beaumont, die Latour stets vor der Begehrlichkeit französischer und ausländischer Investoren geschützt hatte, für den erklecklichen Betrag von 2,7 Millionen Dollar widerwillig 76 % der Anteile an die englischen Firmen Pearson und Harveys of Bristol, weil sie es leid geworden war, den achtundsechzig Aktionären keine anständige Dividende bezahlen zu können. 1989 übernahm der Konzern Allied Lyons die Pearson-Anteile für 600 Millionen Francs, womit der Hektar nicht weniger als 14 Millionen Francs und jeder Rebstock etwa 1.800 Francs kostete. Mit diesem Verkauf geht eine Saga zu Ende, die vierhundert Jahre davor im mittelalterlichen Médoc begonnen hatte, als die Engländer ganz Aquitanien in ihren Besitz brachten. Gegen Ende des vierzehnten Jahrhunderts ist Latour ein herrschaftlicher Besitz, auf dem eine Festung steht, die die Franzosen und die Engländer im Wechsel belagern und einnehmen. Von der alten Festung ist außer den Steinen, mit denen im achtzehnten Jahrhundert der berühmte runde Turm und der Brunnen des Chai erbaut wurden, nichts erhalten geblieben.

Am Anfang der langen Geschichte des Rebgartens steht die Familie Mulet, die damals etwa dreißig Hektar erwirbt; ihr folgt Jean Denis d'Aulède. Der Rebgarten festigt seinen Ruf nach dem Verkauf an einen gewissen François Chavenas, und dessen Großnichte Marie-Thérèse de Clausel bringt den Besitz 1695 in ihre Ehe mit Alexandre de Ségur ein, der 1716 Lafite kauft. Aus dieser Verbindung von Großgrundbesitzern und Amtsadel im Parlament von Bordeaux geht ein einziger Sohn hervor, der Erbe eines Imperiums wird. Nicolas Alexandre de Ségur, der mit vollem Recht den Beinamen »der Fürst der Reben« trägt, geht in die Geschichte ein. 1718 vergrößert er seinen Besitz durch den Kauf von Mouton und Calon. Latour ist neben Lafite das Lieblingskind des englischen Markts; auch in den dunkelsten Zeiten der Seekriege zwischen Frankreich und England beschafft man sich die kostbaren Flaschen, indem man einige Schiffsladungen requiriert und diese auf den Londoner Docks versteigert - sofern man nicht annehmen will, daß dieser kleine Warenverkehr heimlich mit dem Besitzer unter den Augen der französischen und britischen Marine organisiert wurde! Der Fürst hatte vier Töchter, und so ging das

PRODUCE OF FRANCE
GRAND VIN
DE
CHATEAU
PREMIER GRAND CRU
PAUILLAC
1988

Die Kies-Hügelkuppe des Rebgartens von Château Latour liegt mehr als 10 Meter über der Gironde.

Gut über die Frauen an Grafen und Marquis. Während der Französischen Revolution wurde ein Viertel des Guts, der Teil des Grafen von Ségur Cabanac, verstaatlicht, nachdem dieser emigriert war. Dies ist das »Latour-Viertel,« das später Barton und Guestier sowie Nathaniel Johnston auch erwarben und das 1841 wieder in die Hände der ursprünglichen Besitzer überging, der Familie Beaumont, wobei die Händler durch die Exklusivrechte entschädigt wurden.

Die Problematik der Erbfolge veranlaßte die Familie, eine Gesellschaft des bürgerlichen Rechts zu gründen, in der Vorrangklauseln für den Erwerb der Anteile festgelegt sind. So ist Latour unter der Verwaltung der Cortivron, Flers und Beaumont über ein Jahrhundert lang in festen Händen.

So glanzvoll die Geschichte der Besitzer ist, so wäre Latour doch nichts ohne seine *régisseurs*: Domenger, der Lafite und Latour zugleich verwaltet, Lamothe, der seinen eigenen Wein mit Latour aufpäppelt (und dafür entlassen wird), Tenet und Boutet, eher glanzlose Betriebsleiter, Roux, der zum Zeitpunkt der Klassifikation von 1855 Regisseur ist, der überaus fähige Jouet und schließlich der »Homme de Latour« Jean-Paul Gardère, Courtier seines Zeichens, der zum größten zeitgenössischen Weinmacher des Médoc wurde.

Nach seinen Angaben tätigen die neuen englischen Besitzer ihre Investitionen. Er ist es, der den ersten Edelstahl-Keller des Médoc bauen läßt und den zweiten Wein »Les Forts de Latour« herausbringt; der Wein der Jahre 1960 bis 1980 ist sein Werk. Die schwierige Nachfolge hat jetzt der Önologe Christian Le Sommer angetreten.

Zwischen Lafite und Latour, deren Schicksale sich 1785 trennten und die mit Margaux und Haut-Brion 1855 als Premiers crus eingestuft wurden, besteht nach wie vor ein lebhafter Wettbewerb, insbesondere bezüglich der Preise.

Ein einmaliger Hügel für einen außerordentlichen Wein

Kein Boden ist wie dieser. Die Schicht Günzien-Kies am Mündungstrichter ist zu einem 16 m hohen, sanft geneigten Hügel mit grobem Kies geformt, während der Kies auf Lafite feiner ist. Jede Rebe »sieht das Meer.« Ein Teil des Unterbodens ist lehmig, wodurch feuchte Stellen entstehen, die seit langem sehr sorgfältig drainiert werden müssen. Die alten Tonrohre sind auch heute noch in perfektem Zustand und leiten das Wasser in den Jalle de Juillac an der Grenze zu Léoville-Las Cases oder in den Bach ab, der Latour von Haut-Bages Libéral trennt. Dieser Hügel, »l'Enclos«, umfaßt 47 ha Grand vin. Ein hervorragendes Mikroklima hält jeglichen Frost fern. Die Hauptmasse des zweiten Weins, des les Forts de Latour, stammt vom Plateau de Petit Batailley.

In der Bestockung verrät sich bereits der Stil: 80 % Cabernet Sauvignon, 10 % Merlot und 10 % Cabernet franc in einer Dichte von 10.000 Stöcken pro Hektar und ein hoher Anteil alter Reben (man rodet hier nicht gern). Der Ertrag erreicht höchstens 50 hl/ha.

Die Trauben werden verlesen und in Edelstahltanks von 140 hl Inhalt vergoren, die zu ihrer Zeit Schlagzeilen machten, aber heute Standard sind. Die Maischegärung dauert mindestens drei Wochen und wird bei etwa 30° C durchgeführt. Ausbau in neuem Holz während zwanzig bis vierundzwanzig Monaten, wobei die Fässer im ersten Jahr aufrecht stehen und anschließend im unterirdischen Chai liegend gelagert werden. Normalerweise Abzug und Schönung mit frisch geschlagenem Eiweiß, keine Filtration. In »kleinen« Jahrgängen wird auf Latour eine rigorose Selektion durchgeführt. Qualitativ ist dies der gleichmäßigste Premier cru classée des Médoc.

Ist der Latour weniger schnell trinkreif als Lafite oder Margaux? Es wird jedenfalls behauptet. Seine ausladende Struktur, sein mächtiger Stoff müssen gezähmt werden. Aber nach seiner jugendlichen Starre entwickelt er ein unerhörtes Volumen, eine sublime Komplexität der Aromen, die Fülle mit Subtilität verbindet, während kraftvolles Tannin seine erstaunliche Länge begleitet. Seine schier unendliche Haltbarkeit macht aus diesem Wein ein Monument, dessen Saft und Rasse alle Sinne überwältigen, wie dies etwa der 1961er demonstriert, dessen üppige Gegenwart ewig zu sein scheint. William Franck schrieb 1824: »... daß er sich üblicherweise durch mehr Körper als Château Lafite auszeichnet; er ist fest, hat eine schöne Farbe und ein fülliges Bouquet.« Vor 150 Jahren war also Latour schon derselbe. Männlichkeit? Dies könnte durchaus das Schlüsselwort seines Geheimnisses sein, wenn es stimmt, das bei denjenigen, die aus gutem Hause sind, der wahre Wert sich erst nach einigen Jahren zeigt ...

Château Lafite

Jenes unerreichbare Objekt der Begierde

Land:
Frankreich (Bordelais)

Herkunftsgebiet:
Pauillac

Erzeugung:
Nicht veröffentlicht

Wenn Haut-Brion unbestreitbar historisch den ersten Rang der Weine von Bordeaux einnimmt, so spielt Château Lafite im Médoc die herausragende Rolle. Um 1675 vermutlich von Jacques de Ségur oder dem ersten Mann seiner Frau, M. Saubat de Pommiers, angelegt, erwirbt dieser Rebgarten rasch die Gunst der Londoner Weinliebhaber, die zu jener Zeit in Dingen des Geschmacks den Ton angeben. Der Premierminister Lord Walpole kauft in den Jahren um 1730 alle drei Monate ein Faß Lafite. Das Gut wächst im Gleichschritt mit seinem Ansehen. Der Urenkel des Gründers, Marquis Nicolas Alexandre de Ségur vereint Latour, das seine Mutter als Heiratsgut mitbrachte, Mouton und das heute Calon Ségur in seinem Besitz. An der Spitze eines Imperiums, das niemals mehr seinesgleichen findet, der größten Weinbaudomäne der Region, erwirbt sich der reichste Mann von Bordeaux den Beinamen »der Fürst der Reben.« Da kein ältester Sohn vorhanden ist, wird der Besitz nach seinem Tod unter den Kindern aufgeteilt.

Ein langer Wettbewerb

Die Konkurrenz der Güter ist vorprogrammiert. Lafite wird schließlich an Nicolas-Pierre Pichard verkauft, den ersten Präsidenten des Parlaments von Bordeaux. Die Französische Revolution läßt denjenigen die Köpfe abschlagen, die den Emigrierten helfen. 1797 wird Lafite versteigert; auf dem Anschlag, auf dem der Verkauf bekannt gemacht wird, wird Lafite als »erstes Gewächs des Médoc, das den ersten Wein von Bordeaux erzeugt,« vorgestellt. Dies stimmt zumindest bezüglich der Preise, denn wenn in London die auf hoher See gemachte Kriegsbeute versteigert wird, macht Lafite Latour und Margaux den ersten Platz streitig, und sehr oft mit Erfolg. Dann geht das Gut in holländische Hände über, später in den Besitz des Bankiers Vanderberghe, der durch Spekulationen im Ersten Kaiserreich reich geworden war und sein Geld im Rebgarten »wäscht.« Eine erstaunliche Parallele zu den Ouvrards im Clos de Vougeot ... Nach der englischen Bankiersfamilie Scott erwirbt Baron James Rothschild Lafite im Jahre 1868 und stirbt drei Monate später, ohne dieses Grand cru-Gut mit eigenen Augen gesehen zu haben, für das er die zu seiner Zeit astronomische Summe von 4 400 000 Francs bezahlt hatte. Hatte nicht sein Cousin Nathaniel fünfzehn Jahre zuvor Mouton erobert?
Über ein ganzes Jahrhundert lang stehen Lafite und Mouton im Wettbewerb um das Plateau von Carruades, Objekt ihrer beider Begehrlichkeit, wobei schließlich Lafite 1844 das Glücklichere ist und die Fläche wenig später bestockt. Es tobt ein erbitterter Kampf zwischen den beiden Rothschild-Cousins, wobei Lafite der Pariser Bank gehört, den Baronen Guy, Alain und Elie; letzterer hat die Verantwortung für das Gut den Regisseuren übertragen.

MIS EN BOUTEILLE AU CHATEAU
CHATEAU LAFITE ROTHSC
1983
PAUILLAC
PRODUCE OF FRANCE

Regisseure leiten seit langem die Geschicke von Lafite, das sie zu höchstem Ruhm geführt haben, vor allem die Linie der Goudal. Schon 1797 führt Joseph Goudal Lafite aus schwierigen Zeiten heraus, und mit ihm beginnt die berühmte Sammlung alter Jahrgänge, die noch im Keller des Châteaus ruhen. 1848 drängt Emile Goudal auf den Kauf der Parzelle Carruades, ein Stück aus dem Kuchen von Armailhac, und verbietet es Scott, es an Mouton weiterzuverkaufen, als mit Nathaniel ein weiterer Rothschild im Médoc Fuß faßt. Emile ist ein wahrer Tempelhüter und versucht, Lafite auf den Rang des »Ersten unter den Ersten« zu erheben. Wie Haut-Brion weigert er sich, seine Weinmuster zu denjenigen zu geben, die die Handelskammer von Bordeaux 1855 auf der Weltausstellung von Paris präsentiert - er stellt sie getrennt vor. Zu seiner Erbitterung mußte er es jedoch hinnehmen, daß Latour und Margaux ebenfalls eine Goldmedaille erhielten und daß Lafite nur nach der alphabetischen Reihenfolge »Erster der Ersten« war.

Später steht Lafite den Bemühungen von Mouton, Premier cru zu werden, nicht unbedingt wohlwollend gegenüber. Die Rivalität konzentriert sich auf die *prix de sortie*. Als Mouton seinen 1970er zu 36.000 Francs je Faß anbietet, legt Lafite die Latte auf 59.000 Francs. Mouton kontert bei der zweiten Tranche mit 65.000 Francs. Der Dauerbrenner verliert erst an Reiz, als Mouton erstklassifiziertes Gewächs wird.

Heute ist Baron Eric de Rothschild, der Sohn von Alain, Herr über das Château. Er vermählt die Strenge der Tradition mit einer maßvollen Öffnung gegenüber der modernen Zeit. Der Architekt Ricardo Bofill entwirft einen beeindruckenden runden Säulenchai, eine Art Weintempel, der große Beachtung findet. Lafite gibt nach und nach seine *splendid isolation* auf.

Der 90 ha große Rebgarten auf einer herrlichen Kuppe tiefen Kieses, der feiner ist als auf Latour, und einem zerklüfteten Kalksockel, der perfekt entwässert, wird ergänzt durch die Parzelle Carruades, die einen Stachel in der Flanke von Mouton bildet, sowie Outre-Jalle, eine kleine Enklave in der Appellation Saint-Estèphe. Das Gut ist eines der größten im Médoc. Die Bestockung ist anders als diejenige von Latour oder Mouton und ist mit 70 % Cabernet Sauvignon, 20 % Merlot, 5 % Cabernet franc und 5 % Petit Verdot eher Margaux-typisch. Die sehr alten Stöcke (etwa 40 Jahre) sind in einer Dichte von 8.500 Pflanzen pro Hektar gesetzt. Hier wird streng klassisch gearbeitet: Sehr zurückhaltende Düngung, niedrigste Erträge, Lese so spät wie möglich, Auslesen der Trauben am Stock, Transport zur Kelter in Tragekörben, ganz wie auf Margaux, mit Tüchern ausgeschlagene Holzbottiche, häufige Remontage während der Gärung, lange Maischegärung, biologischer Säureabbau in Edelstahltanks ... Die ersten Pressungen werden dem Vorlauf hinzugefügt. Nach achtzehn bis vierundzwanzig Monaten Faßlager im Bofill-Chai wird der Wein abgezogen, mit Eiweiß geschönt, leicht filtriert und abgefüllt. Der Verschnitt, die Zusammenstellung des ersten und zweiten Weins (Moulin de Carruades) erfordert die ganze Aufmerksamkeit von Yves Le Canu an der Seite des Betriebsleiters und - natürlich - von Emile Peynaud. Der für einen Pauillac hohe Merlot-Anteil findet jetzt seinen angemessenen Platz in der Flasche. Der Stil des Jahrgangs wird hiervon ganz wesentlich geprägt.

Der Stolz eines Weins

Stolz? Lafite ist ein Mythos und hält auf Distanz. Niemand kommt in dieses geheime Château, niemand darf in diesem bühnenreifen Chai weilen, der nicht eine Besuchserlaubnis des Pariser Büros vorweisen kann. Bleiben wir beim Wein: Viel hängt vom Jahrgang ab, und bis zur Übernahme des Châteaus durch Eric de Rothschild und seine Mannschaft überzeugte der Wein nicht immer; es gab manchmal schlanke, leichte Jahrgänge, die man dann als fein und elegant bezeichnete. Sein Preis dagegen kannte weder Höhen noch Tiefen, sondern hielt sich konstant in den höchsten Regionen.

Während ein Margaux gleichen Stils schon in seiner Jugend leicht zugänglich ist, bleibt Lafite lange Zeit eine Sphinx. Der introvertierte - oder reservierte - Aristokrat begnügt sich zunächst mit Andeutungen. Wenn der Wein reif und der Jahrgang gelungen ist, und seit den achtziger Jahren hat Lafite all seinen Glanz wiedergewonnen, dann beginnt er zu sprechen. Er bietet eine wunderbare Aromafülle, einen unglaublichen Reichtum, eine solche Ausdrucksfülle, daß seine Fruchtigkeit unvergleichlich erscheint. Bouquet und Körper, Struktur und Harmonie verschmelzen jetzt und münden in eine theologische Einmaligkeit. Man muß mindestens fünfzehn Jahre auf dieses unzugängliche Objekt der Begierde warten, man muß es sich vielleicht verdienen, seine etwas hochmütigen Launen hinnehmen, sich ihm unterwerfen und alles akzeptieren.

Eric de Rothschild auf Château Lafite-Rothschild.

Château Cheval Blanc

Das Eichmaß des Cabernet franc

LAND:
FRANKREICH

HERKUNFTSGEBIET:
SAINT-EMILION PREMIER GRAND CRU

ERZEUGUNG:
120.000 FLASCHEN

Rebstock im Frühling auf Château Cheval Blanc.

Dies ist die Geschichte einer Rache am Schicksal. Von der Terrasse aus, die über den Chais errichtet wurde, und von der der Blick über den ganzen Norden der Appellation und zur Grenze von Pomerol schweift, sieht man Château Figeac, das geschichtsträchtige, das von seinem Kieshügel aus die Landschaft beherrscht. Und Cheval Blanc? 1832 muß die Familie de Carle, die finanziell am Ende ist, diesen unscheinbaren Bauernhof an den Präsidenten Ducasse abtreten. Das Gebäude würde man beinahe übersehen. Die 15 ha Reben sind vernachlässigt. Die Familie Ducasse interessiert sich für die schöne Parzelle Barrail des Cailloux, die 1837 doppelt so groß ist wie das Gut. Mit ihrem Schwiegersohn Laussac-Fourcaud läßt die Familie Ducasse ein kleines Château bauen und schafft einen für diese Zeit modernen Weinberg, indem sie den Boden drainiert und die Kultivationsmethoden des Médoc übernimmt.

Vom Halbpachthof zum Premier cru classé

1853 erscheint der Name Cheval Blanc erstmals auf den Etiketten. Das Gut bleibt Besitz dieser Familie, die eine Gesellschaft des bürgerlichen Rechts gründet, und Jacques Fourcaud-Laussac sowie nach ihm Jacques Hébrard führen dieses Gut zu höchstem Ruhm. Aber wenn auch ein Kanzler der Akademie von Bordeaux, ein Großmeister der Jurade an der Spitze steht, wie sollte man da nicht die höchsten Höhen erreichen? Mit seiner beeindruckenden Erscheinung ist Jacques Hébrard die Personifikation des Vorrangs und der Würde von Cheval Blanc in Saint-Emilion. Nach ihm übernahm Pierre Lurton die Leitung, der erste, der nicht zum Kreis der Familie gehörte, doch blieb diese Besitzerin.

Bei der Klassifikation von 1855 übergangen, von den Courtiers verachtet, die nur Médoc kennen und die Weine vom anderen Ufer gerne als »Kutscherweine« behandeln, erleben die Gewächse des Libournais trotzdem einen raschen Aufstieg. Sie nutzen die Weltausstellung des

CHEVAL BLANC
Grand Cru Classé
1990
Grand Cru
CONTROLÉE

Jahres 1867, wo 37 *crus* von Saint-Emilion auf einem gemeinsamen Stand repräsentiert sind. Ausone, Canon, Belair und Pavie setzen sich in Szene, während Cheval Blanc durch Abwesenheit glänzt. Erstmals war Cheval Blanc in London aufgetreten, wo das Gut 1862 eine Bronzemedaille erhielt. In Paris wird es 1878 durch eine Goldmedaille entschädigt. Aber es muß sich seinen Platz erst noch erobern. Von der Reblaus relativ verschont, von den Frösten des Jahres 1956 schwer geschädigt, wird es 1955 endlich zusammen mit Ausone Premier Cru Classé A. Figeac muß sich mit dem Buchstaben B zufrieden geben. Die Revanche ist vollzogen. Das aus einem zusammenhängenden Stück bestehende Château ruht auf tiefen Kiesschichten des Quaternaire auf einem leicht geneigten Sockel aus Lehm und Ortstein. Stellenweise finden sich auch sandige Partien und Partien mit kieseligen Sandsteintrümmern. Mitte des neunzehnten Jahrhunderts wurde eine bis heute gut funktionierende, nach damaligen Maßstäben sehr moderne Entwässerung angelegt. Nur eine kleine Straße trennt das Gut von La Conseillante und l'Evangile in Pomerol, und die geologischen Gemeinsamkeiten sind stärker als die administrative Trennung.
Während Figeac auf den Cabernet Sauvignon setzt, die übliche Rebe der Kiesböden, gibt Cheval Blanc dem Cabernet franc den Vorzug (66 %), der diesem Cru classé alle seine Originalität verleiht, sowie dem Merlot (33 %) und einer Prise Malbec. Die in einer Dichte von 6.000 Stöcken pro Hektar stehenden Reben werden in klassischer Manier erzogen. Die von Hand geernteten und im Weinberg verlesenen Trauben werden bei etwa 30° C in kleinen Edelstahlbehältern mit 100 hl Inhalt vinifiziert. Die Maischegärung dauert drei Wochen. Anschließend kommt die Maische in eine sehr schonend arbeitende vertikale Presse. Für den *grand vin* wird der größte Teil der ersten Pressungen verwendet; anschließend wird eine Vorassemblage durchgeführt und der Wein kommt in neue Fässer. Der Rest ergibt den »Petit Cheval«, den zweiten Wein. Keine Filtration und traditioneller Ausbau (Abstich »mit Luft« und Schönung mit Eiweiß), der je nach Jahrgang zwischen achtzehn und vierundzwanzig Monate dauert.
Die Originalität der dominierenden Rebsorte und der kiesige Boden verleihen diesem Wein eine ganz besondere, nur ihm eigentümliche Typizität. Cheval Blanc ist der schönste Ausdruck des Cabernet franc, der ansonsten recht kapriziös sein kann. Unvergeßlich sind der legendäre 1921er oder der fantastische 1947er, die absolute Perfektion im Bordelais des zwanzigsten Jahrhunderts. Cheval Blanc scheint im gestreckten Galopp die einst verlorene Zeit wieder einholen zu wollen. Es hat einen kometenhaften Aufstieg erlebt. Mit seiner tiefen und dichten Farbe, mit seiner geschmeidigen und intensiven Frucht ist es ein Wein der Sinnlichkeit. Seine samtigen Tannine machen seine Komplexität schon in seiner Jugend zugänglich. In seiner Rasse und Subtilität, die er im Alter entwickelt, spricht sich der Stil eines großartigen Bordeaux in seiner klassischsten Form aus. Er bietet die Synthese der besten Eigenschaften von beiden Ufern. Während der Cheval Blanc noch in den sechziger Jahren ab Château zu 60 % des Preises der ersten Gewächse des Médoc angeboten wurde, erzielen die jährlich erzeugten 10.000 Kisten seit den siebziger Jahren dieselben Preise wie die acht ersten Gewächse der Gironde. So sichert man sich einen Anspruch auf einen Platz im Gotha.

Château le Pin

Seinem Modell gegenüber

Jacques Thienpont, Onkel von Alexandre, erwarb 1979 eine 2 ha große Parzelle, die einst Mme. Laubrié gehörte, neben Vieux-Château-Certan und macht sie im Angesicht des *genius loci* Château Petrus flügge. Der Meister, nach dem man sich richten muß, ist nicht weit. Selbstverständlich ist die Bestockung 100% Merlot. Michel Rolland empfiehlt hier (wie meist) eine sehr extraktive Vinifikation bei einem Hektarertrag von 25 hl. Dies ergibt 6000 Flaschen eines äußerst massiven Weins von dichter Frucht, mit runden und fetten Tanninen. Das Fleisch ist schon in der Jugend angenehm, und das Holz ist geschmeidig.

Mit seinem Preis verhält es sich wie mit den Schlangen Irlands gemäß Buffon: Es gibt ihn nicht. Nach dem Verdikt eines Gurus mag man ihn oder man mag ihn nicht, sofern man überhaupt zu den wenigen Glücklichen gehört. Die Preise, die dort verlangt werden, wo er zu haben ist, schwanken um bis zu 100 %. Wer in London, Brüssel oder Dallas einen besonders guten Auftritt haben will, braucht nur ein Glas Le Pin und ein Glas Petrus nebeneinander anzubieten... Jahrgang für Jahrgang wird über den Kampf zwischen dem Champion und dem Herausforderer, der nicht ohne Reiz ist, viel Tinte vergossen. Es fragt sich nur, ob hier über die Weine - oder über die Preise geschrieben wird...

LAND:
FRANKREICH

HERKUNFTSGEBIET:
POMEROL

ERZEUGUNG
6.000 FLASCHEN

Château Margaux

Der Genius loci

LAND:
FRANKREICH

HERKUNFTSGEBIET:
MARGAUX - PREMIER CRU CLASSÉ

ERZEUGUNG:
240.000 FLASCHEN

Generationen vergehen, Familien folgen einander nach, die Zeiten ändern sich; der Wein eines großen Châteaus aber verkörpert die Beständigkeit im Leben. Er ist Herr des Hauses und Genius loci zugleich. Dies gilt in besonderem Maße für Château Margaux, das alle Auszeichnung des Bordelaiser Rebgartens repräsentiert, das zum Bild Frankreichs gehört. Die fürstlich schöne Fassade, deren klare rechteckige Linien sich in die Kreise des Weins einschreiben, gibt Antwort auf eine der ältesten Fragen des Menschen.

Auf der Suche nach einem Meister

Ende des siebzehnten Jahrhunderts gehört La Mothe-Margaux der Familie d'Aulède de Lestonnac, die mit den Pontacs, den Besitzern von Haut-Brion, verwandt sind. Margaux gehört damit zu der kleinen Gruppe von Gütern im Besitz von Bordelaiser Bürgern, die sich auf den nach Luxusgütern hungrigen englischen Markt stürzen. Die Rebfläche hat mit 78 ha der insgesamt 260 ha des Guts in etwa die heutige Größe. Monseigneur Berlon, der Verwalter des Guts, geht in die Geschichte des Rebgartens ein, indem er als erster die blauen und weißen Stöcke voneinander trennt. Es ist damals üblich, den Charakter der Rotweine mit einem Teil weißer Reben abzurunden, und dies blieb noch bis zur Mitte des zwanzigsten Jahrhunderts so. Die in Aulède geborene Catherine de Fumel, eine Frau von beeindruckenden Fähigkeiten, führt nach ihm Margaux wie ein guter Familienvater. Einige Generationen später fiel das Gut durch Heirat an den Schwager der Gräfin von Barry. Am Vorabend der Revolution ist er so klug, seinen Namen in d'Hargicourt zu ändern, und er sucht Zuflucht jenseits der Pyrenäen. Die Domaine wird verstaatlicht, und um 1795 erwirbt sie Laure de Fumel, die mit dem Grafen Hector Brane vermählt ist. Nach dessen Tod heiratet sie den Kaufmann Langsdorff, muß aber bald auf Margaux verzichten, das 1801 in die Hände von Bertrand übergeht, einem angeblichen Marquis von La Colonilla, den sein ästhetisches Empfinden veranlaßt, von Emile Combes, einem Schüler von Victor Louis, an der Stelle des alten Châteaus, von dem nicht einmal mehr die Lage bekannt ist, ein neues Château bauen zu lassen. So entsteht ein prachtvoller, palastartiger Wohnsitz. Nachdem dessen Kinder Margaux an den Grafen Alexandre Aguado verkauft hatten, einen spanischen Bankier und freigebigen Mäzen, der in der Zeit um 1830 in der Pariser Gesellschaft eine Rolle spielte, blieb das Gut bis 1879 in dieser Familie, als es Graf Pillet-Will, Direktor der Banque de France erwarb. Oidium, Peronospora und Reblaus verwüsten die Rebgärten. Er erfindet den zweiten Wein aus jungen, gepfropften Reben, den Pavillon Rouge du Château Margaux, die Variante des Pavillon Blanc, wie seit langem eine kleine Weißweinproduktion genannt wird. Sein Schwiegersohn, der Herzog von La Trémoille, verkauft Margaux 1921 an eine aus Geschäftsleuten aus Sète be-

EN BOUTEILLE AU CHÂTEAU
CHÂTEAU MARGAUX
MIS EN BOUTEILLE AU CHÂTEAU
ATEAU MARGAUX
GRAND VIN
1990
MIER GRAND CRU CLASSÉ
MARGAUX
APPELLATION MARGAUX CONTRÔLÉE
CHATEAU MARGAUX PROPRIÉTAIRE A MARGAUX - FRANCE

stehende Gesellschaft, an deren Spitze der Makler Moreau steht. Die Krise der dreißiger Jahre macht ihre guten Absichten zunichte. 1934 treten Fernand Ginestet und Boylandry, Bürgermeister von Saigon, in die Gesellschaft ein. Nachdem die Familie Ginestet ihren Beitrag zur Wiederherstellung des Guts geleistet hatte, übernahm sie 1949 die Anteile der Familien Boylandry und Lurton. Nach der Verwüstung des Guts durch die Deutschen während der Besatzung mußte das Château restauriert werden.

Emile Peynaud läßt den großen Margaux entstehen

Die Familie Ginestet geriet jedoch in Schwierigkeiten, die sie zum Verkauf von Château Margaux zwangen. Die Krise der siebziger Jahre, den Ausfall eines Jahrgangs kann diese Familie nicht verkraften, die als einzige aus der Branche der Händler im Besitz eines erstklassifizierten Gutes war. Eine Staatsaffäre! Der designierte Käufer, National Distillers, ist eine amerikanische Firma. Der französische Staat interveniert im Namen der Unverletzlichkeit des nationalen Erbes. Schließlich stellt André Mentzelopoulos, der Direktor der Lebensmittelkette Félix Potin, 1977 den Scheck aus. Dieser empfindsame, passionierte und perfektionistische Mann stellt sein griechisches Blut in den Dienst der Renaissance von Margaux, das den Händen von Emil Peynaud anvertraut ist. Mentzelopoulos will den besten Wein der Welt. Peynaud seinerseits verlangt von ihm die besten Trauben der Erde! Die finanziellen Mittel sind vorhanden, um die ehrgeizigen Pläne in die Tat umzusetzen. Der Rebgarten wird neu bestockt, die Keller werden renoviert und das Château nochmals restauriert. Eine Mannschaft formiert sich, der die Erfahrung eines Kellermeisters wie Jean Grangerou und die Kompetenz von Philippe Barré und nach ihm Paul Pontallier zur Verfügung steht, beide brillante Önologen. André Mentzelopoulos ist es noch vergönnt, die Flaschenabfüllung seines ersten Jahrgangs zu erleben. Nach seinem Tod folgen ihm seine Töchter Corinne und Laura mit gleicher Dynamik nach, doch das Schicksal schlägt erneut zu: Die Familie Agnelli, die verwandtschaftliche Verbindungen mit Corinne Mentzelopoulos hat, erwirbt 1992 den Perrier-Konzern. Margaux ist in dieser Transaktion eingeschlossen und kommt so unter italienische Flagge.

Das südlichste aller erstklassifizierten Gewächse des Médoc ist auch dasjenige mit dem am wenigsten homogenen Boden. Von Entwässerungsgräben (*jalles*) durchschnitten, an der natürlichen Grenze zwischen Reben und dem *Palus*, dem ehemaligen Sumpfland, sind drei Viertel der 85 ha (von insgesamt 330 ha) Feinkies oder lehmiger Sand auf einem lehmigen Unterboden; der Rest ist lehmig-kiesiger oder lehmig-kalkiger Boden auf einem Kalksteinsockel. Dies sind die besten Voraussetzungen für Komplexität, doch ist dies nur mit strengster Selektion möglich. Der Pavillon Blanc stammt von einer Feinkiesparzelle, die mit Sauvignon blanc bestockt ist. Bei den Rotweinen richtet sich die Bestockung nach dem Boden: 75 % Cabernet Sauvignon, 20 % Merlot (auf lehmig-kalkigen Böden), 2 % Cabernet franc und 3 % Petit Verdot, dessen Anteil bis auf 7 % gesteigert werden wird. Die Stöcke für den *grand vin* sind mindestens 35 Jahre alt. Die Kiesflächen sind mit 10.000 Stöcken pro Hektar bestockt, während der Merlot in einer Dichte von 6.000 Stöcken pro Hektar steht.

Die neoklassizistische Fassade von Château Margaux.

Hier wird alles daran gesetzt, die komplexesten Trauben der Welt perfekt zu ernten. Die Lese erfolgt von Hand mit 200 Mann, wobei man eine zu fortgeschrittene Reife der Trauben zu vermeiden sucht. Nach dem Sortieren folgt die fünfzehn- bis fünfundzwanzigtägige Maischegärung in sechsundzwanzig Holzbottichen bei 25 - 30° C. Der biologische Säureabbau wird in der Regel in Edelstahltanks durchgeführt. Anschließend kommt der Wein in mehreren Partien ohne Filtration in neue Barriques. Margaux verfügt über eine eigene Küferei, die ein Drittel der Fässer liefert; der Rest kommt von fünf verschiedenen Betrieben, um auch hier wiederum Komplexität zu erzielen. Die Assemblage erfolgt beim ersten Abstich. Wenn es bei den 240.000 Flaschen Château Margaux in der Vergangenheit lange Zeit Höhen und Tiefen gab, dann lag dies vor allen Dingen an der Selektion. Wenn man keine Mengenbeschränkung durchführt, sinkt die Qualität. Wenn man eine strenge Auswahl trifft und sich die Vielgestaltigkeit der Böden, die Natur und den Reichtum der Partien zunutze macht, kann man hervorragende Ergebnisse erzielen. Am Ende eines zwanzig- bis sechsundzwanzigmonatigen Ausbaus im Faß wird der Wein mit Eiweiß geschönt, aber nicht filtriert.

Ab dem Jahrgang 1978 hat dieser Grand cru seinen Rang und seinen Preis wiedererlangt. Wie Franck zehn Jahre vor der Klassifikation von 1855 schrieb: »Diese Weine (...) haben sehr viel Finesse, eine schöne Farbe und ein sehr mildes Bouquet, das dem Gaumen schmeichelt; sie haben Kraft, ohne rauchig zu sein; sie muntern den Magen auf, ohne den Kopf zu belasten ...« Selbst in den als schwächer geltenden Jahren erreichen die Weine der achtziger Jahre oft jenes eindrückliche und subtile Maß an Harmonie zwischen strömendem Saft und edlem Charakter, zwischen Charme und Komplexität, das den meisten anderen Bordeaux verwehrt bleibt. Die Frucht ist wie frisch gepflückt, und die Tannine sind wie Samtpfoten. Die Stummheit von Lafite, die Opulenz von Mouton, die Kraft von Latour ... Margaux ist einfach Margaux und nichts weiter. Ein Genie schlummert in ihm, aber man muß es zu wecken verstehen.

Bricco Rocche

Die Herrschaft der Ceretto

Bricco Rocche Ceretto

Land:
Italien

Herkunftsgebiet:
Barolo

Erzeugung:
5.000 Flaschen

Barolo ist eines der sechs italienischen Herkunftsgebiete, die sich einer DOCG (Denominazione d'Origine Controllata e Garantita) erfreuen. In den elf Gemeinden des Herkunftsgebiets werden auf über 1100 ha Rebfläche etwa 50.000 hl Barolo erzeugt. Der Barolo ist ein Koloß, dem die Vorschriften 13 % Mindestalkoholgehalt und einen mindestens dreijährigen Faßausbau (Riserva 4 Jahre, Riserva Speciale 5 Jahre) aufbürden und nur eine einzige Rebsorte zulassen: den Nebbiolo, eine ganz besondere Rebsorte, die man nur in Norditalien findet. Angeblich sollen sie schon die Römer kultiviert haben; zum Beweis hierfür führt man eine Bemerkung Cäsars an, der einen Wein von La Morra (genau in der Mitte des Barolo-Herkunftsgebiets) wegen seines »Teergeschmacks« rühmt, und dieser ist in der Tat ein markantes Merkmal des Barolo. Den Namen Nebbiolo (oder Nebbiola) erwähnt erst im vierzehnten Jahrhundert Pier de Crescenzi, der in der nahegelegenen Stadt Asti das Richteramt ausübt, während in der Geschichte des Piemont von Stanislas Cordero di Pamparato (1265 - 1300) von einem »Nibiol« die Rede ist.

Da hier alle Voraussetzungen für einen guten Wein bestehen - Mikroklima, Boden und Rebsorte - muß man sich wundern, warum es bis zur zweiten Hälfte des zwanzigsten Jahrhunderts dauerte, bis hier einer der größten Weine Italiens geboren wurde. Dies gilt aber ganz allgemein für die Weine der Halbinsel: Italien scheint sich nicht für hochwertige Weine interessiert zu haben.

Achtung vor den Ursprüngen

Die Familie Ceretto ist seit langem mit der Rebe verbunden: Schon Großvater Ceretto war Rebenbesitzer. Sein Sohn Riccardo Ceretto gründete Ende der dreißiger Jahre seine Casa Vinicola. Er kultivierte jedoch nicht seinen eigenen Rebgarten, sondern betätigte sich als Händler, d.h. er kaufte Trauben und vinifizierte sie. Seine beiden Söhne Bruno und Marcello gehen seit 1967 ebenfalls dieser Tätigkeit nach. Durch den Handel mit Trauben lernten sie die besten Parzellen kennen -und kauften sie dann.

Seit den siebziger Jahren ist die Firma stetig gewachsen und vinifiziert heute verschiedene Weintypen vom Asti bis zum Barolo und sogar Branntweine, die in einer neuen Brennerei in Brunate in der Gemeinde la Morra erzeugt werden.

Für die Weine wie die Branntweine gilt eine Philosophie, die die Achtung vor der Herkunft und die Betonung der Typizität in den Vordergrund stellt. Auf den verschiedenen Parzellen erzeugen die Brüder Ceretto unter anderem zwei Barbaresco und vier verschiedene Barolos. Man könnte sagen, daß der einfachste Barolo der Zonchera ist. Der Bricco Rocche Brunate wächst auf 7 ha in der Gemeinde La Morra auf einer Höhe von 300 m. Es ist ein samtiger,

CERETTO
Barolo
1989
5840 bott
Castiglione Falletto
R.I.V. 1410/CN

recht schmeichelnder Wein, der für einen Barolo relativ früh trinkfertig ist. Der Bricco Rocche Prapo kommt von der Gemeinde Serralunga d'Alba, wo auf einer Höhe von 350 m auf einer Südlage ein tanninreicherer und dichterer Wein wächst, da der Boden hier nährstoffreicher und eisenhaltiger ist. Diese beiden Weine bekommen ihr Etikett nur dann, wenn entsprechende Witterungsbedingungen herrschen, was etwa in sieben bis acht von zehn Jahren der Fall ist.

An der Spitze des Sortiments steht der Bricco Rocche, von dem in drei von zehn Jahren 56.000 Flaschen erzeugt werden. Er kommt von 1,2 ha in der Gemeinde Castiglione (Cuneo), wo er auf einer Höhe von 330 m in Südlage wächst. Der Boden unterscheidet sich kaum von demjenigen der oben erwähnten Lagen (50 % Lehm, der Rest sind Schwemmland und Sand). Die Nebbiolo-Rebe (Klon Michet mit kleinen, dichtsitzenden Beeren, und Klon Lampia mit lockereren und größeren Beeren) werden auf 420A gepfropft. Pro Hektar stehen 2.800 Stöcke, die auf acht Augen angeschnitten werden.

Die entrappten und gemahlenen Beeren gären bei 28° C und untergetauchtem Tresterhut sieben bis acht Tage in Edelstahltanks. Der Tank wird in zwei Schritten geleert und der Tresterhut aufgerissen. Zweimal täglich wird der Wein nach oben gepumpt und der Tresterhut von Hand mit dem Schlauch besprüht, um ihn feucht zu halten.

Der Wein wird drei Jahre lang in alten Fässern aus slowenischer Eiche ausgebaut und ohne Filtration, jedoch nach einer leichten Schönung mit Albumin in Flaschen abgefüllt.

Dies ist unbestritten ein großer Barolo. Seine breiten Schultern beeinträchtigen seine Eleganz nicht, seine runde Fülle hat nichts Wuchtiges, denn der Wein ist lebendig. Seine dunklen und floralen Tannine sind komplex. Gewürze und Trüffel fehlen nicht, aber es ist nicht die Trüffel von Alba, sondern die Tuber Melanosporum, die Périgord-Trüffel.

Lese auf Cerettos Bricco Rocche.
Bruno Ceretto wacht über die Qualität der Trauben.

Das Imperium Haut-Brion

Ein Cru macht Geschichte

Land:
Frankreich

Herkunftsgebiet:
Pessac-Leognan
SA Domaines Clarence Dillon

Erzeugung:
145 000 Flaschen

Der geometrisch angelegte Park von La Mission-Haut-Brion und der Rebgarten.

An einem Aprilabend des Jahres 1663 tritt Samuel Pepys durch die Tür der Royal Oak Tavern in London. Dort entdeckt er einen Wein, der ihn so sehr beeindruckt, daß er, nach Hause zurückgekehrt, in seinem berühmten Tagebuch vermerkt: »Ich habe einen französischen Wein namens Ho-Bryan von so vorzüglichem Geschmack getrunken, wie mir dies noch nie begegnet ist.« So hatte Haut-Brion, wie es scheint, seinen ersten glanzvollen Auftritt in der Literaturgeschichte. In Wirklichkeit entsteht dieser Grand Cru jedoch bereits am 23. April 1525, als Jean de Pontac, eine hervorragende Gestalt des parlamentarischen Adels von Bordeaux, die Tochter des Bürgermeisters von Libourne ehelicht. Montaigne und natürlich dessen Freund La Boétie sind Trauzeugen dieser Vermählung der Robe mit der Rebe. Die Gemahlin bringt die Reben ein, und der Gemahl kauft das erste Château. Jean de Pontac stirbt als Hundertjähriger, nachdem er noch zweimal in den Hafen der Ehe eingelaufen war. Seine Nachfahren, vor allem der große Arnaud, bringen das Gut zur Blüte, leiten in Mansart ein neues Château (La Maison Daurade) und eröffnen in London eine Taverne mit dem Namen Pontac. Sie wird zum beliebten Treffpunkt der geistigen Elite: u.a. John Locke geht hier gerne einen heben. 1787 stellt Thomas Jefferson Haut-Brion in eine Reihe mit Latour, Margaux und Lafite. Er füllt später mit diesem Wein die Keller des Weißen Hauses. Haut-Brion zählt damals bereits zu den teuersten Weinen und ziert als einer der ersten Bordeaux dank dem Herzog von Richelieu die Tafel des Königs.

Das während der Revolution eingezogene und 1801 der Familie zurückgegebene Gut erwirbt später Talleyrand auf Rat seines Kochs, des berühmten Carème, dann die Familie Larrieu, die sich diesem Meisterwerk mit Leib und Seele verschreibt, dann im Jahre 1935 Clarence Dillon. Dieser New Yorker Bankier wollte eigentlich Cheval Blanc kaufen. Weil es an diesem Tag sehr kalt war, fuhr er nicht so weit, machte hier halt, wurde von einem Sonnenstrahl aufgeheitert, der den Nebel durchbrach, und stellte den Scheck aus... Sein Sohn Clarence Douglas Dillon wird 1954 Botschafter in Paris und später unter John F. Kennedy Finanzminister. Seine Tochter Joan heiratet den Fürsten Charles von Luxembourg und nach dessen Tod den Herzog von Mouchy, Abkömmling einer Familie, die im Ancien Régime einen Gouverneur von Guayana stellte. In ihren guten Händen liegt heute Haut-Brion.

Der Fürst der Graves

»Die Reben von Pontac, die in England so sehr geschätzt werden, wachsen auf einem nach Westen gelegenen Hang,» schrieb John Locke im siebzehnten Jahrhundert. »Der Boden, den man eigentlich für unfruchtbar halten müßte, besteht aus weißem Sand, der mit ein wenig Kies vermischt ist.« Eben dies ist der Boden, von dem hochwertige Weine kommen, merkt der Philosoph an. Dem ist höchstens noch hinzuzufügen, daß die benachbarten Reben auf anscheinend identischem Kies liegen, jedoch handelt es sich um Günzien-Kies. Die Klassifikation von 1855 hebt dieses historische Monument als »assimiliertes« Gut, das einzige in den Graves, das damals vom Mehltau verwüstet wurde, auf den Rang der Fürsten des Médoc. Die 42 ha, die tapfer dem wuchernden Beton von Bordeaux Widerstand leisten, liegen auf zwei Hügeln in zwanzig und dreißig Meter Höhe und sind bestockt mit 55 % Cabernet Sauvignon, 25 % Merlot und 20 % Cabernet franc. Jean Bernard Delmas, der Leiter des Guts, verfügt über eine großartige Sammlung von Rebsorten, die es erlauben, die Reben aus ihrem authentischen Erbe zu erneuern. Die 6.000 Stöcke pro Hektar werden mit größter Sorgfalt gepflegt. Durch die Lese von Hand gelangt nur erstklassiges Traubengut in den Keller. Durch den Kauf von La Mission Haut-Brion im Jahre 1983 bekam Jean Bernard Delmas die Möglichkeit, mit einem ultramodernen, computergesteuerten Keller zu experimentieren. Dieselbe Anlage, nur größer, wurde vor kurzem auch auf Haut-Brion installiert, wo sie die alten Kelteranlagen aus dem Jahre 1961 ersetzte, damals die erste ihrer Art unter den klassifizierten Gewächsen. Auch wenn Haut-Brion mit der Zeit geht, führt die fünfzehntägige Maischegärung bei relativ hohen Temperaturen letztlich doch zu jener Louis XV-Eleganz, die nach wie vor der Stil des ersten Weins ist. Der zweite Wein, Bahans Haut-Brion, geht anschließend eigene Wege. Der erste Wein kommt zwei Jahre in neue Barriques, wird nach dem im siebzehnten Jahrhundert begründeten Verfahren mehrmals abgezogen, mit Eiweiß geschönt, vorsichtig filtriert und seit 1958 in ein altes Flaschenmodell abgefüllt.

Das Schöne kann man nicht erklären, noch weniger die Leidenschaft. Unbestrittener Herrscher der Graves, steigert dieser Wein deren mineralisches Temperament zur Vollkommenheit, zur ursprünglichen Reinheit. Von nicht allzu tiefer Farbe, besitzt der Haut-Brion das verwirrendste Bouquet der Welt, das zugleich rauchig, harzig, mit reifen schwarzen Johannisbeeren unterlegt ist und Anklänge von Trüffeln hat. Welch eine Nase, Monseigneur! Am Gaumen zeigt sich eine vollendete Weiblichkeit: Sie drängt nichts auf und fordert alles. Eine Frau von Charakter, ganz gewiß, eine autoritäre Nichtigkeit, die immer unser Verlangen weckt. Mit dem Alter wird der Wein noch schöner. Die 145.000 Flaschen finden ohne weiteres ihre Liebhaber, und ihr Preis zeugt von einer gewissen Klugheit.

AU HAUT BRION
1990

Der Haut-Brion Blanc

Wie der Musigny Blanc ist auch der weiße Haut-Brion ein Original. Mit keiner Klassifikation gesegnet, entsteht er auf 2,5 ha aus gleichen Teilen Sauvignon und Sémillon, die den teuersten trockenen Weißwein der ganzen Gironde ergeben. Der in neuen Barriques auf den Hefen ausgebaute, aufgerührte und nach alter Art vinifizierte Wein leistet sich sogar den Luxus, preislich den Rotwein des Guts zu schlagen. In der Intensität seines Bouquets, dem Fett, der Präsenz im Mund, der unendlichen Perlenkette seiner Caudalies tritt eine wahre Persönlichkeit zutage, die dem Zahn der Zeit mühelos trotzt.

Château La Mission Haut-Brion

Alle Versuchungen des Fleisches. Das bis zur Französischen Revolution von den Lazaristen bestellte Gut wurde bald durch Marschall Richelieu berühmt gemacht, der dem Wein die Pforten von Versailles öffnete. Zum nationalen Kulturgut erklärt, verkauft und wiederverkauft, gehört La Mission Haut-Brion nacheinander den Familien Vaillant, Chiapella, Coustau und seit 1920 Woltner. Frédéric Woltner und seine beiden Söhne lassen den ersten unterirdischen Chai anlegen, führen den ersten mit Glas ausgekleideten Gärtank ein und beginnen, die Temperatur zu regeln. Durch sein leuchtendes Beispiel bekehrt La Mission zahlreiche umliegende Châteaus zu seinem neuen Glauben. Francine Woltner, die Enkelin Frédérics, erbt mit ihrem Mann Francis Dewavrin das Gut, doch sie verkaufen es, weil sie in Kalifornien leben wollen, an die Société Clarence Dillon, ihren Nachbarn von Haut-Brion, womit das Gut dem Urbanisierungsdruck von Bordeaux entgeht. Diese von Wohngebäuden eingekesselten, von der Eisenbahn durchschnittenen 18 ha Kies und Sand von einer evangelischen Kargheit bilden die typischen Günzien-Graves. Von den sehr alten Stöcken werden aus 60 % Cabernet Sauvignon, 35 % Merlot und ein wenig Cabernet franc nicht mehr als dreißig hl/ha erzeugt. Die Lesehelfer kommen von der in der Nähe gelegenen Universität von Talence. Aus dem Keller, den Jean Bernard Delmas mit einer Computersteuerung ausgestattet hat, geht ein reicher und kraftvoller, sehr männlicher, in der Jugend angenehmer und im Alter verehrungswürdiger Wein hervor, der alle Versuchungen des Fleisches auf sich vereint. Bei den kleineren Jahrgängen fällt der Vergleich mit Haut-Brion oft zu seinen Gunsten aus.

Château Laville Haut-Brion

Ein Jungbrunnen. Als sein Vater La Mission Haut-Brion kaufte, interessierte sich Henri Woltner für den benachbarten Rebgarten von La Tour Haut-Brion. Dieser Besitz von Victor Coustau ging 1924 an die Familie Woltner über. Auf einer weniger tiefen, lehmigeren Parzelle rodete Henri Cabernet und Merlot und pflanzte statt dessen 60 % Sémillon und 40 % Sauvignon. Diesem mit viel Liebe geschaffenen Wein wurde 1953 die Ehre zuteil, unter die weißen Crus classés erhoben zu werden. Der dichte, ölige, volle und fleischige Laville Haut-Brion behält lange Zeit seine Jugend, wie wenn er das Geheimnis des Jungbrunnens besäße. Sein Bouquet, sein Saft, seine Komplexität zeigen sich vor allen Dingen bei den Sekundäraromen.

Château Trotanoy

Auf uns beide, Pomerol!

Land:
Frankreich

Herkunftsgebiet:
Pomerol
SC du Château Trotanoy

Erzeugung:
36 000 Flaschen

»Trop anoi«, hieß es früher, »zu mühsam«: Die Landarbeiter bearbeiteten diesen lehmigen Boden nicht gerne, ein Schwamm bei Regen, eine Betondecke bei Trockenheit, die die Werkzeuge und die Menschen aufrieb. Auch wenn der Name geblieben ist (»Trop Ennuie« schrieb man noch 1761), ist Trotanoy heute durchaus kein Anlaß mehr zu Trübsinn. Der Park, das Gutshaus, die Keller, der alte Rebgarten, die überragende Qualität des Weins, den Charles Cocks 1868 unmittelbar hinter Vieux Château Certan und noch vor Petrus einordnete, die Verdienste eines Emmanuel Giraud, der seine alten Rebstöcke vor der Reblaus rettete - all dies trägt zum Ruhm dieses im Jahre 1929 elf Hektar großen Guts bei. 1949 von der Familie Pécresse erworben, geht Trotanoy 1953 in die Hände von Jean-Pierre Moueix über, der damit mit einem weiteren der ganz großen Güter auf Du und Du ist.

Ihm folgt sein Neffe Jean-Jacques Moueix nach, während Jean-Claude Berrouet über Trauben und Wein wacht. Der 35 Meter hoch (Petrus: 45 Meter) am Südwestrand des Plateaus von Pomerol auf einer Hügelkuppe gelegene Rebgarten umfaßt nicht mehr als 7,2 ha. Vor dem Château liegt oberflächlicher Kiesboden, eine Anschwemmung aus dem Tal der Isle, über gut eineinhalb Metern Lehm und »crasse de fer« (»Eisenschlacke«); daneben gibt es reinen Lehm, der an der Oberfläche schwarz und darunter blau ist. Die gleichmäßige Wasserversorgung macht den Boden eigentlich zum vorzüglichen Weideland, auf dem sich Charolais-Rinder von fettem grünem Gras nähren könnten, doch findet vor allem die Rebe hier ideale Bedingungen. Auch der Merlot (90 %, ergänzt durch 10 % Cabernet franc) liebt dieses Mikroklima, das (auch nicht 1956) keine extremen Fröste zuläßt. Alte Rebstöcke, kein Kunstdünger, möglichst wenige Behandlungen, niedrige Erträge, Ernte von Hand ausschließlich am Nachmittag, um wie in alter Zeit den Tau zu vermeiden, Lese in mehreren Durchgängen - so sind es keine Trauben mehr, sondern Leckereien, die bei 31° C vergoren werden. Der Tresterhut wird nur von Hand begossen, aber nicht zerbröckelt und nicht untergetaucht. Langes Stehenlassen auf der Maische, Abpressen nach alter Art, Ausbau in zu vierzig Prozent neuen Fässern während zwanzig bis zweiundzwanzig Monaten und Klärung mit Eiweiß ermöglichen einen Abzug in Flaschen ohne grundsätzliche Filtration und ergeben einen Wein von tiefer Purpurfarbe, dessen Duft an Trüffeln, geröstetes Getreide, geröstete Mandeln, Veilchen und schwarze Johannisbeeren erinnert. Er besitzt fleischige, geschmeidige Rundungen und liegt fast cremig im Mund. Üppige und beeindruckende, dabei reife und runde Tannine sind die Türhüter dieser Festung, die aber unsichtbar bleiben. In feuchten Jahren reüssiert Trotanoy oft besser als Petrus. In den Jahrgängen 1961, 1967, 1970, 1971 und 1975 war er seinem Rivalen ebenbürtig.

Musigny

Auf dem Balkon

Domaine Comte Georges de Vogüé

Land: Frankreich

Herkunftsgebiet: Musigny Grand cru

Erzeugung: 15 000 Flaschen

Der Clos de Vougeot liegt im Parterre, der Musigny auf dem Balkon: Er nimmt in Chambolle-Musigny eine felsige Terrasse oberhalb des Châteaus ein. Der Hang ist mit 8 bis 14 % ziemlich steil, und immer wieder muß Erde nach oben geschafft werden. Sie enthält oben im Weinberg ein wenig rötlichen Lehm, was hier ungewöhnlich ist, und weniger aktiven Kalk als die benachbarten Grands crus. Eine Familie aus Musigny spielt in der großen Zeit des Herzogtums Burgund eine Rolle, erlischt aber später und hinterläßt diesen Wein, der schon im vierzehnten Jahrhundert berühmt war und immer vom Clos de Vougeot unterschieden wurde. Die sehr begehrte Lage ist bereits im siebzehnten Jahrhundert stark zerstückelt. Sie gehört dem Kleideradel von Dijon (den Familien Bohier und de Berbisey) und religiösen Gemeinschaften (dem *Grand prieur* der Champagne, den *Pères de l'Oratoire*). Sein Glanz war in der ganzen Geschichte ungebrochen.

Der Musigny ist in Ost-West-Richtung von einem Weg durchschnitten, und nur aus diesem einzigen Grund wurde ein Unterschied zwischen »Grand Musigny« und »Petit Musigny« gemacht. Mit Erlaß vom 11. September 1936 wurde hieraus ein einziger Musigny, doch spricht man nach wie vor von *les Petits Musigny*. Die ganze Lage umfaßt 10,86 ha, seit 1989 eine leichte Korrektur vorgenommen wurde: Die beiden Enden des Rebgartens hatten Anspruch auf

die Appellation Musigny, nicht jedoch die in der Mitte gelesenen Trauben. Es gibt fünfzehn Besitzer, von denen sich vier 90 % der Fläche teilen: Die Domaines Jacques-Frédéric Mugnier (10,5 % der Fläche), Jacques Prieur (7,05 %), Joseph Drouhin (6,2 %) und vor allen Dingen Comte Georges de Vogüé (7,14 ha, darunter das Monopol Petits-Musigny).
Die de Vogüé, Nachfahren einer Linie, die hier schon seit 1450 ansässig ist (Moisson, Millière, Bouhier), sind seit 1766 Besitzer dieses Musigny. Es ist eine der wenigen Lagen, die während der Revolution unangetastet blieben und über fünfeinhalb Jahrhunderte weitervererbt wurden, oft in weiblicher Linie. Graf Georges de Vogüé (1898 - 1987) hat die Domaine de Chambolle lange Zeit mit Intelligenz und Strenge geleitet. Nach seinem Tode trat seine Tochter Elisabeth, Baronin de Ladoucette, seine Nachfolge an. Mit einer großen Winzerfamilie aus dem Loire-Tal verschwägert und als Cousine der Vogüés der Champagne (Moët et Chandon) ist sie hier ganz in ihrem Element. Ihr Mann hat in Argentinien ein Weingut geleitet.

Achtung vor der Vergangenheit

Nach der langen Dynastie der Verwalter Roumier erneuerte das Gut seine Mannschaft mit Gérard Gaudeau für die Reben und François Millet im Keller. Kluge Klonenselektion (vor allem 114 und 115), Kordon-Erziehung, Entrappung nach einer sehr strengen Auslese der Trauben, niedrige Erträge (1991 15 hl/ha, wobei hier auch der Hagel eine Rolle spielte, 25 hl im Jahre 1993), die etwa 15.000 Flaschen liefern, für die »rote« Appellation insgesamt 40.000 Flaschen. Langsame Gärführung - man überstürzt hier nichts. Selbst die Eichenfässer haben etwas Imponierendes, etwas Ruhendes... Es gibt nur einen einzigen »Vieilles vigne«. Die Trauben von den jungen Reben werden getrennt vinifiziert und zu den Cuvées Chambolle-Musigny (Gemeindeappellation) verschnitten. Die Domaine Comte Georges de Vogüé besitzt weiterhin Reben in den Lagen Bonnes Mares, Amoureuses und Chambolle Premiers Crus und Villages.
Zu erwähnen ist weiterhin eine Rarität, der Musigny blanc (33 Ar), der es dem Chardonnay erlaubt, seine Gegenwart inmitten von Pinot noir fröhlich zu behaupten. Die Comtesse des Vogüé legte großen Wert auf diesen Wein, und die Liebe ist immer die Herrscherin der Reben. Ansonsten wurden nur noch im neunzehnten Jahrhundert einige weiße Cuvées Chambertin und früher einmal weißer Romanée hergestellt. Dieser Sammlerwein kommt höchstens auf eintausend Flaschen pro Jahr. Er ist außerordentlich haltbar und mit seinen Mandel- und Veilchentönen mit nichts vergleichbar.
Sehr leichte Filtration und achtzehnmonatiger Aufenthalt im Faß (wovon nur 14 -50 % neu sind - eine kluge Maßnahme) für künftige Gaumenfreuden. »Welch eine üppige Farbe!«, rief Camille Rodier aus. »Welche seltene Eleganz, welche Fülle an Saft und Bouquet!« Dieser geradlinige Wein »aus Seide und Spitzen« erinnert an einen morgenfeuchten Garten, an Rosen und Veilchen im Frühtau. Diesen Wein ließ einst der Schah beim Bankett zu Persepolis zu Bresse-Truthähnen reichen, die Paul Bocuse »Pfauen à l'impériale« nannte.

Caymus Vineyards Spezial Selection

Winzer im Grunde ihres Herzens

LAND:
VEREINIGTE STAATEN VON AMERIKA

HERKUNFTSGEBIET:
NAPA VALLEY
CH. WAGNER UND SOHN

ERZEUGUNG:
120.000 FLASCHEN

Die Familie Wagner gehört zu den alteingesessenen Familien des Tals, die noch die heroischen Zeiten erlebt haben, diejenigen eines Charles Krug, Jacob und Frédéric Beringer, Georges de Latour, Louis Martini. Vor zweihundert Jahren ließ sich ein elsässischer Vorfahr der Familie in den Vereinigten Staaten nieder. Ein Großvater wurde 1906 auf einem Teil des riesigen, ursprünglich spanischen Guts Caymus östlich von Rutherford im Napa Valley Winzer. Wenig später aber ächtet Amerika das »Teufelsgift.« Es beginnt die lange Dürre der Prohibition. Durch die Hintertür verkauft die *Winery* noch ein wenig Medizinal- und Meßwein. Als Charles und Lorna Wagner 1941 das Gut übernehmen, bestellen sie Obstgärten mit Nuß- und Pflaumenbäumen.

Caymus Vineyards. Charlie und Chuck Wagner.

Im Grunde ihrer Seele aber sind die Wagners Winzer. Der Wein ist ihnen ins Herz eingepflanzt, und ihr Traum ist es, dieser Leidenschaft wieder nachzugehen. In den sechziger Jahren pflanzt Charles wieder Reben. Er gründet Caymus Vineyards neu und verkauft zunächst alle seine Trauben an Nachbarn. 1972 bringt er den ersten eigenen Wein heraus. Er wagt einiges, denn dies ist ein kritischer Jahrgang. Aber er erzielt einen Achtungserfolg. Drei Jahre später erzeugt er seinen ersten Special Selection aus seinen besten Parzellen. Der Rebgarten ist jetzt 17,2 ha groß und erstreckt sich über die relativ flachen Hänge von Conn Creek zwischen Rutherford und Silverado Trail in der Nachbarschaft eines Robert Mondavi, Beaulieu, Raymond, Bella Oak oder Martha's Vineyard. Mächtige Kiesschichten bedecken teilweise den vulkanischen Boden. In dem mit der klassischen Dichte von sechzehnhundert Stöcken pro Hektar bestockten Rebgarten ist der Cabernet Suavignon mit 96 % unumschränkter Herrscher; den bescheidenen Rest teilen sich Cabernet franc, Malbec und Petit Verdot. Kordon-Erziehung mit vernünftigem Ertrag, der um 55 hl/ha schwankt.

Authentischer Stil

Die von Hand gelesenen Trauben werden entrappt und in Edelstahltanks bei der relativ niedrigen Temperatur von 29° C vergoren. Während der einwöchigen Maischegärung wird der Tresterhut immer wieder untergetaucht und übersprüht. Dem Vorlauf wird relativ viel Preßmost hinzugefügt. Gärung in Fudern, anschließend ohne Filtration Abzug auf Eichen-Barriques französischer Provenienz, die beim Special Selection zu 75 % neu sind. Je nach Jahrgang dauert der Ausbau zwischen dreißig und achtundvierzig Monaten. Keine Schönung, leichte Filtration, Flaschenabzug. Charles Wagner, ein bemerkenswerter Weinmacher, hat der außerordentlichen Qualität der Caymus Vineyards das Siegel seines Charakters aufgeprägt. Seit dem Beginn der neunziger Jahre gibt er, hoch in den Siebzigern, nach und nach die Leitung an seinen Sohn Chuck ab, der die traditionelle Linie dieses in der »Bench« liegenden Rebgartens fortführt. Hier herrschte immer eine engagierte Experimentierfreudigkeit, gepaart mit einer geschickten Mischung aus alten Verfahren und neuen Ideen. »Wir sind immer auf der Suche,« sagt Chuck Wagner: »Rebschnitt, Unterlagen, Drahtrahmen - immer in Abhängigkeit vom Boden. Bei den Rotweinen aber hat mein Vater das letzte Wort, denn davon versteht er mehr als ich.« Charles Wagner hat Dick Grace vom Grace Family beraten und dessen erste Weine vinifiziert. Randy Dunn war sein Schüler, bis er selbst zu Taten schritt.

Ist Charles ein umgänglicher Mensch? Wortkarg, mit seiner Meinung nicht hinter dem Berg haltend, auf seine Unabhängigkeit bedacht, mit seiner Art, die Dinge zu sehen, fühlt man sich bei ihm sehr an einen - Winzer erinnert. Sein Wein ähnelt ihm nicht. Der lange Ausbau auf Holz zehrt ihn keineswegs aus, sondern verleiht ihm Eleganz, Finesse und Struktur, jene drei guten Feen, die zur Taufe eines jeden großen Gewächses geladen sind. Die Farbe ist tiefdunkel, das Aroma würzig mit gewissen Noten, die an einen vorzüglichen Rioja erinnern. Aromen von edlen Hölzern, von Tabak und Fruchtkompott. Mächtig am Gaumen, von einer kräftigen Säure gestützt, reich an Stoff, in fleischige und reife Tannine eingehüllt, die mit einem Abgang von seltener Komplexität ausklingen. In ihrem zehnten Jahr zeigen sich diese Weine in voller Entfaltung, doch halten sie sich (exemplarisch der 1972er) auch zwanzig Jahre und mehr. Dies ist in Kalifornien eher die Ausnahme.

Diese wirkliche Kompetenz, diese Winzerweisheit bildet im Napa Valley ein willkommenes Gegengewicht zu den vielen Sternschnuppen. Der Special Selection zeigt, daß man auch in Kalifornien weiß, was *terroir* heißt. Auf diesen Wein entfallen nur 120.000 der insgesamt 420.000 Flaschen des Guts. Der Preis ist der außerordentlichen Qualität angemessen. Die Typizität des Cabernet Sauvignon entfaltet sich über einer eigenständigen Persönlichkeit, die keine Vorbilder hat und jenseits aller Modeströmungen ist. Ein authentischer Stil.

La Romanée Saint-Vivant

Das ewig Weibliche

DOMAINE LEROY

LAND:
FRANKREICH

HERKUNFTSGEBIET:
ROMANÉE SAINT-VIVANT
GRAND CRU

ERZEUGUNG:
2 800 FLASCHEN

Das um 900 am Hügel von Vergy gegründete Kloster Saint-Vivant verdankt seinen Namen Viventius, der die Vendée christianisierte. Ende des elften Jahrhunderts wurde die Gemeinschaft Großpriorei von Cluny und hatte dann bis 1790 Bestand. Sie verfügte über viele Rebgärten. Diese bilden mehrere Clos (Cloux genannt), wovon die 1584 verkauften Cinq Journaux zu Romanée-Conti werden. Die Herkunftsbezeichnung »Romanée de Saint-Vivant« tauchte 1765 auf. Ihre Bekanntheit ist auf ihren Nachbarn zurückzuführen, den Fürsten von Conti. 1791 wird alles an Nicolas-Joseph Marey verkauft, und im neunzehnten Jahrhundert heißt der Besitz La Romanée Marey-Monge. Die gesamte Grand cru-Lage zeigt eine einheitliche Persönlichkeit auf 9,44 ha, die sich heute elf Besitzer teilen, wobei die Domaine de La Romanée-Conti über 5 ha besitzt, die Domaine Leroy etwa 1 ha und die Domaine Latour 76,3 Ar; der Rest sind kleine Parzellen (Domaines de l'Arlot, Robert Arnoux vom Clos de Thorey, André und Sylvain Cathiard, Ponsot, Jean-Jacques Confurin und Alain Hudelot).

Lalou Bize-Leroy war von 1974 bis 1992 Mitgeschäftsführerin der Domaine de la Romanée-Conti. 1972 übernahm sie die Leitung des Hauses Leroy, das 1868 in Auxey-Duresses gegründet wurde. Diese dynamische Frau sprudelt über vor Energie. 1990 erwarb der japanische Konzern Takashimaya 33,6 % des Kapitals des Hauses Leroy. 1988 erwarb Madame Bize-Leroy die Domaine Charles Noëllat in Vosne-Romanée, 1989 Philippe Rémy in Gevrey-Chambertin.

Von den Noëllat-Reben liegen 99,29 Ar auf Romanée Saint-Vivant. Nach dem Tod von Charles Noëllat (1880 - 1939) lag die Domäne darnieder. »Die Qualität der Reben war jedoch hervorragend,« sagt Lalou Bize-Leroy. »Sehr alte Reben, die mit hervorragenden Pfropfreisern aus Massenselektion erneuert worden waren.«

Mit Unterstützung von André Pourcheret (bis 1993) arbeitet Lalou Bize-Leroy nach der biologisch-dynamischen Wirtschaftsweise Rudolf Steiners, nachdem sie von Nicolas Joly vom Coulée de Serrant »bekehrt« worden war. 1993 richtet der Mehltau verheerende Schäden an, so daß nur etwa 1.000 Flaschen geerntet werden; trotzdem bleibt sie ihrer Überzeugung treu. Massenselektion, strenges Auslichten der Trauben. Die Trauben werden auf einer Matte verlesen und gehen ohne Entrappung direkt in die Gärbottiche. Dort läßt man die Natur bis zu zwanzig Tage lang bei höchstens 33° C ihren Gang gehen. Der Ausbau in neuen Fässern dauert achtzehn bis vierundzwanzig Monate, gefolgt von sechs Monaten im Keller. Vor der Abfüllung werden die 2.800 erzeugten Flaschen nicht filtriert; geschönt wird nicht immer.

Cask 23 Cabernet Sauvignon

Hinter der Maske

Land:
Vereinigte Staaten von Amerika

Herkunftsgebiet:
Stag's Leap
Warren Winiarski

Erzeugung:
12.000 Flaschen

Die kalifornischen Weine verdanken einen großen Teil ihrer plötzlichen Bekanntheit den Blindverkostungen, die in den letzten Jahren Furore machten. Steven Spurrier organisierte 1976 eine verdeckte Probe der besten französischen und amerikanischen Gewächse, die von europäischen Degustatoren verkostet wurden. Als Fachmann und britischer Weinhändler, der in Paris die Academie du Vin gegründet hatte, verlieh er mit seiner Kompetenz dem Ereignis unbestreitbares Gewicht. Groß war die Überraschung und die Aufregung, als ein 1973er Stag's Leap bei den Rotweinen als strahlender Sieger hervorging und einen 1970er Mouton Rothschild um eine Nasenlänge schlug... Der damals noch völlig unbekannte Stag's Leap knüpfte an die Legende von Zorro an, des maskierten Helden Kaliforniens. Und plötzlich hatte Zorro ein Gesicht...

Das Urteil des Paris

Dieses kleine Gebiet an den östlichen Hängen des Napa Valley in der Nähe von Yountville erfreut sich seit 1980 einer eigenen Herkunftsbezeichnung. Stag's Leap bedeutet »Hirschsprung« - zweifellos eine Erinnerung an die Jagd. Jedenfalls haben die Böden den Winzern ihr vulkanisches Temperament mitgeteilt. Bestärkt durch dieses, wie es seit jener denkwürdigen Verkostung heißt, »Urteil des Paris«, setzte sich Warren Winiarski dank dieses Publikumserfolgs durch, der anschließend kräftig ausgenutzt und unter entsprechenden Bedingungen auf dem amerikanischen Kontinent mehrfach neu aufgelegt wurde. Das Bordelais geriet unter Zugzwang und argumentierte, daß man Unvergleichliches nicht vergleichen könne, d.h. Weine so unterschiedlicher Herkunft; unterschiedliche Böden, Lagen und Jahrgänge erlauben keine schlüssige Klassifizierung. Sie haben seither beschlossen, nicht mehr anonym anzutreten. Warren Winiarski, von griechischer Kultur durchdrungen, ehemaliger Professor der Gesellschafts-

Der kalifornische Weinbetrieb Stag's Leap Wine Cellar.

wissenschaften, verschreibt sich jetzt mit Leib und Seele dem Wein. Sproß einer polnischen Familie, die seit einhundert Jahren in den Vereinigten Staaten ansässig ist, war er Weinbereiter im Napa Valley bei Souverain Wine, dann in der Domaine Mondavi. Dort analysiert er die unterschiedlichen Bodenarten des Tals, interessiert sich für Stag's Leap und erlebt dort die ersten Anfänge außergewöhnlicher Qualität. Während man in Kalifornien eher mächtige und wuchtige Weine erzeugt, bei denen Struktur und Alkohol im Vordergrund stehen, schwebt ihm eine andere Zukunft vor. Der Wein von Nathan Fay, einem anderen Erzeuger auf denselben Abschnitten von Stag's Leap, erscheint ihm wie eine Offenbarung. Er kauft einige benachbarte Parzellen, die mit Petite Syrah und Carignan bestockt sind, überpfropft den Rebgarten nach einem Verfahren, das in Kalifornien häufig praktiziert wird und erheblichen Zeitgewinn bringt, mit Cabernet Sauvignon. Später kauft er den Rebgarten von Nathan Fay und stellt nach den Empfehlungen von André Tchelistcheff Lot 2 her, der in Paris triumphiert.

Die kleine, unauffällige Winery liegt mitten im Grünen und ist von Barbara Winiarski liebevoll gestaltet; besonders hübsch ist ein Pflasterbelag, in dem sich die verschiedenen Böden des Rebgartens spiegeln. Unter dem Felsvorsprung der Stag's Leap Palisades erstreckt sich der Rebgarten am Rand des Tals über 18 ha, die mit einer Bestockungsdichte zwischen 1.100 und 3.700 Stöcken pro Hektar mit Cabernet Sauvignon (90 %) und Merlot (10 %) bepflanzt sind. Die Reben werden als Kordons erzogen. Der Boden ist lehmiges Schwemmland mit guter natürlicher Entwässerung. Der Reifezustand des Leseguts wird nach der Säure und dem aromatischen Gehalt bestimmt, wobei die mögliche Alkoholausbeute nur in zweiter Linie berücksichtigt wird. Die Gärung erfolgt bei einer Temperatur von 32° C, wobei häufig umgepumpt und der Tresterhut übersprüht wird. Maischegärung bis zu 28 Tagen, Vorselektion und anschließend endgültiger Verschnitt. Cask 23, die beste Cuvée, die zu Ehren von Faß Nummer 23 genannt wurde, liefert manchmal (nur bestimmte Jahrgänge) tausend Kisten des teuersten Weins der Vereinigten Staaten, der nach dem biologischen Säureabbau und Kieselgurfiltration auf Barriques abgefüllt wird. Ausschließlich neues französisches Holz. Nach sechzehnmonatigem Ausbau Abzug, Schönung mit Eiweiß, leichte Filtration vor der Flaschenfüllung und zweijährige Flaschenlagerung. Während der Opus One zu 50 Dollar pro Flasche auf den Markt kommt, wagt sich Warren Winiarski noch einiges weiter vor: Der Jahrgang 1985 kam zu einem Preis von 75 Dollar in den Handel. Nur der Lake von Diamond Creek übertraf diesen Rekord drei Jahre später. Ronald Reagan verwöhnte mit einem Cask 23 Michail Gorbatschow zu einer Hühnerbrust an Pécharmant-Sauce. Königin Elisabeth ließ denselben Wein kommen, als sie auf ihrer Jacht Britannia den Hochzeitstag desselben amerikanischen Präsidenten feierte. Ein Monument an Eleganz und Intensität, ist der Stag's Leap Cask 23 die »eiserne Hand in Samthandschuhen,« wie Warren Winiarski gerne sagt. Tiefdunkle Farbe, komplexe Aromen, in denen sich gebackene Früchte, Gewürze, Zedernholz und Tabak vereinigen. Von feiner, dichter Textur, endet der Wein mit einem langen, majestätischen, nachhaltigen Abgang. Große Konzentration, viel Tannin, aber den Charme der Seide, eine außerordentliche Milde. Hinter der Maske enthüllt sich eine große Persönlichkeit.

Der bewunderswürdige Clos du Val

Auf Bitten des britischen Geschäftsmanns John Goelet, der einen Wein internationaler Klasse erzeugen wollte, ging Bernard Portet, Sohn des Regisseurs von Château Lafite, nach Kalifornien. Dies war im Jahre 1972, und das Gut hieß Clos du Val. Als Nachbar von Warren Winiarski verfügt Bernard Portet über 38 ha Cabernet Sauvignon, 8 ha Merlot und 2 ha Cabernet franc mit niedrig gehaltenem Ertrag. Der Cabernet Sauvignon Reserve bildet eine gelungene Verbindung zwischen kalifornischer Frucht und den herben Kanten eines Médoc. Um die Hälfte billiger als Cask 23 und ebenso gut, aber von anderer Art: Der Wein braucht mehr Zeit und gewinnt im Alter die Komplexität wirklicher Rasse.

S LEAP WINE CELLARS
CASK 23
NAPA VALLEY
RED TABLE WINE

Gaja Sorì San Lorenzo

Die Quintessenz des Nebbiolo

ANGELO GAJA

LAND:
ITALIEN

HERKUNFTSGEBIET:
BARBARESCO

ERZEUGUNG:
11 000 FLASCHEN

Angelo Gaja ist eine lebende Legende, eine Naturgewalt, ein Denkmal. Vor allem aber verkörpert er besessenes Streben nach Qualität und nach dem unvergleichlichen Wein.
Gaja ist ein spanischer Name. Die Gajas kamen im siebzehnten Jahrhundert aus Spanien in das Piemont. Erst 1859 jedoch gründete Giovanni Gaja sein Weingut in den Hügeln von Lamghe, denen einhundert Jahre später, im Jahre 1966, die Herkunftsbezeichnungen (DOC) Barolo und Barbaresco verliehen wurden, die 1980 in eine DOCG umgewandelt wurden. Giovanni Gaja hatte ein gutes Auge: Man sagt - und schreibt - des öfteren, daß diese beiden Appellationen die größten Italiens sind, auch wenn man auf Seiten des Brunello di Montalcino natürlich anderer Meinung ist.

Geburt einer Dynastie

Angelo I. setzt den Weinbau fort und heiratet 1905 Clothilde Rey, die eigentlich Lehrerin werden wollte. Sie ist es, die in die Familie das Qualitätsstreben einbringt. Ihr Einfluß ist so nachhaltig, daß ihr Enkel seinen Chardonnay-Rebgarten nach ihr benennt.
Giovanni folgt seinem Vater nach. Mit ihm beginnt man sich an größere Dinge zu wagen. Unter dem Einfluß seiner Mutter vinifiziert er einen vorzüglichen Barbaresco und erweitert das Gut. 1961 tritt Angelo II. seine Nachfolge an. Mit ihm fällt die Entscheidung, nur noch Weine aus den Gaja-Rebgärten abzufüllen, d.h. nur noch Barbaresco herzustellen. Angelo Gaja, der diplomierter Önologe und Weinbauer ist, kennt nur ein Ziel: den besten Wein zu erzeugen. Er setzt an zwei Punkten an: Verringerung des Hektarertrags (durch einen drastischen Rückschnitt werden pro Stock nur mehr acht statt zwanzig Augen belassen), und Betonung des *terroirs* durch Untersuchungen und Vinifikation spezifischer Crus in den Barbaresco-Rebgärten. Das Ergebnis war 1967 die Schaffung der Lage Sorì San Lorenzo, deren Weine 1971 zum Verkauf gelangen. Zwei weitere Lagen kommen hinzu: 1970 Sorì Tildìn (ab 1973 im Handel) und Costa Russi im Jahre 1978 (ab 1981 im Handel).
Gleichzeitig perfektioniert Angelo Gaja seinen Keller und unternimmt Versuche unter anderem mit dem Ausbau in französischen Barriques und der Bestockung mit gebietsfremden Reben, mit Cabernet Sauvignon (den es im Piemont vor der Reblaus bereits gab), mit Chardonnay und Sauvignon blanc. Weil ihm einfach alles gelang, erwarb Angelo Gaja 1988 auch einen Rebgarten im Barolo-Gebiet, das 28 ha große Gut Marenca et Rivette, das zu den zehn besten des Herkunftsgebiets zählt und der Familie Gaja gut bekannt war, weil es schon bis 1961 aus den Trauben des Guts Barolo erzeugt hatte. Der erste Barolo Gaja war der 1988er, der 1992 herauskam.

GAJA
BARBARESCO
1986

Drei großartige Gewächse

Bleiben wir beim Barbaresco. Der »Standard« kommt von vierzehn Barbaresco- und Freisa-Rebgärten (115.000 Flaschen). Die drei Lagen, die unsere ganze Aufmerksamkeit fesseln, sind von gleicher Qualität, wobei vielleicht der Sorì San Lorenzo, 260 m hoch gelegen (mit einer Erzeugung von 11.000 Flaschen auf 3,22 ha in der Gemeinde Barbaresco) der erstaunlichste ist. Der Sorì Tildìn (3,8 ha in derselben Gemeinde auf 270 m Höhe, Erzeugung 11.000 Flaschen) ist früher trinkreif als der erstgenannte, doch beginnt man am besten mit dem Costa Russi, 4 ha neben dem Sorì Tildìn, von dem 10.000 Flaschen eines samtigen, eleganten und fruchtigen Weins erzeugt werden.

Alle Weine werden aus dem Nebbiolo erzeugt, von dem man offenbar nur drei Klone (Michet, Lampia und (ein wenig) Rosé) in den Appellationen Barolo und Barbaresco verwendet. Dies bedeutet zweifellos eine genetische Verarmung, die bei der geringsten Krankheit gefährlich sein könnte. Die Nebbiolo-Reben in den Gaja-Lagen werden streng zurückgeschnitten, und im Sommer wird nochmals ausgelichtet, um den Ertrag auf 35 hl/ha zu drücken. Die Bestockungsdichte beträgt 3.500 - 4.000 Stöcke pro Hektar. Die Unterlagenreben 5BB (von denen man wegen der hohen Wuchskraft ein wenig abgekommen ist) und 420A passen gut zu den siebzig Zentimeter tiefen lehmig-kalkigen Böden und zu dem »Tufo« genannten Tonmergel, dessen Entwässerung künstlich verbessert wurde.

Seit fast 25 Jahren hat Kellermeister und Önologe Guido Rivella zusammen mit Angelo Gaja die Vinifikation und einen kultivierten und typischen Ausbau perfektioniert: Gärung bei 24 bis 28° C in Edelstahlbehältern über einen Zeitraum von drei bis vier Wochen und in den ersten Tagen häufiges Übersprühen des Tresterhuts. Der Wein wird sechs Monate in Barriques und weitere zwölf bis zwanzig Monate in großen Fässern ausgebaut. Vor der Abfüllung in Flaschen wird nicht filtriert, jedoch geschönt. Die Gaja-Korken sind in aller Munde: Sie haben eine Länge von 60 mm. Viele haben hierin eine Provokation gesehen. Davon kann jedoch keine Rede sein: Angelo Gaja bestellt seine Korken auf Sardinien und verlangt diese ungewöhnliche Länge, um die Erzeuger zu zwingen, nur ausgesuchte Korkplatten zu verwenden. Die Barbaresco Gaja halten, was ihre feste Farbe verspricht: sie sind die Vermählung von Kraft und Eleganz, Fülle und Finesse, kraftvollem Tannin und Tiefe, Konzentration und Gleichgewicht.

Piemonteser Weinberg. Im Hintergrund das Dorf Neive.

Château Certan de May-de-Certan

Ein tadelloser Pomerol

LAND:
FRANKREICH

HERKUNFTSGEBIET:
POMEROL
BARREAU-BADAR

ERZEUGUNG:
20 000 – 25 000 FLASCHEN

Die Familie De May stammt aus Schottland und stand seit dem Mittelalter in Diensten des französischen Königs. Sie erhielt im sechzehnten Jahrhundert Certan als Lehen, wo sie erstmals Reben pflanzte. Zu jener Zeit war die Gegend von Pomerol vor allem wegen seiner Weiden und Obstgärten bekannt. Während der Französischen Revolution wurde Certan geteilt. Der in den Händen der Familie verbliebene Teil des Guts ging 1926 in den Besitz der Familie Barreau über. Heute lebt dort Odette Barreau-Bodar mit ihrem Sohn Jean-Luc. Der Familie gehört außerdem Château Poitou in Lussac Saint-Emilion.

Ein kleines Gut, aber wie gepflegt ist hier alles! Ganz in der Nähe liegt Petrus, und nächster Nachbar ist Vieux Château Certan. Auf dem lehmig-kiesigen Boden stehen dreißigjährige Stöcke: 75 % Merlot, ergänzt durch Cabernet franc und ein wenig Malbec und Cabernet Sauvignon. Die 5 ha liefert höchstens 40 hl/ha. Die sehr spät und vollreif geernteten Trauben werden bei 30° C unter häufigem Umpumpen der Maische vinifiziert. Die Maischegärung dauert drei Wochen, und der Wein der ersten Pressungen wird dem Vorlauf hinzugefügt. Der biologische Säureabbau erfolgt an der Maische. Anschließend nehmen Barriques den Wein sechzehn bis achtzehn Monate lang auf, wobei ein Übermaß an neuem Holz vermieden wird. Schönung mit frischem Eiweiß, keine Filtration. Anschließend kommen die 20.000 bis 25.000 Flaschen in Bordeaux in den Handel oder gehen an eine treue und begüterte Kundschaft.

Warum liebt man diesen so verschwiegenen Pomerol, der eine so elegante Verbindung zwischen Bordeaux und - dem Burgund herstellt? Certan de May-de-Certan begnügt sich damit, unter der Redundanz seines Namens von untadeliger Qualität zu sein. Seine Farbe und sein Bouquet sind von solcher Tiefe, seine Kraft besitzt so viel Charme und Feuer...

Chambertin Clos de Bèze

Der Doyen aller Weine

Domaine Armand Rousseau

Land:
Frankreich

Herkunftsgebiet:
Chambertin Clos de Bèze Grand cru

Erzeugung:
6.000 Flaschen

Der Clos de Bèze, Doyen aller burgundischen Clos und überhaupt aller Weine der Welt, illustriert die ganze Geschichte der Rebe. Er hat zwar seine Mauern eingebüßt, doch hat sich ansonsten in den 15,39 ha seit dem vierzehnten Jahrhundert kaum etwas geändert. Im Jahre 640 schenkte Herzog Amalgaire von Burgund der Abtei von Bèze, einem kleinen Ort nordöstlich von Dijon, die zehn Jahre davor gegründet wurde, ein großes Gut in Gevrey. Nachdem die Mönche Benediktiner geworden waren, brauchten sie Geld und verkauften deshalb im Jahre 1219 den Clos an die Domherren von Langres. In deren Besitz blieb er bis zur Französischen Revolution im Jahre 1789. Tausend Jahre und nur zwei Besitzer, die jeweils 500 Jahre auf dem Gut saßen: Geschichte macht bescheiden ...

Langres ist fern. Der Clos de Bèze wird schlecht unterhalten, liegt manchmal sogar brach und leidet viel. Aber er geht nicht unter, denn sein Wein ist großartig. Sein Ruhm wächst im siebzehnten und achtzehnten Jahrhundert, als sich das burgundische Großbürgertum mit langfristigen Pachtverträgen hier niederläßt. Das benachbarte Le Chambertin tritt erst im dreizehnten Jahrhundert in Erscheinung. Auf knapp 13 ha bildet es mit dem Clos de Bèze eine komplexe Einheit: Zusammengehörig und doch in zwei Lagen getrennt. »Nach meiner Meinung ist dies der bemerkenswerteste Wein des ganzen Burgund,« schrieb 1728 Abt Claude Arnoux in London. »Er vereint die Qualitäten aller anderen auf sich, ohne deren Mängel aufzuweisen.« Claude Jobert (1701 - 1768) gelang es, die Hälfte des Clos de Bèze in seinen Besitz zu bringen, und er dehnte als fähiger Kaufmann das Renommée seines Weins bis nach Deutschland aus, wo dieser vor allem am Pfälzer Hof sehr geschätzt wurde. Die Auslese der Trauben (die jungen Reben werden getrennt vinifiziert) hat bereits Einfluß auf den Verschnitt, der aus verschiedenen Teilen des Clos mit unterschiedlichen Vorzügen zusammengestellt wird. Man schätzt diesen »vin vermeil« sehr, der die offene und feste Farbe haltbarer Weine hat.

Die Französische Revolution zersplittert dieses Gut. Der Clos de Bèze droht zu erlöschen: schon lange trägt der Wein von beiden Crus den Namen Chambertin, wo man an einer solchen Verschmelzung interessierter ist als auf Clos de Bèze. Letzterer Name verdankt sein Überleben nur der Standfestigkeit einiger Besitzer, die auf der Herkunftsbezeichnung Chambertin-Clos de Bèze statt Clos de Bèze-Chambertin beharren und nach einigen Prozessen mit Erlaß vom 31. Juli 1937 zugesprochen bekamen. Ein kleiner, aber wichtiger Unterschied: Es ist zwar verfügt, daß die Bezeichnung Clos de Bèze niemals so formuliert werden darf, daß dies als Höherrangigkeit gegenüber dem Chambertin verstanden werden könnte, doch ist es diesem Grand Cru andererseits gelungen, sich gegenüber Ruchottes und Charmes-Chambertin auszuzeichnen. Das »Chambertin« steht am Anfang, nicht am Ende.

DOMAINE
1990
GRAND CRU

Es war einmal: Ein König der Chambertins

Der Chambertin Clos de Bèze, unbestrittene *Tête de Cuvée* und dem Chambertin ebenbürtig, besitzt einen eigenen Charakter. Der König der Weine nimmt in Anspruch, daß man auf ihn wartet. Die höchstgelegenen Reben, die auf einer dünnen Krume stehen, liefern die elegantesten Weine, während die übrigen auf tieferem Boden mehr Kraft und Fülle haben.

Der seit über zweihundert Jahren zergliederte Clos de Bèze umfaßt heute vierzig Parzellen und zählt etwa zwanzig Besitzer, unter anderem Domaine Damoy, Marion, Drouhin-Laroze, Duroché und Rebourseau; etwa die Hälfte des Grand Cru liegt in den Händen von Winzern der Côte de Nuits.

Das Gut Armand Rousseau (1,42 ha auf Chambertin Clos de Bèze, die 1961, 1989 und 1992 von der Familie Marion erworben wurde, Chambertin, Charmes-Chambertin, Mazis-Chambertin, Ruchottes-Chambertin und insbesondere Clos des Ruchottes, Clos de la Roche) ist 14 ha groß und erzeugt einen wunderbaren Clos de Bèze. Der 1959 verstorbene Armand Rousseau war in der ersten Hälfte des zwanzigsten Jahrhunderts die große Gestalt von Gevrey. Wenn es Fragen gab, mußte man ihn fragen. Dieser Rang war die Frucht harter Arbeit, denn er stammte aus völlig mittellosen Verhältnissen. Sein 1923 geborener Sohn trat seine Nachfolge an. Er hätte lieber in Paris Politologie studiert, doch mußte er das Gut weiterführen, das inzwischen schon hervorragende Preise erzielte. Der 1957 geborene Eric repräsentiert jetzt die dritte Generation. Den Clos de Bèze Armand Rousseau teilen sich heute Brigitte, Corinne und Eric, die drei Kinder von Charles. Hinsichtlich des Weins herrscht Einigkeit: Die Trauben werden sorgfältig und in mehreren Durchgängen gelesen, Entrappung, wobei jedoch einige Kämme in den Gärbottich gegeben werden, zweiwöchige Maischegärung mit Temperaturregelung, bis zu einhundert Prozent neue Fässer, leichte Filtration. Charles Rousseau, einst Pionier der Klone, wendet heute bei dem Pflanzengut, mit dem er einst experimentierte, Massenselektion an. Das Gut erzeugt jährlich etwa 6.000 Flaschen Chambertin Clos de Bèze von den insgesamt 130.000 bis 150.000 Flaschen Chambertin und Chambertin Clos de Bèze. Ein Wein, der alles hat, was ein großer Burgunder nur haben kann!

Die Reben des Clos de Bèze.

Opus One

Sonatine zu vier Händen

Land:
Vereinigte Staaten von Amerika
(Kalifornien)

Herkunftsgebiet:
Napa Valley

Erzeugung:
120 000 Flaschen

»Wenn der Wein teuer ist,« befand Thomas Jefferson im Jahre 1818, »werden unsere Mitbürger für ihren alltäglichen Genuß zu Getränken greifen, die weniger teuer und alkoholreicher sind. Um diese Gefahr zu vermeiden und um die öffentliche Gesundheit, das Wohlergehen unseres Volkes zu heben, muß der Wein zu einem niedrigen Preis verkauft und müssen die Steuern entsprechend festgesetzt werden.« Der Opus One hält sich nicht unbedingt an die Philosophie des »Weisen von Monticello«, aber jedenfalls hat sich der Geschmack in den Vereinigten Staaten erheblich gebessert, je mehr man gelernt hat, einen guten Wein zu schätzen und zu achten.

Der Zusammenprall zweier Kulturen

Seit zweihundert Jahren wird das Gold Kaliforniens von Winzern aus Europa abgefüllt, wie zum Beispiel César Mondavi aus Italien, der sich zunächst in Minnesota, dann in Kalifornien niederließ (Sunny Hill im Jahre 1936, Charles Krug 1943). Seine beiden Söhne gingen unterschiedliche Wege. Robert gründete 1966 in Oakville, Napa Valley, ein Weingut nach seinen eigenen Vorstellungen, das bald zu den Spitzengütern gehörte. Er ist in seiner Art der Philippe de Rothschild Kaliforniens: Künstlerisches Empfinden und Sinn für geschmackvolle Ausgestaltung, Personalisierung seines Werks, unbedingtes Qualitätsstreben, grenzenlose Ambition. Diese beiden Männer müßten einander begegnen! Aber würden sie sich verstehen? Für Baron Philippe steht fest: »Die Weine Kaliforniens sind wie Coca Cola - sie schmecken alle gleich.« Robert Mondavi setzt sich in den Kopf, ihm das Gegenteil zu beweisen. Es gelingt ihm, dem Baron einen Denkanstoß zu geben. 1971 entsteht auf Hawaii die Idee einer Zusammenarbeit. Es vergehen mehrere Jahre, ohne daß sich etwas bewegt. Eines Tages begegnen sie sich wieder, und in weniger als einer Stunde steht der Entwurf einer Übereinkunft. Zwei Jahre dauert es dann, bis sich die Anwälte über den Wortlaut einigen können. 1978 schließlich wird das Joint Venture unterzeichnet. Als Hochzeitsgeschenk bringt der Baron seinen Namen, seinen Ruf, das Ansehen von Mouton, das Know-how seiner Bordelaiser Mannschaft ein, während der amerikanische Partner seinen Leistungswillen, einen Rebgarten, erhebliche materielle Mittel und ein hohes Ansehen in den Vereinigten Staaten beisteuert. Beiden gemeinsam ist die Leidenschaft für den Wein.

Das erste Ziel ist, den besten Cabernet Sauvignon Kaliforniens auf den Markt zu bringen, ein Ausnahmeprodukt, das die Universalität der großen klassischen Médocs unter Beweis stellen soll. Kraft und Gleichgewicht, Körperreichtum und Finesse, Innovation und Tradition, Pauillac und Napa Valley. Als die Presse die ersten Flaschen als »Napamédoc« bezeichnet, explodiert Baron Philippe. So war es nicht gemeint! Der Wein wird Opus One genannt, ein sehr gelungener Markenname. Ab dem Jahrgang 1979 wird aus den besten Cuvées des Guts diese Sonatine zu vier Händen komponiert. Aber sofort regt sich neuer Ehrgeiz, strebt man neuen Zielen zu. Mitten in der Rutherford Bench werden 40 ha bestockt. Es wäre klüger gewesen, die Früchte dieser dichten Bestockung abzuwarten, die Untersuchungen hinsichtlich der Dichte, des Rebschnitts und der Unterlagen sorgfältig auszuwerten. Aber man ist in Kalifornien, und es eilt, denn das Marketing drängt... Von Jahr zu Jahr verwendet man wieder mehr Reben des ursprünglichen Weinbergs, deren Anteil beim Jahrgang 1989 schließlich wieder 50 % beträgt.

Die vulkanischen Schwemmböden werden maschinell drainiert, während das Auslichten zu Beginn der Traubenreife von Hand erfolgt. Die stark belasteten Stöcke (85 % Cabernet Sauvignon, 10 % Cabernet franc und 5 % Merlot) werden bei der Ernte verlesen. Speziell für diesen Wein planen die Architekten Johnson, Fairn und Pereira Gebäude, die 1992 für 10 Millionen Dollar erstellt werden. Mit klassischen Säulen und einer Sequoia-Pergola geschmückt, symbolisieren sie die Vereinigung der beiden Familien und der beiden Kulturen. Tim Mondavi, der Sohn von Robert, und Önologe Patrick Léon von La Baronnie wachen über die Vinifikation. Nach vollständigem Entrappen werden die Trauben einer jeden Parzelle, einer jeden Rebsorte, einer jeden Unterlage getrennt vinifiziert. Zusatz von Reinzuchthefen, Gärung bei 30° C, zu Beginn dreimal täglich Remontage, sehr lange Maischegärung von einundzwanzig bis fünfunddreißig Tagen, Abzug und Pressen der Maische. Ein kleiner Teil des Preßmosts (5 %) wird dem Verschnitt zugefügt. Der Wein kommt ohne Filtration in neues Holz von französischen Küfern. Vierteljährlicher Schwerkraftabstich, sechs Monate Glasstöpsel, anschließend liegende Barriques. Nach achtzehn Monaten Faßlager, Schönung mit Eiweiß im Faß, Flaschenfüllung, sechzehn Monate erste Lagerung und - der Wein ist geboren.

Der Preis der doppelten Unterschrift

Der Opus One wird so sehr gehätschelt, daß alle anderen Erzeugnisse des Guts von Robert Mondavi einschließlich seiner Reserve mit einem undankbaren zweiten Rang Vorlieb nehmen müssen. Von Anfang an (und gegen den Rat von Jefferson...) kam der Opus One zum höchsten Preis auf den Markt, den jemals ein kalifornischer Wein erzielte: Zweitausend Kisten zu 50 Dollar die Flasche.

Dieses kalifornische Vollblut nimmt immer mehr einen Bordelaiser Stil an, und der Einfluß von Mouton Rothschild nimmt immer mehr zu. Den extravertierten Aromen der ersten, typischen Mondavi-Jahrgänge mit ihrem würzigen Holz, dem geschmeidigen Körper und den konzentrierten, mundfüllenden Rundungen folgt mit dem 85er ein Wein mit Médoc-Qualitäten: Sehr tiefe Farbe, Aromen von Lakritz und schwarzen Früchten, sehr verhaltenes Holz, sehr dicht am Gaumen, elegante Struktur, kultivierte Tannine. Es ist immer schwierig, einen Wein zu vier Händen zu machen. Die Akzentuierungen und Akkorde der Sonatine Opus One, wie sie heute Philippine de Rothschild und Tim Mondavi spielen, künden von der Fülle des Safts, vom instinktiven Charme der Inspiration, von der Beherrschung der Tanninstruktur, von einer göttlichen Länge.

1985
RED WINE

Corton Clos des Cortons Faiveley

Ein Festungs-Château

DOMAINE ET MAISON J. FAIVELEY

LAND:
FRANKREICH

APPELLATION:
CORTON GRAND CRU

ERZEUGUNG:
15 000 FLASCHEN

Burgundische Rebgärten tragen niemals den Namen einer Familie oder eines ehemaligen oder gegenwärtigen Besitzers. Zu den wenigen Ausnahmen von dieser Regel zählen Romanée-Conti, Corton-Grancey und Clos de Cortons-Faiveley. Die Herkunftsbezeichnung Clos de Cortons ist schon alt, wie eine Urkunde aus dem Jahre 1864 belegt. Vor Gericht nimmt diese Angelegenheit einen eigenartigen Ausgang, wie ihn die Familie Faiveley kaum erhoffen konnte: Die auch in zweiter Instanz bestätigte Entscheidung der Richter von Dijon aus dem Jahre 1930 schreibt verbindlich vor, daß der Herkunftsbezeichnung Clos de Cortons der Name der Besitzer zuzufügen ist - worüber im Hause Faiveley eine klammheimliche Freude herrscht.

Le Corton (160 ha) ist der einzige rote Grand cru der Côte de Beaune. Der Corton, vorzüglich auf der Montagne de Corton gelegen, wo sich die besten Pinot noir-Böden auf halber Höhe des Hangs hinziehen, wurde schon im Mittelalter geschätzt, erlebte jedoch erst Ende des achtzehnten Jahrhunderts auch dank Voltaire seinen großen Aufschwung. Im neunzehnten Jahrhundert ist er das Urbild eines reichen und üppigen Weins.

Der Clos des Cortons liegt in der Gemeinde Ladoix-Serrigny inmitten des Climats Le Rognet et Corton. Wenn er jemals Mauern hatte, dann sind sie verschwunden. Der Hang ist ziemlich stark geneigt, und nach starken Gewittern ist es in dieser 2,98 ha großen Parzelle oft notwendig, die Erde wieder nach oben zu tragen. Kleinere Verjüngungen des Rebgartens wurden 1936, 1956, 1965, 1967, 1971, 1977, 1980, 1981 und 1987 vorgenommen. Die Trauben der systematisch alljährlich ausgelichteten Pinot noir-Stöcke werden sorgfältig verlesen, abgetropft und nötigenfalls abgetrocknet. Die Vinifikation erfolgt in Nuits-Saint-Georges in der riesigen Kelterei des ehemaligen Maison Labouré-Gontard. Vollständige Entrappung außer in mageren Jahren, lange Maischegärung ohne Zusatz von Reinzuchthefen und ohne kalte Extraktion, keine Remontage, zweimal täglich pneumatisches Untertauchen des Tresterhuts bei etwa 25°; Dauer etwa ein Monat. Nach achtzehnmonatiger Lagerung in neuen Fässern Abfüllung von Hand in Flaschen, die speziell von der Verrerie d'Albi geschaffen wurden, ohne Filtration, jedoch nach einer Schönung mit Eiweiß. Die durchschnittlich 15.000 Flaschen pro Jahr bleiben sechs Monate im Keller. Es ist stets ein sehr reicher, tieffarbener Corton mit einer kraftvollen Tanninstruktur. In den ersten Jahren präsentiert sich der Wein rustikal, wenn nicht rauh, bis sich im Alter seine Vorzüge entfalten. Er besitzt sehr viele Gemeinsamkeiten mit seinem Aloxe-Nachbarn auf dem Hang, dem Corton Les Renardes mit den Wildakzenten und der großen Solidität am Gaumen. Er ist, kurz gesagt, die Festung, vor der man geduldig warten muß, bis die Zugbrücke sich senkt. Aber im Inneren, welche eine Pracht... Dann sagen die alten Winzer: »Le Vin 'cortonne'«.

1825 gründet Pierre Faiveley das Haus Faiveley, das sein Sohn Joseph in Nuits erweitert und der den Firmennamen um seinen Vornamen ergänzt. In der nächsten Generation begeistert sich François vor allem für Bücher, doch liefern seine Exlibris ein Wappen für die Firma: Den Löwen, der seinen Spaten in die Erde senkt. François' Sohn Georges Faiveley (1887 -1968) mehrte die Bedeutung und den Ruhm des Hauses. Außerdem war er Gründer und erster Grand Maître der Confrérie des Chevaliers du Tastevin. Sein 1914 geborener Sohn folgte ihm in beiden Aufgaben nach. In der sechsten Generation verteilt der 1951 geborene François seine Zeit auf die Leitung der Faiveley Entreprises (die weltweit 80 % der Scherenstromabnehmer für Elektroloks liefert) und die Führung des Weinhauses, wo er Herr über 140 ha Reben ist (die Hälfte in Mercurey, während die andere Hälfte eine Perlenkette großartiger Grands crus in der Côte de Nuits bildet). Das Team, das er mit dem Önologen Régis Surrel und seinen drei *chefs de culture* bildet, erzielt großartige Ergebnisse: Zurück zu den Gesetzen der Natur, Verwendung von Klonen mit bewährter Qualität und ausreichender Vielfalt, um jegliche Einförmigkeit zu vermeiden.

Vega Sicilia Unico

Der spanische Grande

LAND:
SPANIEN

HERKUNFTSGEBIET:
RIBERA DEL DUERO

BODEGAS VEGA SICILIA SA

ERZEUGUNG:
80.000 FLASCHEN

Valbuena de Duero, ein Rebgarten von Vega Sicilia. Altkastilien und seine Lichter.

Die Begegnung mit einer lebenden Legende kann manchmal eine leise Enttäuschung hinterlassen. Nicht so beim Vega Sicilia. Ein sehr britischer Rasen führt zu einem bescheidenen Ziegelbau. Als »Château blanc chantilly« würde es im Médoc eine gute Figur abgeben. Ein Pförtner erkundigt sich ziemlich barsch, wer man ist. Wenn man erwartet wird, öffnet sich schließlich die Tür in eine Designer- und Computerwelt: Modisch gestylte Sekretärinnen, Pressemappen, Edelstahltanks, die einen kühlen Hintergrund bilden - man ist hier auf der Höhe seiner Zeit. Auch der Wein stammt nicht aus el Cids Zeiten: Er entstand erst 1864, als D. Eloy Lecanda y Chaves der Familie Santos Cecilia (daher »Vega Sicilia«, das nichts mit Italien zu tun hat) in Altkastilien Land verkaufte. Aus dieser Gegend kommt seit jeher ein brandiger, schwärzlicher Rotwein. Dem neuen Besitzer aber schwebt anderes vor: Er importiert Reben aus dem Bordelais. Seine Nachfolger, Ignacio Herrero und vor allen Dingen Don Domingo Garramiola (Txomin für seine baskischen Landsleute), der eigentliche Schöpfer des Vega Sicilia, vinifizieren nach Bordelaiser Art auf der Grundlage dreier Prinzipien: Klarheit, Klarheit und nochmals Klarheit.

Nach der Reblauskrise suchten viele Bordelaiser Winzer Zuflucht in der Rioja und im Duero-Tal. Von Anfang an nahm Vega Sicilia für sich den Anspruch, der renommierteste, der ge-

MARCA
UNICO
COSECHA 1975
Ribera del Duero
75Cl.
EMBOTELLADO EN LA PROPIEDAD
BODEGAS VEGA SICILIA, S. A
El número de esta botella es el
BODEGAS VEGA SICILIA, S. A
El Presidente

heimnisvollste und der teuerste Wein Spaniens zu sein. Bis etwa Ende der siebziger Jahre machte ihm diesen Anspruch niemand streitig. Heute ist jedoch der Wettbewerb schärfer geworden. Don Jesús Anadón leitet das Gut seit vierzig Jahren, während sich der schwerreiche Venezolaner Hans Neumann den Luxus dieser »Tänzerin« leistet. Er investiert sehr viel, erneuert den Rebgarten und die Keller. Heutige Besitzerin dieses kleinen Wunders ist die Familie Alvárez Díaz; Hüter der Reben und Önologe ist Mariano García.

Lange Ruhezeit auf Holz

Die Böden sind hier höchst unterschiedlich. Die mit Kiefern bedeckten Hänge des linken Duero-Ufers steigen bis auf 765 Meter an. Diese nordwestexponierten Böden, die roten Lehm oder kalkigen Lehm enthalten, tragen den historischen Teil des Rebgartens. Die Bestockungsdichte beträgt 2.000 Reben pro Hektar. Die niedrigen Stöcke mit drei »Hörnern« stehen gemischt und haben auf manchen Parzellen ein Alter von sechzig Jahren. Die Schwemmlandböden der Ebene sind fruchtbarer. Durch die jüngsten Erweiterungen wuchs die Fläche des Guts von 125 ha auf 180 ha an. Mariano García muß einerseits die Böden aufeinander abstimmen und andererseits einen akzeptablen Anteil von Trauben der alten Stöcke beibehalten. Die Bestockung ist unverändert, doch herrscht auf den neuen Parzellen der Tempranillo vor, der hier Pinto fino heißt (60 %), Cabernet Sauvignon (25 %), Merlot (9 %) sowie im übrigen Malbec und Albillo (eine weiße Rebsorte). Manuelle Ernte, niedrige Erträge bis herab zu knapp 20 hl/ha bei den alten Reben. Das meist entrappte Lesegut gärt zehn bis fünfzehn Tage lang bei 28 bis 30° C mit den Spontanhefen. Abstich des Jungweins, biologischer Säureabbau, Trennung der Lesepartien: Vega Sicilia oder Valbuena. Ein Jahr im Faß, dann Abzug auf Barriques, die an Ort und Stelle aus 70 % amerikanischer und 30 % französischer Eiche hergestellt werden.

Nun beginnt die Odyssee des Weins. Der Ausbau ist lange und komplex: Zunächst in Barriques, wovon die Hälfte jünger als drei Jahre ist, dann Abzug in sehr alte, mit Weinstein beschlagene und daher neutrale Fässer in einem sehr kühlen Keller, der in einen Hügel eingehauen ist. Nach sechs bis sieben Jahren im Faß ein bis vier weitere Jahre Flaschenlager. Keine Klärung, keine Filtration. Der Vega Sicilia macht dem Publikum frühestens zehn Jahre nach der Ernte seine Aufwartung. Zur Zeit hat man das Faßlager etwas reduziert und dafür den Flaschenausbau verlängert. Der Valbuena, der zweite Wein des Hauses (von den jungen Reben), wird vier Jahre nach der Lese verkauft. 1963, 1971 und 1978 gab es keinen Vega Sicilia. Der Unico, die Reserva Especial, hat keinen Jahrgang. Er wird aus den besten Weinen zusammengestellt und hat um die 25 Jahre in den Kellern zugebracht. Der Wert richtet sich hier nach der Zahl der Jahre!

Wenn der Vega Sicilia »único« ist, ist dieses Adjektiv in fetter Schrift auf dem numerierten Etikett angegeben. Verkauft wird der Wein nach einem ganz besonderen System, d.h. der Unico ist Subskribenden vorbehalten. Seit der Entstehung des Guts hat nur ein privilegierter Kreis die Ehre, diesen Wein kaufen zu dürfen. Etwa 3.000 Kunden sind heute in diese Datei eingetragen, die alles Gold der Welt wert ist. Jährlich werden zwischen 30.000 und 90.000 Flaschen Vega Sicilia erzeugt. Nach einer strengen Regelung, wie sie auch auf Yquem gehandhabt wird, ist die Jahresmenge auf 60.000 Flaschen festgelegt. Der Preis ist für alle Kunden gleich, wenn man denn die Mitglieder des exklusivsten Clubs Spaniens so nennen kann. Auf der Warteliste verzehren sich tausend Liebhaber nach dem Wein. Man könnte sich zu Henri Jayer auf Vosne-Romanée versetzt fühlen. Mit einem Preis von 70 Dollar pro Flasche ist der Unico der teuerste Wein Spaniens und einer der teuersten der Welt. Für Winston Churchill öffnete sich die Tür. Papst Johannes Paul II. segnet diesen Wein an seiner Tafel, wenn ihn die Vorsehung hierher führt. Vier Kisten ergänzen alljährlich den Keller von Julio Iglesias. Am meisten aber trug zum Ruhm dieses Weins, der einen Rang für sich beansprucht und auch nicht die Appellation Ribera del Duero trägt, General Franco bei, der dieses Gewächs zum spanischen nationalen Kulturgut erklärte und ihn bei allen seinen großen Diners kredenzen ließ. Auf dem Fundament einer hohen Säure erreicht der Vega Sicilia die Langlebigkeit eines Partriarchen. Er präsentiert sich in einem schönen Kleid mit ockerfarbenem Rand. Die Aromen sind erlesen und reichen von Frucht über wilde Pfefferminze und hellen Tabak bis zu Gewürzen. Finesse und Tiefe, keine Spur von Mattigkeit oder Auszehrung, eine Hitze, die in den spärlich vorhandenen Tanninen kein Widerlager findet, gut entwickelte Holztöne und eine gewisse, sehr spanische Straffheit. Ist der Wein mager? Vielleicht wie Don Quijote, aber mit derselben inneren Vision. Das alte Faß zeigt eine hohe flüchtige Säure, die manchmal jenseits der europäischen Normen liegt. Der teuerste Essigstich der Welt, lästern böse Zungen... Aber diese hypertrophierte Tradition gehört auch zur Kultur des Weins. In wessen Namen könnte man ihm sein Kristallglas am Tisch der Großen verwehren?

Valbuena de Duero: Mariano Fernandez prüft einen Wein, den er dem Faß entnommen hat.

Griotte-Chambertin

Zarte Spitze

Domaine Ponsot

Land: Frankreich

Herkunftsgebiet: Griotte-Chambertin Grand Cru

Erzeugung: 10.000 Flaschen

Als in den dreißiger Jahren die Grands crus geschaffen wurden, mußte man schwierige Entscheidungen fällen. Chambertin und Chambertin-Clos de Bèze waren klar. Aber die übrigen? Schließlich wurden Chapelles, Ruchottes, Charmes, Latricières, Mazoyères, Mazis und Griotte bekrönt und erhielten das Recht, ihren Namen mit demjenigen von Chambertin zu verbinden, wie dies die Gemeinde Gevrey schon seit 1848 getan hatte.

Von der Lage Charmes durch les Etelois getrennt, eine zu Unrecht vernachlässigte Premier cru-Lage von Gevrey, erinnert la Griotte an den mageren und steinigen Boden, an Kreide. Pech für diejenigen, die in ihm lieber Sauerkirschen, Schattenmorellen oder sogar einen Ort entdecken wollen, wo man in der Sonne grillt und brät ... Durch die intensive Besonnung ist dieser Wein aus zarten Spitzen für weibliche Gaumen bestimmt. »Von Tanninen, nicht von Säure gestützt,« befindet Joseph Roty, ein guter Kenner. Kirschengeschmack? Wenn, dann ist es die Montmorency, die saure Marmeladenkirsche... Zwischen Gevrey und Morey befindet sich eine Talsenke. Bei starkem Regen quillt das Wasser überall aus dem brüchigen, mit kleinen Kieseln durchsetzten skelettführenden Gestein hervor. Die Wurzeln können weit in die Tiefe vordringen, da sie durch keine Felsplatten behindert werden. Aus diesen Tiefen holen sie den einmaligen und aufregenden Duft.

Der Wein ist rar: Die 2,73 ha liefern kaum mehr als 10.000 Flaschen pro Jahr. Dies ist eine der wenigen Grand cru-Lagen, die während der ganzen Geschichte immer kleiner wurden. Sie ist heute auf wenige Besitzer verteilt, unter anderem die Domaine Joseph Drouhin, die etwa 20 % der Fläche besitzt.

Die Domaine Ponsot in Morey-Saint-Denis wird als Familienbetrieb unter der Ägide des Grand Echanson de la Confrérie des Chevaliers du Tastevin geführt. Sie wurde 1872 vom Onkel William aus der Übernahme der Domaine Liébault gegründet. Seine Nachfolge trat Hippolyte Ponsot an, und dessen Nachfolge nach seinem Tod im Jahre 1972 sein Sohn Jean-Marie. Das Gut umfaßt etwa 10 ha unter anderem in den Lagen Clos de la Roche, Clos-Saint-Denis, Chambertin, Latricières-Chambertin und Griotte-Chambertin. Auf Griotte ist Jean-Marie Ponsot Halbpächter von 89 Ar von François Mercier (Domaine des Chézeaux). Ihm stehen zwei Drittel der Ernte zu, d.h. 1.400 bis 1.800 Flaschen pro Jahr. Seit etwa zehn Jahren wird der Rebgarten mit Klonen erneuert, die sehr sorgfältig ausgewählt werden: 114, 115, 667, 778 usw.. Jean-Marie Ponsot hat neben Raymond Brnard wesentlichen Anteil an der Klonenrevolution in der Côte de Nuits. Er selbst wendet auch Massenselektion an. In geringem Umfang Entrappung, und während des zwei Jahre dauernden Ausbaus ein Teil neuer Fässer. Dieser Purist sagt aus gutem Grund: »Önologie darf sich nicht auf Pharmazie reimen ..."

Clos de Tart

Drei Besitzer in neun Jahrhunderten

DOMAINE DU CLOS DE TART
MAISON MOMMESSIN

LAND:
FRANKREICH

HERKUNFTSGEBIET:
BURGUND
CLOS DE TART GRAND CRU

ERZEUGUNG:
26 500 FLASCHEN

Nur drei Besitzer seit dem Mittelalter - wer bietet weniger? Der Clos de Tart ist aus dem *climat* La Forge in Morey-Saint-Denis hervorgegangen. Rebgarten, Gebäude und Kelter wurden bereits 1141 erwähnt, als die Barmherzigen Brüder von Brochon den Besitz den Schwestern der Abtei von Notre-Dame de Tart anboten, einer Gründung des Klosters Cîteaux aus dem Jahre 1125. Während der Französischen Revolution wurde der Clos de Tart zum nationalen Gut erklärt und 1791 vom Konventsmitglied Claude-Nicolas Marey (1760 bis 1818) erworben.

Der Clos de Tart gehört der Dynastie Marey-Monde. Besitzerin ist Mère Saint-Louis, Vorsteherin mehrerer Klöster; ihre Nachfolge tritt im Jahre 1919 ihr Schwager Hervé de Blic an. Zu diesem Zeitpunkt wird das Gut von Handelshäusern geleitet (Champy, F. Chauvenet). 1932, auf dem Höhepunkt der Weinbaukrise, wird der Rebgarten mit den Gebäuden verkauft, die teils im Mittelalter, teils im Jahre 1850 entstanden. Für den Betrag von 400.000 Francs wird die Familie Mommessin Besitzerin des Clos de Tart. Dieses im Jahre 1865 gegründete Mâconnaiser Haus wird damals von Joanny Mommessin geleitet, ab 1954 von Henri und ab 1975 von Didier. 1993 fusionierte die Firma mit dem Haus Thorin, einer Tochter der deutschen Racke-Gruppe, wobei die Rebgärten ungeteilt im Familienbesitz blieben. 1,6 ha der Rebfläche wurde 1927 neu bestockt, weitere 2,5 ha im Jahre 1935. Bis zum Jahre 1965 stellt die Familie Cyrot aus Pommard den *régisseur*. Nach ihm übernimmt Alfred Seguin die Leitung, gefolgt von Henri Perraut. Der Önologe Guy Accad wird Berater und trägt teilweise die Verantwortung für die Vinifikation der Jahrgänge 1992 und 1993. Die 7,53 ha des Clos de Tart sind in horizontalen Zeilen in Nord-Süd-Richtung bestockt, nicht senkrecht zum Hang. Alle vier Jahre werden mittels Massenselektion Neubepflanzungen vorgenommen. Die 40 cm bis 1,2 m dicke obere Bodenschicht ruht im oberen Teil auf einer starken Geröllschicht über einem Kalksteinsockel. Der Hektarertrag von 28 - 30 hl ergibt jährlich insgesamt etwa 26.500 Flaschen. Häufig wird Wein deklassiert: Der Jahrgang 1968 wurde als Morey Villages verkauft, ebenso ein Teil des 1977ers, während die jungen Reben des Jahres 1987 eine Art »zweiten Wein« à la Bordeaux unter dem alten Lagennamen La Forge sowie einen Morey-Saint-Denis Premier cru lieferten. 1991 wurde der gesamte Jahrgang deklassiert und unter letzterem Etikett verkauft. In zwei übereinander liegenden Felsenkellern ruht der Wein achtzehn Monate in fast immer neuen Fässern und ein Jahr in der Flasche, d.h. man hat drei Jahrgänge gelagert. Ungewöhnlich ist, daß hier nur junge Reben entrappt werden. Der Wein ist in seiner Jugend sehr tanninbetont, mildert sich jedoch mit zunehmendem Alter.

Château Léoville-Las-Cases

Erlesen und üppig

LAND:
FRANKREICH

HERKUNFTSGEBIET:
SAINT-JULIEN

SC DU CHÂTEAU LÉOVILLE-LAS-CASES

ERZEUGUNG:
240.000 FLASCHEN

Léo, der Löwe; Léoville, das Territorium des Löwen; Léoville-Las-Cases, das Haus des Löwen. Dies ist eine Geschichte der *Seigneurs*, eine Familiensaga. Dieses Château fixiert alle seine Rivalen mit unerbittlichem Blick. Das Gut wurde 1638 auf einer 17 m hohen Kuppe von Jean de Moytié gegründet und bekam den Namen Mont-Moytié. Es war damals der größte Rebgarten des linken Ufers der Gironde. Der Schwiegersohn von Jean de Moytié, Alexandre de Gasq, tauft das Gut auf den Namen eines Herrschaftssitzes, der ihm in der Charente gehört: Léoville. Die Dynastie der Löwen entstand durch die Anwendung der salischen Erbfolgeregelung. Während der Französischen Revolution wanderte einer der Erben aus, der Marquis de Las Cases. Sein Anteil wurde vom Staat eingezogen und das Gut dreigeteilt. Der Anteil des Emigranten ging in den Besitz von Hugh Barton über, einem Iren aus Langoa. Aus einem anderen Teil wurde Léoville-Poyferré. So gab es letztlich drei Châteaus mit dem Namensbestandteil Léoville, die 1855 klassifiziert wurden. Das 1900 in eine Gesellschaft umgewandelte Léoville Las-Cases wurde dann von Stawinski geführt, der Pontet-Canet für die Familie Cruse verwaltete, dann von seinem Enkel Paul Delon und heute von Michel Delon.

Ein Mann aus Eisen

Das Latour benachbarte Léoville Las-Cases ist die Frucht eines unbedingten Qualitätsstrebens. Ist der Wein teuer? Selbstverständlich. Ein außerordentlicher Wein muß ein Luxuswein sein, ein teurer Wein, meint Michel Delon, und dies umso mehr, als schließlich im Bordelais die Preise die Hierarchie begründeten. 1855 ist im Denken der Grand Cru-Besitzer allgegenwärtig. Jeder *prix de sortie* ist Anlaß zu heftigen Scharmützeln mit dem Handel und den Konkurrenten, von denen die Zeitschriften und die Gespräche leben, zu einem halsbrecherischen Gerangel um den höchsten Produzentenpreis, zu einem Poker, bei dem jeder auf die Entscheidung des anderen wartet. Zunächst hinter Ducru Beaucaillou liegend, überholte Léoville-Las Cases dieses Gut, auch wenn man den 1987er im Ärmel lassen mußte, weil ihn die Amerikaner zu teuer fanden - um ihn zwei Jahre später doch zum geforderten Preis an den Mann bringen zu können. Michel Delon lehrte die Ungetreuen Mores: Wer diesen Jahrgang verschmäht hatte, bekam auch keinen 1988er. Michel Delon erinnert daran, daß das Gut schon 1930 »sechs Jahrgänge in den Kellern hatte. Schließlich verkauften wir sie doch zu dem Preis, den wir uns vorstellten.« Dieser Wein rechtfertigt allerdings die unerbittliche Preispolitik.

Seit 1949 beriet Emile Peynaud das Gut und führte es zusammen mit Michel Delon zu einer beeindruckenden Harmonie zwischen Kraft und Finesse, Eleganz und Konzentration. Immer zum Äußersten entschlossen, opfert dieses Gut bis zur Hälfte seiner Cuvées, um nur wirklich authentischen Wein zu erzeugen - und kommt trotzdem auf 240.000 Flaschen. Der zweite

Wein, der Clos du Marquis, kostet ein Drittel des *Grand vin*. Aber man kann sich mit ihm die Zeit vertreiben, bis der Las Cases kommt, denn letzterer muß mindestens fünfzehn Jahre liegen bleiben. In einem Stil, der nicht nur von ungefähr an denjenigen des großen Nachbarn im Pauillac, Château Latour erinnert, gibt sich Léoville-Las Cases in seiner Jugend noch sehr verschlossen. Die Kraft seiner Tannine, seine Konzentration können zu diesem Zeitpunkt seine Harmonie und die unterschwellige Finesse verdecken. Dann aber, nach mindestens fünfzehn Jahren Lagerung, ist der Löwe erwachsen geworden und zeigt sich in seiner ganzen überlegenen Generosität. Seine jugendlichen Krallen, die Kraft seiner Tannine stumpfen sich ab, um seine Finesse, das Fleisch seines Körpers, die Länge seiner schmeichelnden Tatzen offenbar werden zu lassen. Bei all dieser Schönheit darf man aber durchaus auch vermerken, daß dieser Besitz, der bis auf zwei Parzellen neben Talbot und Pichon-Lalande aus einem zusammenhängenden, von einer Mauer umfriedeten Stück besteht, aus großartigem, tiefem, magerem (seit zehn Jahren keine Düngung mehr), vorzüglich entwässerndem Kies in unmittelbarer Nähe des Flusses besteht und einen Untergrund von Lehm und Mergel besitzt. Auf den 97 ha gedeihen 65 % Cabernet Sauvignon, 23 % Merlot, 10 % Cabernet franc und 2 % Petit Verdot.

Die alten (ein Drittel älter als 35 Jahre), in einer Dichte von 8.300 Stöcken pro Hektar stehenden Reben werden durch eine kluge Mischung aus Klonen und Massenselektionen ersetzt, wobei man in den letzten dreizehn Jahren 40 ha in dieser Weise verjüngt hat. Die Daten einer jeden Parzelle sind im Computer erfaßt. Am Stock werden bei jungen Reben nur vier, bei älteren sechs Trauben belassen.

Geringer Ertrag um 40 hl/ha. Auf Las Cases wird sehr reif geerntet. Die Trauben werden am Stock verlesen, um jegliche Verunreinigung zu vermeiden. Nach dem Entrappen gärt der Wein in Bottichen aus Holz und Edelstahl in verschiedener Größe, wie es die Ernte einer jeden Parzelle erforderlich macht. Das Lesegut konzentriert sich durch den Vorgang der umgekehrten Osmose. Bei Temperaturen zwischen 25 und 28° C erfolgt eine gemäßigte Extraktion. Die Maischegärung dauert vierzehn bis einundzwanzig Tage. Vor dem Verschnitt wird der erste Wein rigoros selektiert und kommt anschließend achtzehn Monate in zu 70 bis 85 % neue Fässer. Schönung mit Eiweiß, Filtration, und dann brechen ruhigere Zeiten an ...

Pesquera Janus

Ein spanischer Grande

Bodega
Alejandro Fernández

Land:
Spanien
Alejandro Fernández

Herkunftsgebiet:
Ribera del Duero

Erzeugung:
6.000 Flaschen

Die Bodegas Alejandro Fernández, im Herzen eines kleinen kastilianischen Ortes am rechten Ufer des Duero in unmittelbarer Nähe des berühmten Vega Sicilia gelegen, haben nichts von einem spanischen Schloß. Das bescheidene und familiäre Gut scheint mehr den Freuden der Degustation unter Freunden zugetan zu sein, zu der man Jamón Serrano und Chorizo reicht. In Wirklichkeit aber ist dies der siebte Himmel. Nachdem der vom Lande stammende Alejandro Fernández in der Maschinenbaubranche zu Geld gekommen war, nahm er sich vor, seinen berühmten Nachbarn herauszufordern, indem er die Gegenposition zum Stil des spanischen Altstars bezog. Er entschied sich für 75 ha Land, das zur Hälfte an den kiesigen Hängen des Flusses und zur Hälfte auf dem lehmig-kiesigen, 750 m hoch gelegenen Südplateau lag, wobei die große Höhe für Frische sorgt, die dem Aroma zugute kommt, während die Südlage ein vollständiges Ausreifen gewährleistet. Er setzt sich hier bereits gegenüber dem Vega Sicilia ab, indem er keine Bordelaiser Reben zuläßt: Er pflanzt ausschließlich eine einzige Rebsorte, nämlich den Tempranillo, und zwar in einer Dichte von 2.500 Stöcken pro Hektar.

Der Liebling des Jet-set

Alejandro Fernández ist der Auffassung, daß die jungen Reben große Weine liefern können, wenn man sie zügelt. Junge und alte Reben werden daher in derselben Weise behandelt und von Hand geerntet. Nach vollständiger Entrappung (Reservas) bzw. ohne Entrappung (Cuvée Janus) gären die Trauben bei niedrigen Temperaturen zwischen 22 und 25° C und bleiben nur sieben bis zehn Tage in der Maische. Der Ausbau in Barriques aus amerikanischer Eiche, die eine Nuancierung mit 10 % französischem Holz erhalten, dauert vierundzwanzig Monate. Bei einer Gesamterzeugung von 350.000 Flaschen entfielen auf Janus nur 6.200 Flaschen im Jahre 1982 und 5.000 Flaschen im Jahre 1985, die einzigen Jahrgänge, die dieses Etiketts für würdig befunden wurden. Bevorzugter Bestimmungsort ist der Markt von New York. Mit seinem gesunden Geschäftssinn hat dieser Winzer Pesquera an die Spitze gebracht. Er ist ein spanischer Grande geworden.

Dieser Wein, den es 1960 noch gar nicht gab, tauchte immer wieder als »Pirat« bei Blindverkostungen zwischen Mouton-Rothschild, Pétrus, Vega Sicilia und den großen Riojas auf und hat sich längst seinen Adelsbrief erworben. Seine dichte und dunkle Farbe erinnert an die Faltenwürfe der Gemälde des Prado. Die amerikanische Eiche umkleidet die Aromen mit einer interessanten Komplexität und reichen Anklängen von Wild, Mineralen und schwarzen Johannisbeeren. Herkulische Tannine stützen mit der explosiven Kraft eines Gewichtshebers eine tiefe, fleischige, ausgewogene Struktur, die durch ein solides Maß an Säure aufgemuntert wird. Gewiß, der Stil ist modern, eher kraftvoll als subtil, nach dem internationalen Geschmack ausgerichtet. Aber der Gotha und der Jet-set, vom spanischen König, der den Wein Michail Gorbatschow und François Mitterand kredenzte, bis zu Julio Iglesias, der mit diesem Gewächs seiner samtenen Stimme Gutes tut, schwören nur noch auf diesen großartigen Parvenu. Kann der Wein altern? Dies ist in der Tat eine Frage, die sich bei einem jungen Wein stellt, doch sind die ersten Anfänge verheißungsvoll. Ist er seinen Preis objektiv wert? Eine schwierige Frage, die sich nicht nur bei der Blindverkostung entscheiden läßt - man bezahlt schließlich mit offenen Augen.

Frische im Backofen

Die Ribera del Duero am Oberlauf des Flusses, der später dem Portwein alles geben wird, ist eines der ältesten Weinbaugebiete. Sie war schon im neunten Jahrhundert zu Beginn der Reconquista bekannt und genoß noch im neunzehnten Jahrhundert hohes Ansehen. Der Spanische Bürgerkrieg zog das Gebiet in Mitleidenschaft, und vielfach hat im Tal Getreide die Rebe verdrängt. Das Klima ist sehr rauh; im Winter liegt Schnee, im Frühjahr drohen Spätfröste, doch sind die Sommer gemäßigt. Auf dem 230.000 ha großen Herkunftsgebiet sind nur 12.000 ha bestockt. Man findet hier Cabernet Sauvignon, Merlot, Malbec und natürlich den Tempranillo, die einheimische Rebe. Pesquera und Vega Sicilia bilden zusammen mit dem Gran Coronas Etiquette Noire von Torres (Katalonien) und dem Gran Reserva 904 von La Rioja Alta den Grand mit Vieren, mit dem Spanien für die Weltmeisterschaft qualifiziert ist.

Grange Hermitage

Eine Schubertiade

PENFOLD
PENFOLDS WINE PTY. LTD.

LAND:
AUSTRALIEN

HERKUNFTSGEBIET:
BAROSSA VALLEY

ERZEUGUNG:
60 000 FLASCHEN

Anfang des neunzehnten Jahrhunderts ließ sich der aus Sussex stammende Arzt Christopher Penfold in Magill bei Adelaide in Südaustralien nieder. Er ging zunächst seinem erlernten Beruf nach und gründete dann 1844 einen Rebgarten. Die Gegend lieferte seit jeher hervorragende Weine wie zum Beispiel diejenigen von John Reynell und Tom Hardy. Einhundert Jahre später übernimmt Max Schubert die technische Verantwortung für den Penfold-Rebgarten, der bis 1962 im Besitz der Familie des Gründers bleibt. 1950 geht er nach Frankreich und wird in Bordeaux von Christian Cruse empfangen. Die Frucht dieser Reise ist der unbedingte Ehrgeiz, den ersten Grand cru der südlichen Hemisphäre zu schaffen. Er wählt die besten lokalen Rebsorten aus, vor allem den Shiraz, der auch Hermitage de Grange Cottage heißt, wo sich einst Dr. Penfold niederließ, und tauft seinen Wein Grange Hermitage. Der Rebgarten von Magill wird mit 2.200 Stöcken pro Hektar auf den Hängen von Adelaide und im Barossatal auf sandigem oder tonigem Boden gepflanzt, auf dem die Syrah, wie die Rebe eigentlich heißt, optimal gedeiht. Sie liefert einen niedrigen (20 - 30 hl/ha), aber guten Ertrag, außerordentlich konzentrierte Trauben, die - bis auf wenige ältere Parzellen - maschinell geerntet werden.
Nach dem Sortieren und Entrappen gären die Trauben eine Woche lang bei nur 20 bis 25° C. Der Ausbau auf neuem amerikanischem Holz nimmt etwa zwei Jahre in Anspruch. In manchen Jahren nuanciert der Cabernet Sauvignon, der in Australien entschiedene Fürsprecher hat, die Syrah. Benutzt werden auch andere Lagen wie zum Beispiel Kalimna. Insgesamt jedoch bleiben die ursprünglichen Vorstellungen von Max Schubert, der 1994 verstarb, gewahrt. Der Erfolg überzeugt auf die Dauer auch Skeptiker ...
Abkochung von Wildbeeren, Portweingeschmack, Stierblut - es hagelt Kritiken über den ersten Jahrgang 1952 und die folgenden. Aber Max Schubert glaubt an seinen Stern. Er fordert vier Jahre Flaschenlager. 1962 erringt der Grand Hermitage in Sydney die Goldmedaille und wird bald zum Herold des australischen Weins. Die Musik Schuberts hat Obertöne von Gewürzen und Früchten. Stark von der amerikanischen Eiche geprägt, dem Blech des Orchesters, zeigt er eine sprühende und großzügige Jugendlichkeit. Ein Wein, der strahlt. Im zweiten Satz entfalten sich komplexe und einzigartige Klangfarben, in die sich Mokka und exotisches Holz mischen. Nach zehn Jahren zaubert dieser reife und begehrenswerte Syrah im tief ausgeschnittenen Abendkleid Glanz in die Augen, wo auch immer er erscheint. Unnachahmlich vielleicht, jedenfalls aber unerreicht, aristokratisch durch ihre lange anfängliche Lagerung (eine Idee, die in jüngster Zeit auch in Kalifornien Anklang findet), vollführen die 30.000 bis 120.000 kostbaren Flaschen des einzigen Grand cru Australiens alljährlich auf den Preislisten Känguruhsprünge. Ein Rekord für diese Lage vom anderen Ende der Welt, die vor Ehrgeiz birst und Anerkennung fordert. Sie hat sie verdient.

Penfolds
Grange
BIN 95

Les Amoureuses

Mit klopfendem Herzen

Domaine
Jacques-Frédéric Mugnier

Land:
Frankreich

Herkunftsgebiet:
Les Amoureuses Chambolle-Musigny Premier Cru

Erzeugung:
(Nicht veröffentlicht)

Les Amoureuses, Nachbarn von Musigny zu beiden Seiten der Straße der Grands Crus, die durch die Ortschaft Chambolle-Musigny führt, haben einen Traumnamen. Aber, wie Condillac in seiner *Abhandlung über die Sinnesempfindungen* empfiehlt, »man muß die Namen mit der Wirklichkeit der Objekte selbst in eine Beziehung setzen.« Dieser Wein hat zweifellos Liebe. Ein wenig, viel oder leidenschaftlich - man ist immer bewegt, wenn man ihn entdeckt.

Die Lage umfaßt 5 ha, 40 Ar und 13 Zentiar - im Burgund wird genau gezählt... Warum ist sie kein Grand Cru? Niemand kam offensichtlich je auf den Gedanken, diese Forderung zu erheben, die legitim gewesen wäre. Les Amoureuses haben unzweifelhaft diesen Rang, doch besitzen Musigny und Bonnes Mares historisch einige Adelsviertel mehr. Les Amoureuses sind damit zufrieden, die Galionsfigur der Premiers crus zu sein.

Unter anderem besitzen die Güter Amiot-Servelle, Georges Roumier, Hervé Roumier, Joseph Drohin und Comte Georges de Vogüé Parzellen auf dieser felsigen, sehr steinigen Kuppe, deren Böden jedoch sehr unterschiedlich sind. Die Familie Mugnier zählt mit einem halben Hektar zu den größeren Besitzern der Lage. Der 1955 geborene Jacques, Absolvent der Ecole centrale, Spezialist für Erdölanlagen, hat die Fackel der Familie übernommen und widmet sich seit 1980 diesem Gut, das auch Reben auf Musigny und Bonnes Mares besitzt.

Die Familie Mugnier, Mitte des neunzehnten Jahrhunderts als Likör- und Weinhändler in Dijon ansässig, faßte in La Côte Fuß: Château de Chambolle, Clos de la Maréchale in Premeaux. Erbfolge und Teilungen zersplitterten jedoch dieses Gut, das nun Jacques in der fünften Generation mit Feuereifer wiederzubeleben versucht. Die Trauben der zu beiden Seiten der Straße stehenden sehr alten Stöcke werden spät gelesen, meist eine Woche nach den übrigen Gütern. Die jüngsten Stöcke sind dreißig Jahre alt und liefern nicht mehr als 25 hl/ha. Die Erneuerung der Stöcke erfolgt mit Klonen, insbesondere 115 und 777. Das vollständig entrappte Lesegut wird in Holzbottichen einer temperaturgeregelten langen Maischegärung (etwa zwanzig Tage) unterzogen. Die Maische wird oft auf 15 bis 16° C gekühlt, um die Gärung langsam in Gang kommen zu lassen, wobei höchstens 32° C erreicht werden. Der Faßausbau dauert achtzehn Monate. Der gesamte Wein wird vom Besitzer nach der Flaschenfüllung direkt verkauft.

»Dieser Wein verkauft sich von selbst, gleichgültig, was er kostet,« sagt Jacques Mugnier. Beim Einsetzen, beim ersten Kontakt, beeindruckt er nicht sehr, doch entwickelt er im Mund dann eine unendliche Länge. Er »spricht« weniger markant als der Musigny, dafür aber sehr viel länger. Frisch und fröhlich sorgt er dafür, daß das Herzklopfen nicht aufhört.

Bonnes Mares

Das Lächeln der Mona Lisa

Domaines Drouhin-Laroze

Land:
Frankreich (Burgund)

Herkunftsgebiet:
Bonnes Mares Grands cru

Erzeugung:
55.000 - 60.000 Flaschen

Morey-Saint-Denis und Chambolle-Musigny teilen sich Les Bonnes Mares. Diese Lage bedeckt 15,06 ha, die ausschließlich mit Pinot noir bestockt sind. Dieser am 8. Dezember 1936 klassifizierte Grand Cru, Nachbar des Clos de Tart und manchmal mit diesem verwechselt, verdankt seinen Namen zweifellos einer alten burgundischen Redeweise: »Marer la vigne«, Rebenland bestellen, nicht irgendwelche hypothetischen Muttergöttinnen. Auf Kalkplatten liegen weißer Mergel und etwa vierzig Zentimeter ziemlich leichter, brauner oder rötlicher lehmig-kieshaltiger Boden.

Sind die Bonnes Mares von Morey (dem kleineren Teil) kraftvoller, diejenigen von Chambolle eleganter? Auf alle Fälle bilden sie zusammen die gelungene Synthese dieser beiden Böden, unterlegt mit Aromen von Veilchen und Unterholz. Eher körperreich als fruchtig, oft wild und lange haltbar, besitzt der Wein Rückhalt, »Biß«, Fett. Die Gesamterzeugung erreicht zwischen 55.000 und 60.000 Flaschen pro Jahr.

Die seit langem sehr zersplitterte Lage Bonnes Mares gehört vierzig Gütern, wobei etwa zehn dieser Güter siebzig Prozent der Oberfläche auf sich vereinen: Comte Georges de Vogüé (17,7 %), Clair in Marsannay (10 % und das Grand Cru-Monopol in Morey), Robert Groffier in Morey (6,5 %), Jacques Roumier in Chambolle, Pierre Ponelle, das an Jean-Claude Boisset übergegangen ist, André Bart in Marsannay, Naigeon in Gevrey, Alain Roumier in Chambolle, Dujac in Morey. Eine Lage, nämlich diejenige von Robert Newman, ist in amerikanischem Besitz. Mit 1,74 ha, d.h. 11,5 % von Bonnes Mares, sind die in Gevrey-Chambertin ansässigen Domaines Drouhin-Laroze zweitgrößter Besitzer. Das von Jean-Baptiste Laroze um 1850 gegründete Gut entstand vor fünfzig Jahren durch die Heirat von Suzanne Laroze mit Alexandre Drouhin. Durch die Zusammenführung des Besitzes dieser beiden Familien in Gevrey-Chambertin und Chambolle-Musigny gehören der Domaine heute etwa 15 ha (Clos de Vougeot, Chambertin Clos de Bèze, Mazis-Chambertin, Chapelle-Chambertin, Latricières- Chambertin usw.). Auf den 1921, 1951 und 1961 erworbenen Bonnes Mares stehen alte Stöcke, die teilweise schon 1928 gepflanzt wurden. Sie werden regelmäßig durch Klonenselektion von Pinot noir (114 und 115) erneuert. Das gesamte Lesegut wird entrappt. Durch Temperaturregelung kann während der insgesamt etwa fünfzehn Tage dauernden Vinifikation sehr exakt gearbeitet werden. Der ganze Wein kommt achtzehn Monate in neue Fässer. Dieser Wein, dessen Eleganz hoch geschätzt wird, ist ebenso aufregend wie der Busen der Venus von Milo, ebenso komplex wie das Lächeln der Mona Lisa....

Château Pichon-Longueville Comtesse de Lalande

Das Werk der Dame

Land:
Frankreich

Herkunftsgebiet:
Pauillac

SCl de Château Pichon-Longueville
Comtesse de Lalande

Erzeugung:
360.000 Flaschen

May Eliane de Lencquesaing, Tochter von Edouard Miailhe und Gemahlin eines Generals, hatte eine glückliche Hand, als sie sich 1978 für Pichon-Comtesse entschied. Das Erbe dieses zweitklassifizierten Guts brachte mehr Farbe in ihr Leben als Liegenschaften in Paris, Wälder in den Landes oder selbst die Reben von Palmer oder Siran. Die alte und glanzvolle Familie Pichon spielte im Hundertjährigen Krieg und im Parlament von Bordeaux eine wichtige Rolle. 1694 verband sie sich mit den Rouzan, Großgrundbesitzern im Médoc. Der an Château Latour angrenzende Rebgarten von La Baderne gehörte zum Heiratsgut. Bald erstrahlte dieser Wein in aller Pracht. Durch eine Teilung gingen im Jahre 1840 etwa 30 ha an Raoul de Pichon-Longueville, aus denen Pichon-Baron wurde, und 42 ha an seine drei Schwestern Sophie, Gabrielle und Marie-Laure-Virginie, die durch Heirat Comtesse de Lalande geworden war. Die eine starb, und die andere ging ins Kloster. Marie-Laure blieb Maîtresse von Pichon und, wie böse Zungen behaupten, des Comte de Beaumont, ihres Nachbarn auf Latour. In der Klassifikation von 1855 war nur Pichon-Longueville erwähnt, denn wiewohl das Gut theoretisch bereits geteilt war, wurden die Weine noch im Keller von Baron Raoul erzeugt; die Keller von Pichon-Comtesse entstanden erst 1860. Ab diesem Zeitpunkt konnte Marie-Laure-Virginie ihren Teil des Weinbergs selbst vinifizieren, wobei sie ihren Rang als zweitklassifiziertes Gut behielt. Die Familie Miailhe, Weinmakler und -händler in Bordeaux, kaufte das Gut im Jahre 1926. May-Eliane de Lencquesaing hat ein Faible für dieses Juwel. Mit seiner Grazie, Sensibilität und Beständigkeit ist Pichon-Comtesse ganz das Werk einer Dame.

Die 75,5 ha des heutigen Rebgartens liegen zu einem kleinen Teil neben Latour und im übrigen hinter Pichon-Baron bzw. an Batailley angrenzend. Der ziemlich lehmige Günzien-Kies auf einem lehmig-kalkigen Untergrund trägt 9.500 Stöcke pro Hektar. Der Rebenmix ist mehr Margaux als Pauillac: sehr viel Merlot (35 %), 45 % Cabernet Sauvignon, 12 % Cabernet franc und 8 % Petit Verdot. Die dreißigjährigen Reben liefern zwischen 35 und 60 hl/ha. Strenger Rückschnitt und Auslichten der Trauben, Sortieren des Leseguts, Edelstahltanks, in denen sich die Cuvées nach den recht unterschiedlichen Parzellen trennen lassen, Vergärung zwischen 28 und 30° während achtzehn Tagen, und häufige Remontage. Pascal Ribereau-Gayon, Nachfolger von Emile Peynaud, nimmt im Januar die Assemblage vor. Etwa 50 bis 80 % der Ernte werden Grand vin, der Rest liefert Réserve de la Comtesse und Domaine de Gracieux. Klassischer Ausbau in zur Hälfte neuen Fässern in einem prächtigen, von Bernard Mazières erbauten Säulenkeller mit 1.800 Barriques während sechzehn bis achtzehn Monaten. Schönung mit Eiweiß. Nach einer vorsichtigen Filtration Schwerkraftabfüllung in Wappenflaschen.

Rühriges Marketing

Nach ihrer Rückkehr nach dreißig Jahren eines Garnisonslebens an der Seite ihres Mannes wurde May-Eliane von Michel Delon unterstützt, ihrem Jugendfreund und Nachbarn, und arbeitete dann bis 1992 mit Jean-Jacques Godin zusammen. 1978 übertrug sie den Besitz ihren Kindern, behielt jedoch den Nießbrauch und die Leitung. Es wurden erhebliche Investitionen getätigt. Der Rebgarten wurde wieder in Ordnung gebracht und seine Erschließung modernisiert. Madame Lencquesaing bereist die ganze Welt, um ihren Wein zu rühmen, und empfängt persönlich im Château, das der Architekt Duphot 1841 entworfen hat. Die Keller sind heute mit modernster Kellertechnik ausgerüstet. Aus ihren langen Aufenthalten in den Vereinigten Staaten bestehen noch Verbindungen, deren sie sich beim Aufbau ihres Vertriebsnetzes bedient. Sie organisiert denkwürdige vertikale Degustationen wie zum Beispiel 1987 in Los Angeles, bei der vierundvierzig Jahrgänge von 1986 bis 1875 (!) angestellt wurden. Pichon-Comtesse wird, kurz gesagt, das weltläufigste Gut der zweitklassifizierten Gewächse. In seiner Jugend ist der Wein mit seinem fruchtigen, aromatischen, seidigen und konzentrierten Charme ein Wein zum Beißen. Mit zunehmendem Alter gewinnt er an Festigkeit und Rasse. Haben die Pichons nicht einst den ganzen Hundertjährigen Krieg durchgestanden? Das Preisverhältnis gegenüber Lafite oder Latour betrug Ende des achtzehnten Jahrhunderts eins zu zwei. Nachdem sich der Abstand Anfang des zwanzigsten Jahrhunderts verkürzt hatte, nahm er anschließend wieder auf eins zu drei zu. Ziel der Frau Generalin ist eine größtmögliche Annäherung an die Preise der Erstklassifizierten. Die vier großen zweitklassifizierten Léoville-Las Cases, Ducru-Beaucaillou, Cos d'Estournel und Pichon-Lalande liefern sich heute ein Kopf-an-Kopf-Rennen.

Die Erneuerung von Pichon-Baron, eine Geschichte der Versicherungen

Und wo bleibt Pichon-Baron? Man hat oft den Charme von La Comtesse der Strenge des Barons gegenübergestellt, statt beidem seine Berechtigung zu lassen. Die unbestreitbare Klasse des Pichon-Baron bezeugen die alten Jahrgänge. Nachdem der letzte Longueville Pichon-Baron an die Familie Bouteiller verkauft hatte, zehrte das Gut nur noch von seinem Ruf, und die Preise für den Wein bezeugten seinen Niedergang. Einige sehr schöne Weine gelangen Bertrand Bouteiller 1981, 1985 und 1986. Dann verkaufte er den *second cru classé* an die Axa-Gruppe. Unter der Leitung von Jean-Michel Cazes, einer sehr medienwirksamen Persönlichkeit, beginnt die Ära des Wiederaufstiegs mit der Zielsetzung den angestammten Platz zu behaupten. Die ersten Jahrgänge, die die Cazes-Mannschaft mit Daniel Lloze an der Spitze herausbrachte, liegen ganz auf der Linie desjenigen, was auf Lynch Bages erzeugt wird, mit der Zugabe eines besseren Bodens. Zum ersten Mal seit langem kam Pichon-Baron 1989 wieder zum selben Preis heraus wie Pichon-Comtesse.

Heitz Cellar Martha's Vineyard

Hat jemand Charakter gesagt?

Martha's Vineyards

Land:
Vereinigte Staaten von Amerika

Herkunftsgebiet:
Napa Valley

Jo Heitz

Erzeugung:
50.000 Flaschen

Jo Heitz ist auf einer Farm in Illinois geboren, kommt 1940 nach Kalifornien, um dort seinen Wehrdienst abzuleisten, und begeistert sich bald für den Wein, während ihn die Rebe und die Trauben nur am Rande interessieren. Dies ist für ihn Sache des Bauern. Der Wein aber zieht ihn an und fasziniert ihn. Er macht sein Önologiediplom in Davis und arbeitet hier und dort, bei den Gebrüdern Gallo, dann in Beaulieu, wo er bei André Tchelistcheff sein Handwerk lernt. Er lehrt einige Zeit in Fresno, bevor er sich Anfang der sechziger Jahre selbständig macht. Um diese Zeit hat die *Wine revolution* noch nicht stattgefunden, und die Banken winken ab, wenn von Investitionen ins Weingeschäft die Rede ist. Die Freunde Rhodes und May helfen ihm, an der Highway 29 eine kleine Kellerei zu erwerben. Die Anfänge sind bescheiden... 1965 kauft er eine alte Kellerei an der Taplin Road, die von 64 ha Reben umgeben ist. Jo Heitz beachtet die Stöcke nicht, doch erzeugt der Besitzer, sein Freund Tom May, hier eine hervorragende Ernte. Und plötzlich wird Jo Heitz, der etwas konservative Winemaker, der sich nicht für Trauben interessierte, der einen Horror vor Journalisten hatte, der sich von allen Moden fern hielt, aber wußte, was vinifizieren heißt, zu einer der prominentesten Persönlichkeiten des Napa Valley. Dank Martha's Vineyard, nach seiner Frau benannt (aber auch ein augenzwinkernder Bezug auf eine Insel an der Ostküste der Vereinigten Staaten bei Cape Cod, die Martha's Vineyard heißt), füllt Tom May Jos Lücken.

Die 14 ha von Martha's Vineyard liegen am Fuße der berühmten Mayacamas-Hügel im Westen der »Bench« in der Nähe von Oakville auf sehr kiesigen, mit Schwemmland vermischten Böden. In den 1961 angelegten und mit einer ungewöhnlich niedrigen Dichte von 1.300 Reben pro Hektar bestockten Rebgärten steht ausschließlich Cabernet Sauvignon, der mit vier Streckbogen erzogen wird. Diese einzigartige Rebsorte drängt sich auf wie der alleinseligmachende Glaube. Die Hanglage nach Osten ergibt durch den Schatten der Hügel am Abend eine vorzüglich gemilderte Besonnung. Könnte es sein, daß die Eukalyptuswälder um Martha's Vineyard dem Wein etwas von ihrem Duft mitteilen, wie dies manche Autoren behaupten? Jo Heitz kauft die Trauben, die entrappt, gemahlen und eine Woche lang bei niedrigen Temperaturen in Edelstahltanks vinifiziert werden. Der Preßmost wird mitverwendet. Der Wein ruht zunächst in Stückfässern aus amerikanischer Eiche und kommt dann in Barriques aus französischem und amerikanischem Holz. Nicht allzu viele neue Fässer. Der Ausbau dauert drei Jahre und neun Monate. Klärung mit Gelatine; Filtration und Flaschenabzug. Sechs Monate später gehen alljährlich 50.000 Flaschen auf die Reise.

Im Schatten der Eukalyptusbäume

Unter den amerikanischen Weinen gibt es keinen, der eine explosivere Persönlichkeit hätte: Tiefschwarzes Kleid, stürmische, zu Kopf steigende Aromen von Pfefferminz und Eukalyptus, in Schokolade und gebackene Früchte eingehüllt. Warm am Gaumen, brennend manchmal, mit weichem, geschmeidigem Fleisch unter einer bezaubernden Struktur und schmeichelnden Tanninen. Das ist genau die Flasche, mit der man das Wochenende einleiten möchte ... Der pure und sehr reif geerntete Cabernet, der Hauch *terroir*, die Diskretion des Holztons - all dies ergibt einen höchst interessanten Wein, der mit dem Alter samtener, würziger wird, ohne jenen relativ aufdringlichen alkoholischen Hauch zu verlieren, der möglicherweise seine Achillesferse ist. Aber so ist Jo Heitz eben: Er liebt alkoholreiche Weine, und er ändert hieran nichts. Nachdem er nun die 70 überschritten hat, hat er die Führung der Geschäfte in die Hände seines Sohnes David gelegt, wobei er jedoch nach wie vor ein wachsames Auge auf den Preis der Weine hat: Ein stetiger Anstieg im Laufe der Zeit und ein Rekordpreis beim Ridge für die alten Jahrgänge. Es ist richtig, daß Martha's Vineyard von einem gewissen Rückgang bei allen Neuankömmlingen profitiert, den Opus One, Diamond Creek, Hess Collection, Dunn, Dominus und Grace, die in den letzten Jahren erschienen sind. Wie man im Burgund sagt: »Il faudrait voir á voir ...«, man wird sehen müssen, in einem oder zwei Jahrzehnten.

DIE »PRIVATE RESERVE« VON BEAULIEU

Das von dem Franzosen Georges de Latour gegründete Beaulieu im Napa Valley hatte das Glück, von einem außergewöhnlichen Önologen und Weinmacher betreut zu werden: André Tchelistcheff. Der nach Frankreich ausgewanderte Weißrusse arbeitete nach seinem Studium für das Institut Pasteur und die INRA, bis er 1930 nach Kalifornien ging. Er führte Beaulieu zu höchsten Höhen und ließ Weine mit einem wunderbaren Bouquet, einer unglaublichen Klasse und langer Lagerfähigkeit entstehen. Später wurde er Berater zahlreicher Güter und prägte dadurch mehrere Generationen von Weinmachern. André Tchelistcheff, der 1994 starb, galt als die Nummer Eins seines Fachs in den Vereinigten Staaten. Beaulieu ist heute das einzige Weingut Kaliforniens, das fünfzig lückenlose Jahrgänge präsentieren kann. Mit 180.000 Flaschen pro Jahr bleiben die Preise der Private Reserve im Rahmen.

Ridge Montebello Cabernet Sauvignon

Ein Autorenwein

RIDGE VINEYARDS

LAND:
VEREINIGTE STAATEN VON AMERIKA

HERKUNFTSGEBIET:
SANTA CRUZ MOUNTAINS

OTSUKA PHARMACEUTICALS

ERZEUGUNG:
36.000 FLASCHEN

Die Santa Cruz-Berge sind für Napa oder Sonoma, was die Hautes-Côtes für die Côte de Beaune oder die Côtes de Nuits sind. Zwischen der Bucht von San Francisco und dem Pazifik gelegen, lockt dieses unberührte Land Pioniere an, die Einsamkeit und Freiheit suchen. Touristen gibt es auf diesen gewundenen Straßen kaum, die sich an bewaldeten Hängen entlangwinden. Einem John Jarvis, Henry Mel, Martin Ray der heroischen Zeiten sind heute ein David Bruce, ein Randall Graham (Bonny Doon) und ein Paul Draper (Ridge Vineyards) nachgefolgt, die Weine nach ihren Vorstellungen und Ideen erzeugen.

Ein pastorales Weingut

Ridge ist eine pastorale *Winery* auf 750 m Höhe über einem sehr steilen Weinberg. Das Klima ist frisch mit viel Wind. Die Lese fängt an, wenn man in Napa mit der Vinifikation beginnt. Auf diese besondere Lage war im vergangenen Jahrhundert Osea Perrone aufmerksam geworden, ein Italiener aus San Francisco; er wollte hier bereits das Wagnis des Weinbaus eingehen und kaufte 72 ha oben auf den Hängen. Trotz der Prohibition blieben der terrassierte Rebgarten und der Keller aus Quadersteinen erhalten. 1959 kauften Dave Bennion und Kollegen vom Stanford Research Institut dieses Gut und richteten es an ihren Wochenenden wieder her. Zunächst als Zechwein gedacht, der mit Begeisterung aus der Ernte des Guts und zugekauften Trauben erzeugt wurde, ließen die ersten Ergebnisse auf mehr hoffen. Für die Freunde begann sich die Erfolgsspirale zu drehen. Mit der Ankunft von Paul Draper im Jahre 1969 kam noch zusätzlicher Schwung in das Gut. Dieser gelernte Philosoph hatte auf einem Weingut in Chile gearbeitet. Paul Draper ist vielleicht der klarsichtigste Winzer der Vereinigten Staaten. Er will aus dem Ridge einen echten amerikanischen Wein machen. Dieser patriotischste Winzer der Vereinigten Staaten liebt die Natur, die Reinheit der Frucht mehr als die Schminke, und die persönliche Reflexion, die es erlaubt, einen ursprünglichen Wein zu erzeugen, sind ihm wichtiger als Kopien der großen Bordeaux.

Auf den 20 ha von Montebello, dem am höchsten gelegenen Rebgarten, gewinnt er unglaublich konzentriertes Lesegut, das beim Heranreifen alle seine Finesse und seine aromatischen Qualitäten behält. Die Reben werden mit vier Streckbogen, als Kordons und die ältesten Stöcke auch im Gobelet-Verfahren erzogen. Die sehr armen roten Böden liegen auf einer harten Kalkstein-Grundschicht und besitzen eine hervorragende natürliche Entwässerung. Der Weinberg ist mit einer Dichte zwischen 1.800 und 3.370 Stöcken pro Hektar bestockt mit Cabernet Sauvignon (90 %), ergänzt um ein wenig Merlot (7 %) und Cabernet franc sowie Petit Verdot (3 %). Der Ertrag liegt bei nicht mehr als 25 bis 40 hl/ha. Der natürliche Alkoholgehalt überschreitet mit 12 % kaum die in den nördlichen Weinbaugebieten Frankreichs gültige Norm. Nach dem Verlesen werden die Trauben entrappt, leicht angequetscht und ver-

goren. Hier beginnt bereits die Originalität von Paul Draper. Die zwölf Montebello-Parzellen werden getrennt vinifiziert. Zur Vergärung bedient er sich der Spontanhefen. Untergetauchter Tresterhut, Remontage nur zu Beginn, lange Maischegärung zwischen 18 und 24 Tagen. Die Extraktion muß sehr langsam, sehr vorsichtig geschehen - Paul Draper möchte keinen Saft von Traubenkernen erzeugen! Der aus der pneumatischen Presse ablaufende Preßwein wird nach einer mit ausgefeiltester Technik durchgeführten Analyse der Polyphenole wieder zum Wein gegeben. Die ohne Filtration ins Faß kommenden Weine werden einer strengen Auswahl unterzogen, wobei oft die Hälfte der Erzeugung »deklassiert« wird. Das letzte Glied in der Kette ist Faßausbau in neuem Holz (80 % amerikanische Eiche). Klassischer Abzug, Schönung mit frischem Eiweiß und gegebenenfalls Filtration. Diese Verfahren sind das genaue Gegenteil derjenigen, die »unten«, im »Valley« praktiziert werden.
Von den 420.000 Flaschen, die das Gut auf den Markt bringt, tragen zwischen 12.000 und 36.000 das Etikett Ridge Montebello: Cabernet Sauvignon. Tiefe Farbe, sehr mineralische, terroir-betonte und ausgesprochen würzige Aromen, eine delikate Komplexität. Der amerikanische Holzton stört die Frucht des Cabernet Sauvignon nicht, sondern unterstreicht sie im Gegenteil am Gaumen in vorzüglicher Weise. Die reiche, fast opulente Tanninstruktur glättet sich sehr schnell und geht in einen langen, sehr aromatischen Abgang über. Dieser originäre, leicht zugängliche Wein besitzt eine erstaunliche Alterungsfähigkeit, wie dies der 1964er zeigt. Er offenbart mehr als viele andere eine authentische kalifornische Identität.
Nach dem Eintritt in den Club der Großen wechselte der Rebgarten die Flagge. Akihiko Otsuka, ein reicher japanischer Sammler, erwarb 1986 die Ridge Vineyards.

Clos Saint-Denis

Der Mozart der Côte de Nuits

DOMAINE DUJAC

LAND:
FRANKREICH

HERKUNFTSGEBIET:
CLOS SAINT-DENIS GRAND CRU

ERZEUGUNG:
6.600 FLASCHEN

Beim Kloster Saint-Vivant auf dem Hügel von Vergy in den Hautes-Côtes de Nuits gab es einst ein 1023 gegründetes Kollegium von Domherren, zu dessen kostbarsten Reliquien der Schädel des Heiligen Denis gehörte, der deshalb berühmt ist, weil er nach seiner Enthauptung mit seinem Kopf unter dem Arm von Montmartre bis Saint-Denis in der Nähe von Paris ging. Diese Domherren, die sich 1610 in Nuits niederließen, besaßen schon 1242 einen Keller in Morey. Der erstmals 1367 urkundlich erwähnte Clos Saint-Denis entstand zweifellos im zwölften oder dreizehnten Jahrhundert. Es gibt noch weitere Besitzer wie zum Beispiel die Bernhardinerinnen von Lieu-Dieu, Töchter der Abtei von Tart (Clos de Tart).

Der historische Clos umfaßt etwas mehr als 2 ha, die während der Revolution als nationales Gut verkauft wurden. Die heutige Fläche (Erlaß vom 8. Dezember 1936) umfaßt 6,62 ha mit einer natürlichen Verlängerung auf die Flurnamen Maison Brûlée, Teile von Chaffots und Calouère.

Zwillingsbrüder

Der untere Teil des Hangs besteht aus braunen Kalkböden. Wenig Kies, aber alles, was für reiche und haltbare Weine notwendig ist. Viel Phosphor wie im unteren Teil des Chambertin. Durch den Lehm rückt er in die Nähe des freundlichen Charakters des Musigny. Es bestehen kaum Unterschiede zum Clos de la Roche. Der Wein erstaunt weniger durch seine Üppigkeit als durch seine Nuancen. Sein südlicher Teil soll die etwas wärmeren Cuvées inspirieren. Von diesem Mozart der Côte de Nuits kommen 25.000 Flaschen jährlich auf den Markt.

Der Clos Saint-Denis ist stark zersplittert. Die etwa vierzig Parzellen teilen sich fünfzehn Besitzer. Die Domänen Lignier und Dujac besitzen jeweils 1,49 ha, d.h. 22,5 % der Gesamtfläche. Nimmt man Bertagna mit 53 Ar hinzu, das dem deutschen Günther Reh und seiner Tochter gehört, dann teilen sich nur drei Besitzer 53 % des Rebgartens. Weiterhin sind vertreten die Domänen Ponsot, Jean-Paul Magnien, Arlaud, Pierre Amiot...

Die Domaine Dujac entstand aus einer bemerkenswert konsequenten Leidenschaft. Jacques Seysses, Sohn von Louis Seysses, Präsident des Clubs der Einhundert, sah sich erst ein wenig um, war bei der Banque Morgan und in der Vertriebsabteilung von Biscuits Belin, bis er sein Damaskuserlebnis hatte. Sein Vater erwarb Anteile an der Domaine de la Pousse d'Or in Volnay. So entdeckte er die Rebe und den Wein. Als sechsundzwanzigjähriger erhält Jacques Seysses die Domaine Graillet in Morey-Saint-Denis, einer Familie, die mit Paul Claudel befreundet ist. Aber Seysses ist ein Zungenbrecher. Jeder nennt den Besitz die »Domaine de Jacques.« Voilà, der Name Dujac ist geboren ... Bleibt noch, eine Familie zu gründen. Dies geschieht wenig später mit Rosalind, einer jungen Amerikanerin, die hier bei der Ernte aushalf und ihr Flugzeug verpaßte.

Als der Perfektionist, der er ist, hört Jacques Seysses auf die Alten, lernt von ihnen, fragt sie um Rat. In Dijon studiert er Önologie. Die etwas mehr als 11 ha Charmes-Chambertin, Clos de la Roche, Bonnes Mares, Echézaux und Clos Saint-Denis aus dem ersten Kauf und eine Neuerwerbung von Jacquot im Jahre 1977, die 1950 zu zwei Dritteln bestockt und 1985 zu einem Drittel mit einem hohen Anteil von Klon 123 neu bestockt wurde. Jacques Seysses, der von Christophe Morin als *chef de culture* unterstützt wird, glaubt an Klone und prüft sie sorgfältig. Die Trauben kommen erst nach strenger Prüfung in den Keller. Auf eine Entrappung wird verzichtet. Langsame Gärung ausschließlich mit den Spontanhefen. Nach fünfzehn Monaten auf neuem Holz und neun Monaten in der Flasche werden die durchschnittlich 6.600 Flaschen Clos Saint-Denis ausschließlich im Direktverkauf abgesetzt. Der Wein von jungen Reben oder aus schwächeren Jahren wird ohne weitere Angabe der Herkunft als Morey Villages verkauft.

Clos de Vougeot

Ein Stück Himmel auf der Erde

Domaine François Lamarche

Land:
Frankreich

Herkunftsgebiet:
Clos de Vougeot Grand Cru

Erzeugung:
Durchschnittlich 4.000 Flaschen

»Das ist Präsenz!« ruft Hugh Johnson angesichts des Clos de Vougeot aus. Dies ist der Name eines Rebgartens und eines Weins, eines Weinchâteaus und der schönsten Gästetafel Frankreichs. Etwa um 1110, d.h. um die Zeit des hl. Bernhard, entstand in der Nähe der Abtei Cîteaux dieser Besitz, der in einer Höhe zwischen 240 und 255 m Metern auf relativ flachem, leicht gewölbtem und sanft geneigtem Gelände liegt. Im oberen Teil des Clos wird die braune Erde weniger lehmig, mehr kalkig und kiesig und erreicht nur noch eine Tiefe von 40 cm gegenüber einem Meter im unteren Teil. Etwa seit dem vierzehnten Jahrhundert umfrieden Mauern die 50,96 ha. Ganz im Gegensatz zum burgundischen Brauch halten die Zisterziensermönche nichts von kleinen *climats* (Musigny und Grand Echézaux liegen oberhalb des Clos am Hang); sie setzen auf eine umfassende Flurbereinigung, auf eine Gesamtnutzung, und verschneiden ihren Wein im Bordelaiser Stil. Bis zum neunzehnten Jahrhundert bleibt der Clos de Vougeot Einzellage und teilt sich mit Le Chambertin und La Romanée den Rang als erster Rotwein des Burgund. Bis 1820 ist der Clos mit zwei Fünfteln Chardonnay bestockt, der entweder einige Cuvées Weißwein oder aber Rotweine liefert, deren Geschmack er samtiger macht, sowie mit Pinot gris. Bis in die vierziger Jahre gab es auch einen Clos de Vougeot Mousseux.

Der Rebgarten von Clos Vougeot im Herbst.

Als der Abt von Cîteaux einst seine Weine einem englischen Besucher vorstellte, sprach er von den »Kindern des Hauses.« Der Clos de Vougeot (man sagt auch Clos-Vougeot) profitiert sehr von der Abstammung von dieser mächtigen Abtei, die in ganz Europa Hunderte von Töchtern hat. Nach der Verstaatlichung während der Revolution ging die Domäne mehrmals in die Hände von Pariser Spekulanten über, bevor sie 1818 Besitz von Julien-Jules Ouvrard (1798 - 1861) wurde. Dieser Sohn eines Kriegsgewinnlers, dem auch Romanée-Conti gehört, gibt sich als aufgeklärter Großbürger. Nach seinem Tode wahren seine Kinder de Rochechouart, de Montalembert und de La Garde die Einheit des Clos bis 1889. Dann kaufen ihn sechs Weinhändler aus der Gegend für eine Summe von 600.000 Francs. Damit ist die Zersplitterung des Guts besiegelt; heute teilen sich etwa achtzig Besitzer die Lage, wobei jedoch fünfzehn Besitzer (unter anderem Château de la Tour mit 5,48 ha, Domaine Henri Rebourseau, Méo-Camuzet, Reé Engel, Jean Grivot und Jacques Prieur) 60 % der Fläche besitzen. Wenig Fremdkapital mit Ausnahme von Leymarie-CECI (Belgien) und Günther Reh-Bertagna (Deutschland), wie es überhaupt wenig Ausländer an der Côte de Nuits gibt.

os de Vougeot
GRAND CRU
APPELLATION CONTROLÉE
PRODUCE OF FRANCE

Ein Château inmitten der Reben ist der burgundischen Tradition fremd. Hierfür gibt es viele Gründe. Man möchte das kostbare Land nicht vergeuden, es gibt keine großen Güter, Realitätssinn... Die Abtei von Cîteaux baut zunächst einen Keller, in dem fünf bis sechs Jahrgänge des Clos gelagert werden können, und ein Kelterhaus, wie es der Größe des Klosters angemessen ist (Mitte des dreizehnten Jahrhunderts), dann im Jahre 1551 das »Château.« Der Bau erschlägt aber den Rebgarten nicht mit deplaziertem Prunk. Die viereckigen Türme erinnern an das Mittelalter, das Zugangstor an eine von den Burgundern, die mit beiden Beinen auf der Erde stehen, gezügelte Renaissance. Léonce Bocquet, eine farbige Persönlichkeit, restauriert Ende des neunzehnten Jahrhunderts das Gebäude. Nach ihm gehört es Etienne Camuzet, Abgeordneter und Bürgermeister von Vosne-Romanée, der es wiederum 1944 an einige einheimische Familien verkauft (Faiveley, Engel, Thomas). Diese wiederum übergeben es wenig später der Confrérie de Chevaliers du Tastevin, die hier ihre Chapitres feiert: Ein Sonnenstrahl in der Nacht der Keller. Sie knüpft an den universellen Geist von Cîteaux an und empfängt hier die ganze Welt. Dies ist in der Tat, wie Gaston Roupnel sagte, »ein Stückchen Himmel auf der Erde.« Es ist auch »die Harmonie der über das ganze Burgund zerstreuten Kräfte.« Hier findet zweimal im Jahr die *Tastevinage* statt. Dessen ungeachtet besitzt die Bruderschaft weder Reben, noch verkauft sie Wein. Die Einheit des Clos erlaubte es einst, Cuvées aus verschiedenen *climats* (Maupertuis, Musigny usw.), ja sogar homogene Cuvées von den oberen, mittleren und unteren Trauben zu erzeugen. Man sprach von »drei Cuvées«: Päpstliche, bischöfliche und mönchische. Allerdings ist dies eine Legende. Immerhin konnten die alten Zellerare von Cîteaux die climats des Clos, das Alter der Reben usw. auseinanderhalten. Dies ist heute nicht mehr möglich, weshalb es erhebliche Unterschiede bei den Weinen gibt, die unter diesem Namen verkauft werden. Ein vorzüglicher Clos de Vougeot hat die Aromen des Frühlings, von Rosen, Veilchen oder Reseden. Dieser volle und fleischige Wein empfängt einen jedoch nicht mit offenen Armen, auch wenn es ihm im Mund so gut gefällt, daß er sich manchmal nicht mehr bewegt. ...

Die Domaine François Lamarche in Vosne-Romanée besitzt 1,36 ha im Clos de Vougeot und ist Alleinbesitzerin von La Grande Rue, das 1992 als Grand cru klassifiziert wurde; außerdem besitzt sie Reben in Echézaux und Grands Echézaux. Da sie in verschiedenen Teilen des Clos de Vougeot Parzellen besitzt, kann sie einen Wein erzeugen, der demjenigen der alten Zeiten ähnelt. Henri Lamarche (1871 - 1941) war Küfer. Seine Frau Marie Grivelet brachte die Reben in die Ehe ein. Henri II. (1903 - 1985) setzte dieses Werk fort. Die dritte Generation bilden der 1944 geborene François, seine Frau Marie-Blanche und seine Schwester Geneviève. Dieser zwischen 1958 und 1983 gepflanzte Clos de Vougeot ist aus einer Massenselektion hervorgegangen. Die entrappten Trauben gären fünfzehn bis achtzehn Tage in Holzbottichen. Fünfzehn bis achtzehn Monate im Faß, keine Filtration, Schönung und Abfüllung: 2.700 Flaschen im Jahr 1991, 4.500 Flaschen 1992, 4.200 Flaschen 1993.

Vor diesem großartigen Ort ließ der Oberst Bisson im Jahre 1794 seine Truppen haltmachen und die Waffen präsentieren. Dies ist zweifellos der einzige Rebgarten, dem jemals militärische Ehren zuteil wurden.

Château l'Evangile

Die Seligpreisungen

LAND:
FRANKREICH

APPELLATION:
POMEROL
SC DU CHÂTEAU L'EVANGILE

ERZEUGUNG:
60.000 FLASCHEN

Dieses zwischen Pétrus und Cheval Blanc und nur einen Steinwurf von den besten Rebgärten von Saint-Emilion entfernt liegende Château gehörte einst der Familie Léglise. Sie taufte ihren Wein auf den passenden Namen l'Evangile. 1862 ging das Gut in die Hände der Familie Ducasse über; die höheren Weihen empfing es von Louis Ducasse bis zu seinem Tode im Jahre 1982. Mit Unterstützung von Michel Rolland, der sich um die Vinifikation kümmert, setzte seine Witwe sein Werk fort, bis sie es 1989 an Baron Eric de Rothschild (Besitzer von Lafite-Rothschild und Rieussec) verkaufte. Wer hätte vor einhundert Jahren gedacht, daß die großen Châteaus des Médoc jemals eines jener bescheidenen Güter im Libournais auch nur eines Blickes würdigen würden? Médoc und Pomerol - das ist beinahe die Verbindung des Alten mit dem Neuen Testament.

Der Klang von l'Evangile läßt an die Seligpreisungen und die Glorie des Himmels denken. Die 14 ha Rebfläche, die nach dem Frost des Jahres 1956 teilweise neu bestockt wurden, liegen auf sehr reinem Lehm wie auf Pétrus, auf Kies und Sand. So sind Kraft, Struktur und Delikatesse versammelt, denn jeder Bodentyp bringt seine Eigenart ein. Bestockt ist der Rebgarten zu 65 % mit Merlot und 35 % mit Cabernet franc. Die Reben, deren Ertrag bei höchstens 45 hl/ha liegt, liefern perfektes Lesegut, das mit den Spontanhefen in Betontanks gärt, wobei der Tresterhut wie auf Vieux Château Certan mit einem Lattenrost untergetaucht wird. Nach einer drei- bis vierwöchigen Maischegärung erfolgt der Abzug auf Barriques, wovon ein Drittel neu sind. Abzug und Schönung mit Eiweiß nach achtzehnmonatigem Ausbau, keine Filtration.

Der l'Evangile ist jedes Jahr auf dem Markt von Bordeaux. Die sechzigtausend heißbegehrten Flaschen zählen zu denjenigen mit den höchsten Wertsteigerungen zwischen dem Subskriptionsverkauf und dem eigentlichen Erscheinen auf dem Markt.

Tieffarben, saftig, von floraler Eleganz, nachhaltig, gefällt sich der l'Evangile auf dem Konzil von Pomerol in der Rolle des mäßigenden Elements. Sein herrliches Fleisch und seine seidigen Tannine sind die Harmonie selbst, die ausgewogene Synthese der manchmal widersprüchlichen Impulse dieses Rebgartens. Halleluja!

Solaia

Der weingewordene Adel

Antinori Vino da Tavola

Land:
Italien

Herkunftsgebiet:
Toskana

Erzeugung:
(Nicht veröffentlicht)

Im Jahre 1985 feierten die Marchesi Piero und Ludovico Antinori die sechshundertjährige unterbrochene Weintradition der Familie. Die Familie Antinori spielte in der Toskana bereits seit zweihundert Jahren eine wichtige Rolle, als Giovanni di Piero am 19. Mai 1385 der Zunft der Weinhändler beitrat.

Wie zahlreiche Dokumente belegen, war die Familie Antinori immer im Weingeschäft tätig, das heute vom Palazzo Antinori aus geführt wird, der seit fünfhundert Jahren im Herzen von Florenz steht, denn die großartige Villa Antinori, die auf den Etiketten der gleichnamigen Weine abgebildet ist, wurde im letzten Weltkrieg zerstört. Seit Ende der sechziger Jahre hat sich das Haus Antinori an die Spitze der Neuerung und der Qualitätsbewegung in Italien gesetzt, in dem es klassische Weine perfektioniert und neue Weine aus neuen Rebsorten mit Hilfe innovativer Techniken erfindet, unter anderem den seltenen Muffato della Sala oder die berühmten Tignanello und Solaia.

Die Geschichte des Solaia und diejenige des Tignanello lassen sich kaum voneinander trennen. Man könnte sagen, daß der eine aus dem anderen hervorgegangen ist, sofern man jedenfalls auf dem Standpunkt steht, daß der letztere, der jüngere Solaia nur die Fortführung des ersteren ist. Fest steht jedenfalls, daß sie in natürlicher Weise miteinander zusammenhängen, denn die Lagen Tignanello und Solaia gehen ineinander über. Diese beiden Weine tragen den Namen der Parzellen, aus denen sie hervorgegangen sind. Diese Parzellen auf

einer 1 m dicken Schicht lehmig-kalkigen Bodens auf einem zerklüfteten Kalksockel müssen teilweise entwässert werden. Sie gehören zu dem großen Gut Santa Cristina im Herzen der Toskana, das die Antinori im achtzehnten Jahrhundert von den Nicolini erworben haben.
Hier steht der Sangiovese, die typische Chianti-Rebe. Anfang der siebziger Jahre wurde Cabernet gepflanzt (10 ausgewählte französische und italienische Klone). Dies hing zweifellos mit dem Erfolg des Sassicaia zusammen. Außerdem lieferte der Cabernet in der Toskana in der DOC Carmigniano vorzügliche Ergebnisse, wo er auf 10 % begrenzt ist. Jedenfalls wurden die Trauben der Parzellen Solaia und Tignanello getrennt vinifiziert, denn so entstehen große Gewächse. Der unter dem Etikett Tignanello verkaufte Wein enthielt und enthält auch heute noch 80 % Sangiovese und 20 % Cabernet. Dieser Wein wurde etwa zwei Jahre in Barriques (225 l) statt in den alten großvolumigen Fässern ausgebaut. Diese Weiterentwicklungen bei der Bestockung und beim Ausbau begründeten den internationalen Erfolg des Tignanello (Erzeugung 200.000 bis 300.000 Flaschen).
1978 wurden die Cabernets der Parzellen Tignanello und Solaia getrennt vinifiziert. Unter dem Eindruck des Erfolges des Weins wurde beschlossen, ab 1979 einen neuen Wein aus der Parzelle Solaia auf den Markt zu bringen, bei dem umgekehrt wie beim Tignanello der Cabernet mit 80 % das Übergewicht haben sollte. Im übrigen ist der Ausbau der beiden Weine identisch: Sie ruhen achtzehn bis vierundzwanzig Monate in gut zur Hälfte neuen Barriques aus dem Allier.
Der Solaia wird vollkommen traditionell vinifiziert: Die Trauben der einzelnen Sorten werden getrennt entrappt und gemahlen. Während der ersten zwei bis drei Tage der Maischegärung wird zweimal täglich, dann täglich umgepumpt, während der Tresterhut aus dem Schlauch übersprüht wird. Nach etwa fünfzehn Tagen bei einer Temperatur von 30° C werden die Weine verschnitten und im Faß ausgebaut.
Nach dem Schönen und einer leichten Filtration wird der Wein in eine Bordeaux-Flasche abgefüllt, die mit einem außerordentlich nüchternen Etikett versehen wird. Dieses Etikett entstand bei einem ergebnislosen Wettbewerb, bei dem noch drei Entwürfe übrig geblieben waren. Als abgestimmt werden sollte, riß ein Mitglied der Jury ein Stück von seinem Stimmzettel ab und schrieb darauf das Wort »Solaia« und seitlich senkrecht dazu die Klassifikation »Vino da Tavola«. Auf diesen Entwurf einigte man sich. Dieses raffinierte Etikett hat viele Vorteile, weil es völlig den gesetzlichen Vorschriften entspricht, aber die Bezeichnung »Vino da Tavola« von vorne unsichtbar ist. Dies soll diejenigen beruhigen, die mit der italienischen Weingesetzgebung nicht vertraut sind, die eine Vielzahl von Weinen, zu denen gerade die besten zählen, in diese Kategorie verbannt. Dies führt in einigen Ländern zu Problemen, die Tafelweinen keinen Jahrgang oder keine 0,75 Literflasche zugestehen ...
Dies hindert jedoch den Solaia in keiner Weise daran, von Erfolg zu Erfolg und von Auszeichnung zu Auszeichnung zu eilen. Dies erstaunt allerdings nicht, wenn man seine überaus feste und brillante Farbe betrachtet, wenn man sich seinem stets würzigen Bouquet ergibt, dessen Cassis-Frucht in eine feine Rauchigkeit eingehüllt ist, wenn man sich seinem stürmischen Einsetzen unterwirft, seiner feinen Struktur und der Perfektion seiner komplexen Tannine.

Biondi Santi Riserva

Der Wein der Paradoxa

Land:
Italien

Herkunftgebiet:
Toskana
Brunello di Montalcino

Erzeugung:
(Nicht veröffentlicht)

Der Rebgarten von Biondi Santi nach dem Schnitt.

Das Schloß thront hoch auf einem Hügel, und man bewundert von Ferne den mächtigen, rötlichen Bau. Diese alte Festung ist von außen weitaus beeindruckender als von innen. Umgekehrt ist es mit dem Haus der Biondi Santi, das man von wildem Wein überwuchert am Ausgang einer langen, von hundertjährigen Zypressen gesäumten Allee entdeckt. So lange die Allee ist, so schmal ist sie: Man sieht, daß sie aus einer Zeit stammt, als man noch mit Pferd und Kutsche reiste.

Das Blut Jupiters

Hier wurde um die Mitte des vorigen Jahrhunderts der Wein geboren (oder erfunden, wie Ferruccio Biondi Santi sagt), der Wein, der den ruhmreichen Namen Brunello di Montalcino tragen sollte, der berühmteste und geschätzeste DOCG (Denominazione d'Origine Controllata e Garantita). Er ist der Wein der Paradoxa, der Benjamin, der Grünschnabel, wenn man die jahrtausendealte Weintradition Italiens betrachtet.

Paradox ist das Vorgehen von Ferruccio Biondi Santi: Von den Sangiovese grosso, also einem Sangiovese mit großen Beeren, sucht er die Trauben mit den kleinsten Beeren aus. Paradox ist auch die Erzeugung eines Weins auf Vulkangestein, der bei seiner Geburt ungenießbar ist und erst durch einen langen Ausbau gebändigt wird. Paradox ist schließlich auch jene familiäre Kontinuität, die vom Erfolg nicht korrumpiert wird, der für die Erben fast immer gefährlich ist, weil sie sich meist auf den Lorbeeren ihrer Vorfahren ausruhen.

Franco Biondi Santi weiß heute, daß er Wahrer der Weinbautradition der Familie ist. Dies gibt ihm eine ruhige Würde. Er hat die natürliche Selbstsicherheit, die der Gewißheit entspringt, daß man einen echten Brunello erzeugt. Mit unprätentiösem Stolz zeigt er die Archive der Appellation, ein Jahrhundert von Weinkommentaren und -analysen, Jahrgang für Jahrgang säuberlich in dem an das Haus angrenzenden Keller in Ordnern aufbewahrt. Bei der weiteren Besichtigung des Guts tauchen in einem sorgfältig verschlossenen Keller Archive anderer Art auf: Eine Sammlung alter Flaschen, von denen einige über einhundert Jahre alt sind, Zeugen der Arbeit der Biondi Santi. Und dieser Keller ist kein Museum: Von Zeit zu Zeit wird eine Flasche verkauft... und getrunken. 1984 erhielt und trank der italienische Staatspräsident eine hundertjährige Flasche mit einer tiefen Zwiebelschalenfarbe, die im Mund noch sehr kraftvoll war.

Bei der Vinifikation dieses eigentümlichen Weins gibt es keinerlei Besonderheiten. Der Ausbau dagegen dauert sehr lange: Die normale Cuvée liegt mindestens vier Jahre auf Holz, der Riserva fünf Jahre.

Ein Wein dieses Anspruchs duldet keinerlei Unvollkommenheit, weshalb bestimmte Jahrgänge ausfallen müssen; etwa dreien von zehn Jahrgängen bleibt das Etikett Brunello de Montalcino Biondi Santi versagt. Für den Riserva liegt die Meßlatte noch höher.

Dieser Wein, das »Blut Jupiters«, denn nichts anderes bedeutet »Sangiovese«, besitzt eine unglaublich dichte Farbe. Seine Tannine, die für einen Bordelaiser Gaumen fast ein wenig rauh sind, verstecken sich nicht. Ein Hauch Säure erhöht die Alterungsfähigkeit und sorgt für ein lebhaftes Einsetzen. Vermutlich wird der meiste Brunello di Montalcino zu jung getrunken.

Château Ducru-Beaucaillou

Die Intelligenz des Saint-Julien

LAND:
FRANKREICH

HERKUNFTSGEBIET:
SAINT-JULIEN

JEAN-EUGÈNE BORIE

ERZEUGUNG:
220.000 FLASCHEN

Nur wenige Besitzer von Grands crus in Saint-Julien bewohnen ihr Château ganzjährig. Seit 1942 lebt die Familie Borie auf Ducru-Beaucaillou als erstem Wohnsitz und macht dadurch dieses stattliche Gut behaglich. Es ist ein eigenartiger Bau, fast ein Palast, der daran erinnert, wie sich in Bordeaux Kulturen und Stile vermischt haben: Der Hauptkörper des Gebäudes ist im Directoire-Stil errichtet, während die beiden viktorianischen Türme 1878 von Nathaniel Johnston hinzugefügt wurden. Das im achtzehnten Jahrhundert erstmals unter dem Namen Bergeron (einer der ersten Besitzer) erwähnte Château ging in die Hände von Bertrand Ducru über, der ihm 1795 seinen Namen gab. Seine Tochter Marie-Luise heiratete einen Antoine Ravez, Deputierter der Gironde und während der Restauration Senatspräsident, der unter Karl X. eine glänzende Karriere machte. Durch sein Ansehen stieg auch Ducru Beaucaillou zu den »Stargütern« seiner Zeit auf. Sein Einfluß spielte zweifellos auch bei der Klassifikation des Jahres 1855 eine Rolle. 1866 ging das zweitklassifizierte Ducru Beaucaillou in die Hände der Familie des Kaufmanns Nathaniel Johnston über. Dieser wißbegierige und tatendurstige Geist, Polytechniker und Bergbauingenieur, begeistert sich für die Champagnisierung der Rotweine des Médoc, denen er den Namen »Royal Médoc Moussex« gab. Sein *régisseur* Ernest David erfand durch Zufall die »Bordelaiser Brühe«, die gegen den (falschen) Mehltau eingesetzt wird: Um den Dieben das Handwerk zu legen, die sich über seine Trauben hermachten, beschloß er, die ersten Rebenzeilen mit einer Lösung aus Kupfersulfat und Kalk zu übersprühen, die Blätter und Trauben überzog. Einige Zeit später bemerkte er, daß die behandelten Rebenzeilen von der Geißel des Weinbergs, dem Mehltau, verschont blieben. Die Professoren Millardet und Ulysse Gayon wiederholten den Versuch mit Erfolg, und seither rettet die »Bordelaiser Brühe« die Reben der ganzen Welt.

Nach dem Verkauf an die Familie Desbarats de Burke im Jahre 1928 erlebte das Gut schwierige Zeiten. 1941 erwirbt es Francis Borie. Mit seinem Sohn Jean-Eugène renoviert er Ducru-Beaucaillou von Grund auf und hebt es an die Spitze der Zweitklassifizierten neben Léoville-Las-Cases, Pichon-Longueville, Comtesse de Lalande und Cos d'Estournel, den einzigen, die dem Preisanstieg der Erstklassifizierten widerstanden. Emile Peynaud prägt diesem Wein unter sorgfältigster Wahrung der Eigenart von Saint-Julien seine Kunst und seinen Stil auf. Rings um das Château und seinen erlesenen Park, der sanft zur Garonne hin abfällt, erheben sich kiesige, tiefe, gut entwässernde, lehmarme Kuppen auf einem kalkigen Untergrund in einer Höhe von 15 m über dem Fluß. Das sehr alte Drainagesystem wird Zug um Zug erneuert. Die 50 ha, die teils beim Fluß und teils hinter dem Château Saint-Pierre liegen, das heute der Tochter von Henri Martin gehört, einem weiteren *Grand homme* des Médoc, bilden mit den 35 Jahre alten, in einer Dichte von 10.000 Stöcken pro Hektar stehenden Reben ein intelligentes Mosaik von Rebsorten: 65 % Cabernet Sauvignon, 25 % Merlot, 5 % Cabernet franc und ebensoviel Petit Verdot. Durch entsprechende Versuche bei der Massenselektion soll die Komplexität des Pflanzenmaterials gewahrt bleiben. Das Sortieren des Leseguts geschieht hier zunächst im Korb, wobei ein Winzer das Lesegut von sieben bis acht Lesehelfern prüft. Eine weitere Sortierung erfolgt im Keller. Die entrappten und gemahlenen Beeren gären bei 30° C. Nach zwanzigtägiger Maischegärung wird ohne Filtration in Barriques umgefüllt. Der Verschnitt und die Selektion folgt nach einer kurzen Zeit in zu 60 % neuem Holz. Ein achtzehn- bis zwanzigmonatiger Faßausbau vollendet das Werden dieses großartigen Weins, der vor der Flaschenfüllung mit Eiweiß geschönt, aber nicht filtriert wird. Der zweite Wein heißt La Croix-Beaucaillou. Ein weiterer Besitz ist Lalande-Borie, der aus 18 ha von Château Lagrange hervorgegangen ist; dieser Wein wird getrennt vinifiziert. Xavier Borie, der Sohn von Jean-Eugène, beschäftigt sich mit dem Grand Puy Lacoste, ein fünfklassifizierter Pauillac, den die Familie 1978 erwarb.

Süsse Augenblicke

In diesem frappierend modernen Wein, der schon in seiner frühen Jugend sehr zugänglich ist, aber mit den Jahren noch gewinnt, drückt sich alle nur denkbare Größe eines Médoc aus. Seine ausdrucksvolle Reife, sein Traubenaroma, seine markante Frucht, seine Samtigkeit am Gaumen, die Finesse seines Ausdrucks offenbaren die ganze Rasse eines Großen. Die 220.000 Flaschen, die Ducru-Beaucaillou erzeugt, rufen die »süßen Augenblicke« wach, von denen Stendhal sprach.

Die heute beigelegte Rivalität der Zweitklassifizierten führte lange Zeit zu einem Gerangel zwischen Ducru Beaucaillou und Léoville-Las-Cases um den Spitzenplatz im Club der vier besten Zweitklassifizierten. Jeder beobachtete den anderen argwöhnisch und hielt die Preise für den Verkauf ab Château bis zum letzten Augenblick zurück, um nicht billiger zu sein als der Konkurrent.

Ducru Beaucaillou ist heute wie ehedem en vogue bei den Stars, die das Renommée eines Weins schaffen. Die Gäste des Elyséepalasts, diejenigen von 10 Downing Street oder des Weißen Hauses teilen sich den Genuß dieser Köstlichkeit mit den unzähligen Helden des Tagesgeschehens und des Kunstbetriebs. Der Wein ist sehr teuer, aber sein Preis spielt keine Rolle. Dieser Wein versteht es, in Mode zu sein und zu bleiben, ohne vom Schicksal des bloß Modischen ereilt zu werden.

Château Palmer

Höher als sein Rang

LAND:
FRANKREICH

HERKUNFTSGEBIET:
MARGAUX

ERZEUGUNG:
204.000 FLASCHEN

Zum Zeitpunkt der Klassifikation von 1855 ist Château Palmer in betrüblichem Zustand. Nur sein alter Ruhm und die Höflichkeit vermögen die Händler zu bewegen, es in die dritte Kategorie aufzunehmen, in den Rang von Château d'Issan, aus dem es hervorgegangen war. Aber das Gut hielt sich schadlos: Palmer erzielt für seine 17.000 Kisten pro Jahr inzwischen höhere Preise als die besten Zweitklassifizierten und bedrängt heute sogar die Erstklassifizierten hart. Dieser Aufstieg geschah allerdings nicht von heute auf morgen, sondern war Ergebnis geduldiger Arbeit, wie man Flaschenschiffe baut. Es ist ein Wein, der durch Hartnäckigkeit und Fleiß entstand. 1831 kostet Palmer weniger als Rauzan Ségla. Fünfzehn Jahre später ist er das Dreifache wert. 1864 ist er Mouton auf den Fersen. 1926 läßt er alle Zweitklassifizierten hinter sich. 1971 kommt der Wein zu 31.000 Francs je Kiste auf den Markt gegenüber 26.000 Francs des besten Weins seiner Kategorie. Der Jahrgang 1961 nahm bereits eine Spitzenstellung ein und mußte nur Lafite den Vortritt lassen.

Der ehemalige Besitz der Familie Gascq, deren Château d'Issan, wie es heißt, in Versailles geschätzt wurde, geht zu Beginn der Restauration in die Hände von Major Charles Palmer über. Dieser Brauerssohn aus Bath entfaltet in Bordeaux rege geschäftliche Aktivitäten. Die Legende will es, daß der Stabsoffizier Wellingtons auf der Reise von Spanien nach Paris in der Postkutsche die Bekanntschaft von Madame de Gascq machte, die ihrerseits in die Hauptstadt reiste, um ihr Gut zu verkaufen. Zwischen zwei Poststationen wurde man handelseinig... Der Major quittierte den Dienst und wurde zum Palmerston von Cantenac. Er hat Großes vor. Sein Château wächst stürmisch, von 60 auf 160 ha, davon achtzig unter Reben. Die Qualität steigt. Aber der Major vergeudet sein Vermögen im Spiel, bei Pferderennen, und sein Traum zerbricht. Der Verkauf geht schlecht, Mehltau befällt die Reben. Riesige Stücke des Guts werden verkauft, und Palmer ist nur noch ein Schatten seiner selbst. Die Hypothekenbank legt 1843 die Hand auf den Kern des Gutes, die besten 54 ha. Zu jener Zeit läßt sich die Hochfinanz im Médoc nieder. James de Rothschild kauft Lafite. Der andere Zweig der Familie sitzt bereits auf Mouton. Beychevelle geht an Fould. Der portugiesischstämmige Isaac Rodrigue-Péreire aus jener Familie, die das Bad in Arcachon schuf, läßt sich 1853 die Gelegenheit nicht entgehen: Als Besitzer von Palmer hält er sich diesen Rebgarten wie eine Tänzerin des Zweiten Kaiserreichs. 1857 stattet er es mit Gebäuden, die niemals jemand bewohnte, nach dem Geschmack der Zeit aus. Régisseur Lefort wacht mit Hingabe über die 109 ha. Dieser Margaux, dessen Name in den Clubs einen guten Klang hat, hat in Großbritannien eine treue Anhängerschaft.

Die ersten Jahrzehnte des zwanzigsten Jahrhunderts sind wieder eine schwierige Zeit. Auf die wiedergewonnene Größe folgt der Niedergang. Der Rebgarten ist zu groß geworden. Die

Erträge sinken, und man interessiert sich nicht mehr für das Gut. Die Zwistigkeiten innerhalb der Familie verschärfen die Situation noch. Bei diesem Gänsespiel gerät Palmer 1938 in den dunklen Brunnen, wo es dreimal aussetzen muß, bis es wieder mitspielen darf. Aus dem zerstückelten Besitz werden Schulen, ein Fußballplatz, Erweiterungen der Châteaux Labégorce, Lascombes, Malescot und Margaux. Diesmal jedoch bleibt der harte Kern (40 ha) glücklicherweise erhalten und geht über in die Hände der Familien Sichel, Mähler-Besse und Bouteiller. Sie fügen 1957 aus dem Verkauf von Desmirail 5 ha hinzu. In Margaux liegen auf der berühmten Kuppe von Croix de Fer, wo Professor Henri Enjalbert seine Bodenprofile anfertigte, 14 ha: Feiner, tiefer Kies auf dichtem Unterboden, bestockt mit 50 % Cabernet Sauvignon, 40 % Merlot und 10 % Malbec sowie ein wenig Cabernet franc und Petit Verdot. Hohe Rebendichte, alte Stöcke, teilweise aus dem Jahre 1928, geringer Ertrag (allerhöchstens 40 hl/ha), das Non plus ultra. Die sorgfältig verlesenen, entrappten, in Holzbottichen vinifizierten und bei 28° C durchschnittlich 258 Tage gärenden Trauben vollbringen Wunder. Der Verschnitt erfolgt im Februar. Palmer war Ende der sechziger Jahre eines der ersten Güter, das nur die besten Partien unter eigenem Namen verkauft. Zwanzigmonatiger Ausbau, Schönung mit Eiweiß, keine Filtration. Sichel und Mähler-Besse teilen sich den Vertrieb des Weins, der größtenteils auf den niederländischen und britischen Markt geht. Der Dynastie Chardon, drei Generationen von Kellermeistern, denen dieser Wein alles bedeutet, Techniker höchsten Ranges, ist die unverzichtbare menschliche Note zu verdanken, die die Reinheit des Bodens und das Alter der Reben in einer extraktiven, aber immer harmonischen Vinifikation zu höchster Geltung bringen. Dies ist zweifellos der beste Margaux nach Château Margaux, den er zwischen 1961 und 1977 regelmäßig überholte, als letzterer sich in einer schwierigen Phase befand. Ist Palmer eine verschleierte Schöne? Sehr aromatisch, ausdrucksvoll, mit reicher Frucht, die er dem Merlot einprägt, entfaltet er im Mund einen langen samtenen Teppich. Sein tanninreiches Gerüst, seine Muskeln haben nichts Aggressives und besitzen, wie einmal jemand geschrieben hat, eine »griechische Ordnung«. Wie es einen Latour-Geschmack gibt, so gibt es einen Palmer-Geschmack. Die Diskretion dieses Château, die dem Lärm, der Welt, der Mode abhold ist, übt vornehme Zurückhaltung. Wie wenn es sein Geheimnis hüten wollte...

Château Cos d'Estournel

Orientalismus macht Wein

LAND:
FRANKREICH

HERKUNFTSGEBIET:
SAINT-ESTÈPHE

DOMAINES PRATS SA

ERZEUGUNG:
360.000 FLASCHEN

»Amour, amour, quand tu nous tiens …« Louis-Gaspard d'Estournel, Besitzer von Pomys und einigen Parzellen in Cos, au Caux, Gemeinde Saint-Estèphe, ist Anfang des neunzehnten Jahrhunderts ein gutsituierter Bürger, der von seinem Geld leben kann. Aber er hat auch eine wertvolle Eigenschaft: Er kann träumen. Auf Cos, jenem steinigen Hügel, entdeckt er eine Goldgrube: Einen Boden mit außerordentlichem Potential. Blickt er nicht auf Château Lafite herab? Louis Gaspard d'Estournel gibt sich dieser Amour fou hin, opfert sein Leben und sein Vermögen, schafft mit seinen Händen einen Grand Cru, wo früher nichts war. Aus den ersten zehn Hektar werden sechzig.

Der Orienttraum

Dieser ungewöhnliche Mann, der auch eine Leidenschaft für Araberpferde hat, wird Händler. Er sucht sich einen Markt aus, den seine Kollegen vernachlässigt haben: Den Orient, den Weg nach Indien. Als zufällig eine Flasche wieder zurückkommt, hat sie unschätzbaren Wert erlangt. Dies ist der berühmte Wein »Retour des Indes«! Orientbegeistert als Winzer, wie es in ihrer Art die Maler seiner Zeit waren, errichtet Louis Gaspard einen Tempel für seinen Wein, und nur für ihn. Während im Médoc Bauten in allen möglichen Neo-Stilen entstehen, die sich Châteaux nennen, ist dies eine wirkliche *folie*, die von der Kunst Asiens, Indiens und/oder der arabischen Welt inspiriert ist. In seinen *Mémoires d'un Touriste* beschrieb Stendhal »… ein ungewöhnliches Gebäude, das nur ein Stockwerk hat. (…) Dieser sehr elegante, in einem leuchtenden Gelb gestrichene Bau hat eigentlich überhaupt keinen Stil; es ist nicht griechisch, nicht gotisch, nur sehr fröhlich und vielleicht am ehesten in der chinesischen Art. Auf der Fassade liest man nur das Wort ›Cos‹.«
Natürlich ruiniert sich Louis-Gaspard mit diesem Abenteuer eines Palastes aus Tausendundeiner Nacht mit seinen asiatischen Glockentürmchen, den indischen Skulpturen, der geschnitzten Holztür aus dem Palast des Sultans von Sansibar und den Stalaktitenbögen. Im Innern von Cos aber gibt es nichts als Fässer. Der Schöpfer dieses Guts, der es verkaufen mußte, beschließt sein Leben im Jahre 1853 in der Küche von Château Pomys, die ihm der Käufer von Cos neben einem Pferd und einem Küchengarten überlassen hatte, ohne noch 1855 die krönende Einstufung von Cos als zweitklassifiziertes Gewächs zu erleben. Zu einem Preis, der zu jener Zeit fast ebenso hoch war wie derjenige von Mouton, ging das Château in die Hände eines Engländers namens Martyns über, der sich der Unterstützung von Jérôme Chiapella versichert, einem der besten Weinmacher, renommierter Agronom und Besitzer von La Mission-Haut-Brion. Nun leuchtet der Stern von Cos in London. Jules Verne erwähnt es in einem seiner Romane, Eugène Labiche in einem seiner Stücke. Engels schenkt Karl Marx eine Kiste dieses Weins zu seiner Hochzeit …

BOUTEILLE AU CHATEAU
GRAND CRU CLASSÉ EN 1855
ESTOURNEL

Es folgen häufige Besitzerwechsel: 1867 die Familie Errazu, spanische Basken, 1880 die Familie Holstein, dann die Familie Charmolüe, dann im Jahre 1917 Fernand Ginestet. Seither im Besitz dieser Familie sowie der Familie Prats bis herab auf Bruno, Yves und Jean-Marie in unseren Tagen, ist dieses Taj Mahal des Bordelais ein Wahrzeichen geblieben. Es ist auch ein Beispiel für eine relativ späte Berufung, denn dieser tiefe Kies, der stellenweise eine Mächtigkeit bis zu 18 m erreicht und auf einem Unterboden aus Kalkmergel ruht, wartete mit seiner vorzüglichen Lage nach Osten, Süden und Westen doch schon immer auf die Offenbarung und die Erweckung durch seinen Märchenprinzen. Die 70 ha sind mit einer Dichte von 10.000 Stöcken pro Hektar mit 60 % Cabernet Sauvignon und 38 % Merlot sowie einer Prise Cabernet franc bestockt. Eine Parzelle trägt sehr alte Reben, der Rest etwa 35 Jahre alte Stöcke. Der Ertrag erreicht ohne weiteres 65 hl/ha. Der Rebgarten ist gesund und trägt reichlich.

Ein klassisches Modell in einem exotischen Kleinod

Modernste Methoden stehen hier im Dienste einer wohlverstandenen Tradition. Die Vinifikationsbedingungen sind ideal. Die Reben, die möglichst wenig manipuliert werden (das Lesegut wird in den Bütten bis zum Verlesetisch getragen) gären in Edelstahltanks bei einer konstanten Temperatur von 32° C drei Wochen unter Hinzufügung von Hefen und häufigem Umpumpen des Weins. Der Vorlauf wird wieder hinzugefügt, der Preßmost nicht. Im Januar erfolgt der Verschnitt und die Umfüllung in zu drei Vierteln neue Barriques. Die Auswahl ist sehr streng. Zu Grand vin werden die Hälfte bis zwei Drittel der Erzeugung; der Rest wird zu Château de Marbuzet. Filtration vor der Lagerung, zwölf Monate auf Holz, Abzug und Schönung mit Eiweiß, erneute vorsichtige Filtration je nach der Kraft des Jahrgangs. Diese sehr moderne Vinifikation ergibt aber letztlich einen sehr klassischen Wein, einen Médoc vom Scheitel bis zur Sohle, der das Gleichgewicht zwischen Körper und Bouquet hält. Konzentration und Eleganz - eine schwierige Kombination, die Bruno Prats doch perfekt beherrscht. In seiner Jugend duftet der Wein nach schwarzen Früchten auf einem gut temperierten Holz. Kraftvoll im Mund, fleischig und saftig, ist dies ein Saint-Estèphe par excellence. Und welche Länge, welche Fülle von Assoziationen, welche Rasse im Abgang!

Selbst kleine Jahrgänge gelingen auf Cos und besitzen eine verblüffende Haltbarkeit. Der Hauptgrund hierfür scheint das bemerkenswerte Entwässerungssystem des Rebgartens zu sein. Dies zeigt einmal mehr, daß der Boden für die Qualität der besten Weine mitentscheidend ist.

Der Grand vin ist sehr teuer. Er steht preislich mit an der Spitze der Zweitklassifizierten von Saint-Estèphe. Cos wurde nur in den sechziger Jahren von Montrose und Calon übertroffen, als die Ginestet - weiß der Himmel warum - jahrgangslose Weine auf den Markt brachten, die damit ihre Identität verloren.

Seit dem Jahrgang 1978 hat Cos wieder die Oberhand gewonnen und zeigt sich entschlossen, weiter an seiner Legende zu bauen. Am 19. September 1992 beging die Commanderie du Bontemps de Médoc den Herbstbann unter dem Motto »Hommage à l'Orient« auf Château Cos d'Estournel. Schirmherr des Festes war der Maharadscha von Jaipur...

Château Figeac

Eine Frage des Kieses

LAND:
FRANKREICH

HERKUNFTSGEBIET:
SAINT-EMILION PREMIER GRAND CRU CLASSÉ

THIERRY MANONCOURT

ERZEUGUNG:
150.000 FLASCHEN

»Du lieber Himmel! Deine Mutter erbt Figeac!« - so wurde dem jungen Agraringenieur Thierry Manoncourt 1947 sein künftiges Schicksal mitgeteilt. Der mangelnde Enthusiasmus seines Vaters ist heute schwer verständlich. Allerdings war das Gut damals nur ein Schatten seiner selbst. Der Grundstein des späteren Ruhms dieses ehemaligen gallisch-römischen Landsitzes wurde im achtzehnten Jahrhundert von der Familie de Carle gelegt: Ein riesiger, herrlicher Besitz mit 250 ha Wald, Weideland und Reben um ein Herrschaftshaus am Rande eines Weihers. Anfang des neunzehnten Jahrhunderts genießt der von dort kommende Wein in ganz Europa einen ausgezeichneten Ruf. Das Gut nimmt eine Selektion des Leseguts vor. Es ist eines der ersten, das einen zweiten Wein herausbringt. Die 1825 verwitwete Félicité de Carle-Trajet führt einen aufwendigen Lebensstil und muß ihren Besitz verkaufen, aus dem Beauregard, La Marzelle, La Conseillante und Cheval Blanc hervorgehen. Ständig wechselnde Besitzer, der (echte) Mehltau und die Reblaus führen zum Niedergang des Guts. Dann wird André Villepigue, hoher Beamter bei der Stadt Paris, neuer Besitzer. Seiner Familie gehört Figeac nun seit einhundert Jahren. Thierry und Marie-France Manoncourt widmeten sich mit Leib und Seele der Wiederherstellung ihres Châteaus. Figeac wurde zum Phönix von Saint-Emilion. Während sich der Verkauf des 1947ers über fünf Jahre hinzog, sind die heutigen Jahrgänge *en primeur* innerhalb eines Tages restlos ausverkauft. Thierry Manoncourt entdeckte vor allen Dingen den Boden, der zu seinem Leitmotiv werden sollte. *Graves*, Kiesboden in Saint-Emilion - dieser Boden müßte eine eigene AOC haben! Drei schöne Hügelkuppen mit einer Höhe von 38 m (les Moulins, la Terrasse und l'Enfer) mit tiefreichendem Kies (als 1971 neue Chais gegraben wurden, ergab sich eine Mächtigkeit von etwa 7 m) auf einem Sockel aus Kalk und Fronsadais-Molasse. Nach Professor Enjalbert wurde dieses Gestein mit dem Gletschereis vom Massiv Central hierher geführt und bildete mit den sandigen Partien des Piemont ein Rebenparadies, auf dem heute 40 ha mit 35 % Cabernet Sauvignon und 35 % Cabernet franc sowie 30 % Merlot bestockt sind, womit der Rebenmix wie nirgendwo sonst im Libournais demjenigen im Médoc ähnelt. Thierry Manoncourt ist sehr experimentierfreudig, indem er zum Beispiel mit einer Jauche aus vergorenen Rebenschoßen düngt, indem er synthetische Fungizide einsetzt und die ersten Behandlungen gegen den Mehltau durchführte. Seine Rebsortensammlung ist in der Gironde einmalig. Das durchschnittliche Alter der Reben beträgt 35 Jahre; Ende August wird in die Rebengassen eine Gründüngung eingesät, um das Bodenleben zu aktivieren. Die 40 hl/ha werden möglichst spät von Hand geerntet, am Stock verlesen, entrappt und in Bottichen aus Eichenholz vom Gut selbst sowie in Edelstahltanks vinifiziert. Auch die Vinifikation ist ungewöhnlich: der Tresterhut wird untergetaucht, doch findet keine Remontage statt; die Gärtemperatur liegt bei 27 bis 30° C. Keine Verwendung von Reinzuchthefen. Die Maischegärung dauert vierzehn Tage. Der Wein kommt noch ganz jung in neue Barriques, in denen er achtzehn Monate bleibt. Keine Filtration während dieses ganzen Ausbaus, der mit einer Schönung mit Eiweiß und der Flaschenabfüllung abgeschlossen wird.

Der von Jacques Huillier und Henri Bernard erbaute Chais ist den Ambitionen angemessen. Hier wurde alles nur Erdenkliche verwirklicht, um den Weinen von Figeac den Rang zu verleihen, der ihrem Besitzer vorschwebt. Lange Zeit war Figeac unter den erstklassifizierten Gewächsen, die in Bordeaux und Libourne auf den Markt kamen, einer der erschwinglichsten Weine. Mit dem Jahrgang 1982 beschloß Thierry Manoncourt, sich vom Feld abzusetzen. Er verlangte 95 Francs für diesen außergewöhnlichen Jahrgang. Damit wurde er nur von La Mission-Haut-Brion mit 140 Francs übertroffen. Seither lief ihm nur noch Léoville-Las-Cases 1985 (140 Francs gegenüber 125 Francs) und 1989 (135 Francs gegenüber 125 Francs) den Rang ab. Jenseits dieser beiden lag nur Palmer, das an der Weinbörse nicht kotiert war und für den 1989er *en primeur* 189 Francs erzielte.

Thierry Manoncourt.

Thierry Manoncourt hat alle Trümpfe auf sich vereint. Sein Wein, der ganz im Stil eines Médoc gemacht ist, hat Verführungskraft und strahlt darüber hinaus die Kultur eines Mannes aus, der Figeac zu seiner Lebensaufgabe gemacht hat. Intensive Farbe, Aromen von sehr reifen Früchten, eine würzige Finesse und vor allen Dingen jene Prise Rauchigkeit, die man unter Tausenden erkennt. Ein hervorragend strukturierter, konzentrierter Wein mit einer Spur Strenge, die durch die Sinnlichkeit eines aufregenden Abgangs gemildert wird. Heute haben Tochter und Schwiegersohn Eric d'Aramon die Leitung des Gutes - unter dem väterlichen Blick dieses Grandseigneurs des Libournais.

Grands Echézeaux

Für Gelehrte

Domaine Gros Frère et Soeur

Land:
Frankreich

Herkunftsgebiet:
Grands Echézaux Grand Cru

Erzeugung:
1.500 Flaschen

Seit dem zwölften Jahrhundert gab es hier Mönche. Der Weinberg wird gemeinsam mit dem Clos de Vougeot bestellt. Während jener aber direkt verwaltet wird, gehen diese Reben relativ bald in Form einer ewigen Pacht in private Hände über. Vom Verkauf als nationales Gut während der Revolution verschont, nehmen sie Anfang des neunzehnten Jahrhunderts als Hinweis auf die Größe der Parzellen, insgesamt 9,13 ha, den Namen Grands Echézaux an.
Die Grands Echézaux bilden die südliche Verlängerung des Musigny in der Côte de Nuits auf einem sehr gleichmäßigen, fast flachen Hang. Es besteht ein offensichtlicher Zusammenhang zwischen dem oberen Teil des Clos de Vougeot und den Grands Echézaux. Zwischen der »Champagne« von Flagey mit ihrem tiefen Boden auf kreidigem Schwemmland, dem braunen Boden des unteren Teils des Clos de Vougeot auf Mergelgrund und dem ansteigenden Hang ist die Platte aus Bajocien-Kalk hier von einer guten Schicht Mutterboden bedeckt, der die Sonnenwärme speichert. Mit der Schaffung der Grand cru im Jahre 1937 findet die alte und zu Recht bestehende Bekanntheit der Lage ihre Bestätigung.
Im Verhältnis zum Echézaux findet sich hier ein Hauch Vinosität und Klasse mehr. Die Trauben sind hier konzentrierter. Die Aromen erinnern oft an Pilze, an Moos, an Erde und kaum wahrnehmbar an Wild. Dieser gelassene Wein ist subtil, raffiniert und scheint für die Gelehrten bestimmt zu sein. Erzeugt werden hiervon etwa 34.000 Flaschen pro Jahr.
Die Grands Echézaux teilen sich etwa zwanzig Besitzer; die bekanntesten sind u.a. die Domaines de la Romanée-Conti (3,53 ha), François Lamarche, Joseph Drouhin, Mongeard-Mugneret, René Engel, Coquard-Loison-Fleurot, Bruno Desaunay, Georges Noëllat.
Wie die anderen Gros-Domainen von Vosne-Romanée ist auch die Domaine Gros Frère et Soeur aus der Teilung des Erbes von Louis Gros im Jahre 1963 hervorgegangen. In ihr waren zunächst die Reben von Colette und Gustave vereint, der beiden unverheiratet Gebliebenen. Gustave starb 1984. Seine Nachfolge trat Bernard an, der Sohn von Jean. Man könnte also sagen: »Gros(ß)-Tante und Neffe.« Neben Teilen von Richebourg, Clos de Vougeot und Echézaux besitzt er damit jetzt 37 Ar Grands Echézaux längs der Mauer des Clos de Vougeot. Zwischen 1977 und 1979 wurden Neubestockungen durchgeführt. Hierzu zählen einige Pinot droits, die ersetzt werden sollen. Der Wein wird rund und geschmeidig vinifiziert. Vollständige Entrappung, keine Pressung. Zehn bis fünfzehn Tage Maischegärung. Zur Hälfte neue Fässer. Etwa zwei Jahre Ausbau im Keller, anschließend Abfüllung der 1.500 bis 1.800 Flaschen jährlich.

Château La Conseillante

Eine strenge Schule

LAND:
FRANKREICH

HERKUNFTSGEBIET:
POMEROL

FAMILIE NICOLAS

ERZEUGUNG:
50.000 FLASCHEN

Nur ein Sträßchen trennt La Conseillante von Cheval Blanc, den hochangesehenen Pomerol von dem premier cru classé A von Saint-Emilion. Und doch atmet hier alles die Atmosphäre von Pomerol: Ein kleines Haus, bescheiden und charmant. Ein Rebgarten von nur 13ha. Ein an *crasse de fer* (»Eisenschlacke«) reicher Unterboden, auf dem auf der Karte von Bélem (1735) bereits Reben verzeichnet sind. Bis 1776 kultiviert Catherine Conseillan, Metallhändlerin zu Libourne, genannt »La Dame de Fer«, den Rebgarten und gibt ihm seinen Namen. Nachdem das Gut an die Familie Fourcaud übergegangen war, erwirbt es 1871 Louis Nicolas, Händler in Libourne, einer der Begründer des *Syndicat viticole* von Pomerol und Organisator des Kampfes gegen die Reblaus. 1971 wurde ein neuer Gärkeller gebaut, doch bleibt das Château seinen Traditionen treu. Es gehört immer noch der Familie Nicolas, und sein Äußeres hat sich nicht geändert.

Oppulenz ohne Emphase

Die Böden (typische crasses de fer, aber auch kieshaltiger Lehm im Süden, Sand und reiner Lehm im Norden) sind gut entwässert und mit 60 % Merlot, 35 % Cabernet franc und 5 % Malbec bestockt. Die etwa 35 Jahre alten Reben liefern aufgrund strengen Rückschnitts und rigorosen Auslichtens höchstens 35 bis 40 hl/ha. Gelesen wird selbstverständlich vollreif, von Hand und unter sorgfältiger Auswahl. Nach vollständigem Entrappen wird in Edelstahltanks vergoren. Die Vinifikation erfolgt bei Temperaturen um 32° C unter häufiger Remontage (Umpumpen des Weins und Übersprühen des Tresterhuts) und sehr langer Maischegärung, die manchmal bis zu vier Wochen dauert. Vor dem Abziehen auf neue Barriques (in guten Jahrgängen) erfolgt die Assemblage. Der Wein bleibt achtzehn bis zwanzig Monate in diesen Fässern. Dann wird der Wein abgezogen, mit frischem Eiweiß geklärt und ohne Filtration in Flaschen gefüllt.

La Conseillante ist heute eine erste Adresse. Die mit feinen Gewürzen unterlegte Frucht entfaltet sich mit großer Intensität. Opulent ohne Überschwenglichkeit, fett und rund, mit diskretem, niemals aggressivem Tannin, sehr beständig - man liebt diesen Wein wegen seiner mächtigen Frucht. Vorzüglich auch die Struktur, jenes Gerüst, die den manchmal etwas schlummernden Körper dieser Appellation zum Leben erweckt. Schließlich zeigt sich mit zunehmendem Alter jener Trüffelgeschmack, der für die großen Pomerols so charakteristisch ist. Die etwa 50.000 Flaschen, die praktisch nur auf dem Markt von Libourne und Bordeaux erscheinen, finden zu Preisen Abnehmer, die oft über denjenigen der besten Zweitklassifizierten des Médoc liegen.

Echézaux

Konzert für Pinot noir und Orchester

Henri Jayer

Land:

Frankreich

Herkunftsgebiet:

Echézaux Grand Cru

Erzeugung:

750 Flaschen

Wie einst Pater Ramonet bei den Weißweinen, gilt Henri Jayer als der Papst der Rotweine. Dieser 1922 geborene Winzer aus Vosne-Romanée schwingt den Taktstock eines großartigen Konzertes für Pinot noir und Orchester. Der wortgewandte Mann hat lange Zeit für die Domaine Méo-Camuzet gearbeitet, die er auch heute noch berät, dabei aber stets sein eigenes Rebland bestellt: 6 ha Wein, den er in großartiger Weise ausbaut. Sein Profil in der amerikanischen Zeitschrift Underground machte Henri Jayer weltberühmt. 1989 ging er in den Ruhestand und vertraute sein kleines Gut seinem Neffen Emmanuel Rouget an - 32,77 Ar in Echézaux (Les Cruots oder Vignes blanches).

Die Ehre eines Weins

»Zuviel Tannin!« lautet das Verdikt von Henri Jayer, wenn man ihm einen Wein vorstellt. Er bekennt, daß er Anfang der achtziger Jahre seine Religion gewechselt hat, seit er Temperaturregulierung anwendet, die es ihm erlaubt, eine Woche lang kühl zu vergären (Extraktion von Farbstoffen und Aromen), bevor er den Most etwa zwölf Tage sich entwickeln läßt. Makelloses Lesegut, strenge Auslese, vollständige Entrappung. Er schönt mit Eiweiß, filtriert nicht und füllt mit zwei Füllstutzen ab. Er mag keine Tannine und animalischen Töne. Er schwört nur auf Frucht.

Emmanuel Rouget ist auch der Halbpächter von Jayer-Brüdern in Echézaux, und sein Wein ist ein Verschnitt dieser verschiedenen Lagen. Nur der Teil Henri Jayers, der jährlich 750 Flaschen ergibt, die Hälfte der Erzeugung, repräsentiert heute die exakte Echézaux-Vision von Henri Jayer, die er selbst an eine Kundschaft verkauft, deren Warteliste unendlich lang ist ...

Les Echézaux, der in Flagey-Echézaux gelegene ehemalige Rebgarten der Abtei von Cîteaux wurde wie der Clos de Vougeot im Mittelalter gegründet. Ab dem siebzehnten Jahrhundert traten die Mönche Parzellen an Privatbesitzer ab. Gemäß einer Entscheidung aus dem Jahre 1925 wurden mit Erlaß vom 31. Juli 1937 36,2 ha als Grand cru eingestuft. Es gibt über 250 Parzellen und 50 meist einheimische Besitzer. Die Domaine de la Romanée-Conti (4,67 ha in Poulaillère) verteidigt mit Stolz die Ehre dieses frischen und leichten Weins, der in seiner Jugend sehr spontan ist, dann sehr geschlossen, bis er seine Kraft entwickelt. Durch seine Sinnlichkeit, seine aromatischen Rundungen ist er sehr leicht zugänglich. Der gesamte Grand cru liefert jährlich zwischen 150.000 und 180.000 Flaschen.

Vieux Château Certan

Zur Rechten des Vaters

LAND:
FRANKREICH

HERKUNFTSGEBIET:
POMEROL

SC VIEUX CHÂTEAU CERTAN

ERZEUGUNG:
60.000 FLASCHEN

Das im zwölften Jahrhundert von Portugiesen kolonisierte Land von Certan war so arm, daß dort keine Steuern bezahlt werden mußten. Um 1500 ließ sich die schottische Familie de May hier nieder. Das damals weitläufige Gut umfaßte das heutige Certan de May und Certan Giraud. 1858 erwarb Charles de Bousquet den Besitz und ließ die alten Gebäude im eleganten Stil erneuern. 1924 kaufte Georges Thienpont das Gut. Dieser Weinhändler aus dem belgischen Etikhoven verliebt sich in die 13,6 ha Reben, die auf lehmigem Kies, reinem Lehm und altem Sand herrlich am Rand des Plateaus gelegen sind. Seither sind die Thienponts fest mit dem Bordelais verbunden. Alexandre Thienpont repräsentiert heute die dritte Generation - und mit wieviel Elan! Die Qualität seines Weins beruht auf einer besonderen Bestockung: 50 % Merlot, 25 % Cabernet franc, 20 % Cabernet Sauvignon und 5 % Malbec. Es sind alte Reben, teilweise über fünfunddreißig Jahre alt, die traditionell erzogen und zur Steigerung der Konzentration und zur Erzielung einer perfekten Komplexität ausgelichtet werden.
Ernte von Hand, Verlesen am Stock, offene Gärbottiche mit untergetauchtem Tresterhut, der Most ist mit 15 % der Rappen auf einem Lattenrost bedeckt und, eine weitere Besonderheit, kein Zusatz von Hefen; häufige Remontage; Gärung bei bis zu 34°, die manchmal drei Wochen dauert. Der Ausbau in einem sehr hohen Anteil neuer Fässer (75 bis 100 %, je nach Jahrgang) nimmt achtzehn bis zweiundzwanzig Monate in Anspruch. Dieser in seiner Art einmalige, hervorragend strukturierte, in seiner Jugend ein wenig strenge und tanninreiche Pomerol entfaltet erst im Laufe der Zeit seinen Samt, seine dichte Frucht, seine Länge und vor allem seine Harmonie. Er hat Rundungen mit Kanten. In seiner Reife zeigt er Frische und Zartheit. Einst unbestrittener Champion im Pomerol bis zum Aufstieg von Pétrus in den vierziger Jahren, muß das Gut heute mehr kämpfen, um sich gegenüber seinen Konkurrenten zu behaupten, doch behält es seinen Platz zur Rechten des Vaters. Sein Genius liegt darin, daß es eine Brücke zwischen rechtem und linkem Ufer schlägt. Dadurch dringt es manchmal zur Gesellschaft der besten Weine des ganzen Bordelais vor. All dies und eine Erzeugung von nur 60.000 Flaschen erklären den (berechtigten) sehr hohen Preis.

Insignia und Eisele

Im Paradies auf Erden

LAND:
VEREINIGTE STAATEN VON AMERIKA

HERKUNFTSGEBIET:
NAPA VALLEY

JOSEPH PHELPS

ERZEUGUNG:
- INSIGNIA: 54.000 FLASCHEN
- EISELE: 14.000 FLASCHEN

Zu seinem Vergnügen schuf Gott ein kleines irdisches Paradies: Das Spring Valley mit seinen Seen, Wäldchen und Reben. Die *winery* von Joseph Phelps, fügt sich harmonisch in diese Landschaft ein: Die 70 ha zwischen der Ebene und den ersten Ausläufern der Berge liegen nach Südwesten und umgeben Wirtschaftsgebäude mit weichen Konturen. Hinzu kommen 20 ha in Yountville, 12 ha in Stags Leap, 22 ha in Carneros und Traubengut, das bei verschiedenen Erzeugern eingekauft wird. Die Trauben von Eisele in Calistoga, einem Besitz von William Farley (bekannt durch die T-Shirts »Fruit of the Loom«) werden getrennt ausgebaut und abgefüllt.

Verschnitt oder reinsortig

Joseph Phelps spielte und gewann 1974 mit seiner Johannisberg Riesling Spätlese. Mit seinen Cabernets festigte er seinen Ruf. Mit Bruce Neyers und dem Weinbereiter Craig Williams hält er sich an den Wahlspruch von Emile Peynaud: »Gebt mir die besten Trauben der Welt, und ich will versuchen, den besten Wein des Universums zu machen.« Um das Ausgangsmaterial, den Boden und die Reben, kümmert sich hauptsächlich Craig Williams, der mit Tim Mondavi in Davis die Schulbank drückte. Die Rebe wird auf gut entwässertem Gelände, auf vulkanischem und lehmigem Boden durch hohe Dichten (1.200 bis 3.500 Stöcke pro Hektar), sehr sparsame Bewässerung und Auslichten des Laubs diszipliniert. Der Ertrag erreicht höchstens vierzig hl/ha. Joseph Phelps, ein Magier der Assemblage, hält nichts von reinsortigen Weinen. Cabernet Sauvignon, Merlot, Cabernet franc - jeder spielt seine Rolle. Die Symphonie klingt jedes Jahr anders.

Der Insigna ist mit seinem europäischen Geist ein atypischer kalifornischer Wein. Langes Stehenlassen auf der Maische, Gärung bei 30° C, Untertauchen des Tresterhuts, Remontage und Begießen von Hand, Maischegärung bis zu einundzwanzig Tagen. Ausbau auf französischen Barriques, von denen 40 % neu sind. Mehrmaliger Abstich, Klärung mit Eiweiß im Bottich, leichte Filtration. Achtzehn Monate im Faß, vierundzwanzig Monate in der Flasche.
Der Eisele ist ein echter kalifornischer Cabernet, dicht und beeindruckend, hervorragend strukturiert und mit beeindruckendem Tannin. Sehr hoch im Alkohol. Mineralische Anklänge, ein Hauch von Menthol und schwarzen Oliven machen das Bouquet unverwechselbar. Der klassischere Insigna besticht durch gebackenes Obst, Wild und balsamische Anklänge. Trotz seiner mächtigen Gestalt hat er im Mund Schmelz. Langer Abgang mit Fett.

Sassicaia

Die Ehre der Tafelweine

Marchese Niccolò Incisa della Rocchetta

Land:
Italien

Herkunftsgebiet:
Livorno
Vino da Tavola

Erzeugung:
120.000 Flaschen

Der Sassicaia ist ein Wein geschichtlichen Ranges, auch wenn die erste verkaufte Flasche erst den Jahrgang 1968 trägt. Er gehört zur Geschichte und regt zum Nachdenken an. Er ist der erste italienische Wein, der wieder an eine Qualitätstradition anknüpft, die seit mindestens achtzehn Jahrhunderten unterbrochen war. Und worüber muß man nachdenken?
Darüber, warum die großen Weine wie der Falerno, die das alte Rom beglückten, verschwunden sind. Liegt der Grund darin, weil die Käufer dieser Weine von den Barbaren überrannt wurden? Oder weil die Winzer aus Bequemlichkeit auf Qualität verzichtet haben? Wie kann man es erklären, daß dasselbe Land, das die Rebe in ganz Europa verbreitet hat, das die Spitze der Erzeugung und des Verbrauchs hielt, sich mit Massenproduktion oder im besten Fall Standardqualität zufrieden gab?

Geburt einer Berufung

Als der Marchese Mario Incisa della Rocchetta in den zwanziger Jahren in Pisa studierte und in der Gegend von Asti wohnte, unternahm er Versuche mit der Pflanzung von nicht einheimischen Rebsorten, und zwar dem Cabernet und dem Pinot noir. Der Marchese trank gerne guten Wein, doch waren die Pferde seine Hauptleidenschaft. Er gründete einen Rennstall und ein Gestüt, heiratete die Marchesa Clarice della Gherardesca, die als Heiratsgut die 2.700 ha der Domäne San Guido à Bolgheri in der Provinz Livorno mitbrachte.
Als bei Ausbruch des Krieges die großen französischen Weine schlecht zu bekommen waren, beschloß der Marchese, sein eigener Lieferant zu werden und pflanzte 1944 beim Schloß von Castiglioncello (15. Jahrhundert) 1,5 ha Cabernet Sauvignon und Cabernet franc. Er entschied sich für dieses Tal, weil es durch seine Nordostlage vor dem Seewind geschützt ist (das Meer ist nur wenige Kilometer entfernt) und an die Cote d'Or erinnerte; weil es in einer Höhe von 350 m etwas kühler war, und schließlich deshalb, weil der Kiesboden eine gewisse Ähnlichkeit mit demjenigen von Bordeaux hatte.
Zu Beginn gab es noch keine Drahtrahmen, und jede Rebe hatte ihren eigenen Pfahl. Die Produktion betrug eintausend Flaschen.
Dieses Abenteuer hätte Episode bleiben können, denn der Cabernet-Wein ist in seiner Jugend niemals sehr verlockend, weil er konzentriert ist - der Schnitt auf einen Schenkel und fünf bis sieben Augen (Alberello) begrenzte den Ertrag auf 1,3 kg pro Stock -, und die Tannine waren durch den Ausbau auf Barriques von 225 l aus slowenischer Eiche noch zu sehr betont.
1955 wurde die Rebfläche auf 2,5 ha erweitert. Währenddessen reifte der Wein im Keller. Dann stellte der Marchese fest, der in Italien heftig kritisiert worden war, daß sein Wein nach einigen Jahren Geschmeidigkeit und Komplexität entwickelt hatte. Durch diesen unerwar-

teten Erfolg ermuntert, schuf Mario Jucisa 1965 zwei neue Rebgärten, insgesamt 12 ha in Sassicaia di Sotto, das nur 60 bis 80 m hoch liegt, wobei das Wort »Sassicaia« eine abwertende Bezeichnung für sehr steiniges Land ist. Der zweite Rebgarten umfaßt ebenfalls 12 ha in der Gemarkung Aianova. Es handelt sich um kiesiges Land in einer Höhe von 80 - 90 Metern, das stärker dem Meereseinfluß ausgesetzt ist. Die Reben in diesen drei Gärten haben denselben Ursprung: 20 % der Cabernet Sauvignons stammen aus aufgegebenen Rebgärten bei Pisa, 70 % von Klonen aus Norditalien (Venetien), ergänzt um 4 Klone französischen Ursprungs, ein Geschenk von Philippe de Rothschild, mit dem sich der Marchese auf der Piste maß. Diese auf die Unterlagenreben 420A, R110 (ein wenig) und 3,309 gepfropften Reben stehen in einer Dichte von 4.000 Stöcken pro Hektar auf tiefen kalkigen und lehmig-kalkigen Böden. Die Reben werden auf dem welligen, fast vollständig natürlich entwässerten Boden im Gegensatz zum lokalen Brauch niedrig erzogen.

Das sehr gesunde Mikroklima erfordert neben der Anwendung der Bordelaiser Brühe keine weiteren Behandlungen. Die Trauben werden ausgelichtet, um den Ertrag auf 40 hl/ha zu begrenzen, wovon nach dem Verlesen 36 hl übrig bleiben.

Weiterhin versicherte sich der Marchese der Beratung von Giacomo Tachis, des Önologen des Hauses Antinori. Edelstahltanks ersetzten die Holzbottiche, und die Kelteranlagen wurden in isolierten Räumen installiert, in denen einst holländische Gladiolen vermehrt wurden. Die 15 % Cabernet franc werden im Bottich mit Cabernet Sauvignon verschnitten. Das entrappte und gemahlene Lesegut gärt bei 30° C zwei Wochen in Edelstahltanks. Seit 1977 wird der Wein in französischen Barriques ausgebaut und vor dem Ausbau nicht mehr filtriert. Nach vierundzwanzig Monaten in Barriques, die zu einem Drittel neu sind, wird der Wein geschönt und vor der Abfüllung in Flaschen leicht filtriert.

1968 wurden die ersten Flaschen Sassicaia den Weinfreunden der Welt vorgestellt. Sie hatten auf Anhieb Erfolg, der sich von Jahrgang zu Jahrgang noch steigerte (mit Ausnahme von 1973, einem schwachen Jahr, in dem es keinen Sassicaia gab).

Nach dem Tode seines Vaters im Jahre 1983 übernahm der Marchese Niccolò Incisa della Rocchetta den Besitz, der auf 25,5 ha Rebland 120.000 Flaschen eines großen, tieffarbenen, harmonischen, reichen, komplexen und langen Weins erzeugt, der groß ist, ohne seinen Charme zu verlieren, insbesondere, wenn man zehn Jahre Geduld hat.

Clos des Lambrays

Ein Kind der Liebe

Domaine des Lambrays

Land:
Frankreich (Burgund)

Herkunftsgebiet:
Clos des Lambrays Grand Cru

Erzeugung:
35.000 Flaschen

Der Clos des Lambrays in Morey-Saint-Denis ist ein so ehrwürdiges historisches Monument, daß seine Höherstufung zum Grand cru am 27. April 1981 auf keinerlei Einwände stieß. Dennoch ist der Rebgarten aus einer relativ späten Flurbereinigung entstanden, bei der es Louis Ioly Mitte des neunzehnten Jahrhunderts gelang, etwa fünfundsiebzig Parzellen zusammenzufassen. Lambrays, der Name einer Adelsfamilie, taucht oft in mittelalterlichen Archiven auf. Von dem Clos des Lambrays, der im vierzehnten Jahrhundert in Morey zitiert wird, ist jedoch später nicht mehr die Rede. Zwischen Clos de Tart und Saint-Denis hoch am Hang gelegen und von einer Mauer geschützt, erstreckt sich der neue Clos des Lambrays über die Gemarkungen Meix-Rentiers, Les Bouchots, Larrey-Froid und Lambray.
Louis Joly renovierte das im Jahre 1630 erbaute Wohngebäude und legte einen schönen Park an. 1866 wurde der Besitz an Albert Sébastien Rodier vom Haus Henri de Bahèzre in Nuits-Saint-Georges verkauft. Dessen Enkel sind Camille und Albert; der erstere gründet die Confrérie des Chevaliers du Tastevin, der letztere führt die Familiengeschäfte im Burgund. Die Rodiers sorgen dafür, daß sich ihr Clos des Lambrays gut verkauft. Als treuer Freund von Renée Cosson, der Frau eines Pariser Bankiers, tritt ihr Albert im Jahre 1938 das Gut Morey ab. Der Elsässer Zeichner Hansi unterzog sich hier häufig einer fröhlichen Kur. Er zeichnet das Etikett von Lambrays sowie auch das berühmte Tastevin-Wappen.
Renée Cosson gibt sich wie eine besitzergreifende Liebhaberin. In ihren Augen ist diese Lage ein Kind der Liebe. Sie läßt alte Gesetze herrschen, führt das Gut, als ob die Zeit stehengeblieben wäre. Sie setzt sich großartig über Neubestockung, Düngung, Zucker hinweg. Sie verflucht den Himmel, wenn der Ertrag über 10 hl/ha hinausgeht. Sie läßt den Wein übermäßig lange gären, läßt ihn vier bis fünf Jahre im Faß liegen. Eine Torheit? Einige Flaschen, die fünfzig Jahre später verkostet wurden (vor allem die von Rodier bis in die fünfziger Jahre vinifizierten Weine) sind bemerkenswerte Stücke der burgundischen Anthologie. Renée Cosson lehnt offenbar eine Einstufung als Grand Cru ab. Wozu auch bei den Behörden einen Erlaß beantragen, für den die Vorsehung schon sorgen wird?
Das Gut erlebte indes einen Niedergang. Die 1976er sind nahezu ungenießbar. 1979 kauften kurz nach dem Tod von Madame Cosson die Brüder Fabien und Louis Saier den Besitz. Diese beiden Elsässer mußten in Algerien große Weingüter aufgeben. Danach ließen sie sich auf Korsika und im Burgund nieder. Fabien Saier gelang es, dieses Dornröschen zu wecken. Von den 8,66 ha des Clos (dies ist keine Alleinlage; Jean Taupenot besitzt 420 Quadratmeter und erzeugt unter dieser Herkunftsbezeichnung alljährlich 150 bis 300 Flaschen) werden 1981 2,44 ha oben und unten am Hang auf Les Bouchots neu bestockt. Anschließend wird knapp die Hälfte des Clos mit einer Mischung der besten Klone des Pinot noir bepflanzt, 114, 115,

272, 273... Die Auswahl dreier verschiedener Unterlagenreben, die Liebe zu den alten Stöcken (sogar einige Zeilen sorgfältig ausgewählte Pinot droit) - alles wird mit äußerster Sorgfalt gehandhabt. Der mit der Leitung des Guts beauftragte Thierry Brouin hat seine schwierige Aufgabe gemeistert. Die Auswahl der Trauben geschieht nach strengsten Grundsätzen mit einem entsprechend niedrigen Ertrag von durchschnittlich 30 bis 35 hl/ha. Das Traubengut wird nach dem Alter der Reben getrennt und nach fünfzehn bis achtzehnmonatigem Ausbau verschnitten. Ein Teil der Produktion wird deklassiert, wenn sie den strengen Ansprüchen nicht genügt. Die jungen Reben liefern einen Vin Marquis, die älteren einen Vin duc und pair. Beide zusammen ergeben einen vollendeten Wein voller Anmut und Grazie. Er bleibt ein Ganzes, weil man davon abgekommen ist, den Wein der »alten Reben« getrennt zu verkaufen. Der am Ausgang der Schlucht im oberen Teil auf überwiegend mergeligem, weiter unten am Hang rein lehmig-kalkigem Boden wachsende Clos des Lambrays hat den Duft von feuchter Erde nach einem Gewitter, von süß-sauren Kirschen, von Maulbeeren und mündet in Sekundäraromen, die mehr zur Seele als zu den Sinnen sprechen. Nachdem das Gut seine Durststrecke überwunden hat, bürgt jede einzelne seiner jährlich 35.000 Flaschen wieder für seinen guten Namen. Auf dem Gut hat man nach Bordelaiser Vorbild versucht, einen Verkauf en primeur durchzuführen, doch ist man wieder davon abgekommen und bleibt bei seinen burgundischen Leisten. Man verfügt über große Vorräte, die bis zu sehr alten Jahrgängen zurückreichen.

Hermitage »La Chapelle«

Der Wein der Ehrerbietung

PAUL JABOULET AINÉ

LAND:
FRANKREICH (RHÔNE)

HERKUNFTSGEBIET:
HERMITAGE

ERZEUGUNG:
108.000 FLASCHEN

Wenn es einen spektakulären Weinberg gibt, dann den Hermitage. Er verfehlt seine Wirkung auf niemanden, der ihn noch nie gesehen hat und auf der Route Nationale 7 in Höhe der kleinen Gemeinde Tain l'Hermitage an ihm vorbeifährt.

Den Namen Hermitage hat die INAO für das etwa 125 ha große Anbaugebiet über dem Ort übernommen. Der Wein ist seit Jahrhunderten unter diesem Namen bekannt. Vor 250 Jahren kaufte schon der russische Hof Hermitage, der Dichter Boileau erwähnte ihn, und auch die Bordelaiser entdecken die Qualität dieses Weins und verwenden ihn im neunzehnten Jahrhundert zur Verbesserung ihrer eigenen Weine, und zwar nicht die kleinen, sondern die großen, die ersten Güter, Latour, Lafite... Diese Praxis war so gängig, daß sich hierfür das Wort »hermitager« einbürgerte. Der Chevalier Gaspard d'Estournel, ein praktischer Geist, wie es wenige gab, und ein tatkräftiger Mann dazu, sagte sich, daß es klüger und wirtschaftlicher wäre, die Syrah, die Rebe des Hermitage, im Médoc anzupflanzen, statt den Wein von Hermitage zu kaufen. Das Resultat dürfte kaum überzeugt haben, da die Beeren in Saint-Estèphe nur sehr schlecht reifen. Dieser Wein, einer der besten Frankreichs, erlebte um die Jahrhundertwende einen Niedergang. Aber er erholte sich wieder, und erfahrene Weinfreunde täuschten sich in ihm nicht - auch Alexandre Dumas nicht, als er diesen Hügel pries, der ganz von Reben bedeckt ist und steil von 120 auf 300 Meter ansteigt. Hierher zog sich um 1230 der Ritter Gaspard de Sterimberg mit Erlaubnis seiner Königin Blanca von Kastilien zurück. Er wurde Einsiedler und errichtete 1235 auf dem Berg eine kleine Kapelle. Hieraus erklärt sich der Name dieses Berges und des dort wachsenden Weins. Ganz besondere Reverenz erweist das Haus Paul Jaboulet Ainé diesem Eremiten, das seinen besten Rotwein Hermitage »La Chapelle« und seinen besten Weißwein Hermitage »Le Chevalier de Sterimberg« nennt.

Die Rolle des Bodens

Es versteht sich, daß La Chapelle und Chevalier de Sterimberg Marken sind, während die Herkunftsbezeichnung Hermitage heißt. Marke ist nicht dasselbe wie Lage. So konnte man vor dem Zweiten Weltkrieg bei Jaboulet einen Hermitage la Chapelle-Bessards und einen Hermitage La Chapelle-Meal kaufen. Heute umfaßt l'Hermitage »La Chapelle« den Wein von den 15 ha der Parzelle Bessards und den 16 ha der Parzelle Meal. Ersterer verdankt der Wein seine intensive Farbe und fast an Härte grenzende Kraft, letzterer seine Eleganz und Finesse. Der Jaboulet - Anteil der Parzelle Bessards erstreckt sich von 150 bis 250 Metern Höhe. Die Böden spielen eine wichtige Rolle, wie der Geologe Piere Maudier von der Universität von Lyon gezeigt hat: im unteren Teil findet sich sandig-kiesiger Boden mit Sandsteinbruchstücken, im oberen Teil (200 m) brauner Modalboden und Lithosole. In der Parzelle Meal (130 -220 m) keh-

ren weitgehend die Böden des unteren Teils von Bessards wieder. Die Tiefe des Mutterbodens schwankt zwischen 0,6 und 1,5 Meter. Darunter liegt zerklüfteter Fels. Der 60 % steile Hang zwingt zum Anlegen von Terrassen, zur Bearbeitung mit Seilzug und alle sechs bis sieben Jahre zum Wiederhinaufschaffen der zu Tal gespülten Krume. Eine Mechanisierung der Arbeiten im Rebgarten ist nicht möglich, wenn man einmal davon absieht, daß Spritzbehandlungen mit dem Hubschrauber durchgeführt werden. Unkrautvernichtungsmittel werden nicht angewandt; die Schwefelspritzungen werden von Hand durchgeführt. Im Sommer werden die Trauben ausgelichtet und die Reben entgipfelt. Der Hektarertrag liegt zwischen 30 und 35 hl.
Die Ernte beginnt Anfang Oktober und dauert etwa fünfzehn Tage. Die schlittenähnlichen Bütten werden mit Seilwinden transportiert. Fünfundzwanzig bis dreißig Schnitter genügen, da die Reifezeit aufgrund des Höhenunterschiedes von 110 m um bis zu zehn Tage verzögert ist. Seit fünf oder sechs Jahren werden die Trauben vollständig entrappt. Der Most gärt etwa zehn Tage lang bei 27° C (Heizschlange) in Betontanks mit 100 - 130 hl Fassungsvermögen. An diese Vergärung schließt sich ein langes Aufschließen der Maische an (über einen Monat). Der Tresterhut wird zwei bis drei Stunden täglich untergetaucht. In dieser Weise wurden die berühmten Weine des Jahres 1929 vinifiziert. Nach einer sehr vorsichtigen Pressung (Vaslin) wird der Preßmost mit dem Vorlauf vermischt. Im Dezember kommt der Wein in Fässer aus Juraeiche (ein Drittel neu) von der Firma François in Beaune. Die Erfahrung hat gezeigt, daß die Jura-Eichen ein weniger strenges Tannin haben als diejenigen aus dem Allier. Nach fünfzehn Monaten wird der Wein nach drei bis fünf Abstichen »mit Luft« und einer Bentonit-Schönung ohne Filtration abgefüllt. So entstehen etwa 108.000 Flaschen eines Weins mit feinen Tanninen, einer harmonischen Struktur und von einer großen Eleganz. Diese äußerst haltbaren Weine entwickeln sich hervorragend, den großen Pauillacs vergleichbar. Um 1830 gründete Antoine Jaboulet sein Weingut und Handelshaus. Seither stand stets ein Jaboulet an der Spitze des Hauses. Zur Zeit werden unter der dynamischen Leitung von Gérard Jaboulet großartige Weine erzeugt.

Volnay Clos des Ducs

Authentischer Adel

Domaine Marquis d'Angerville

Land:
Frankreich

Herkunftsgebiet:
Volnay Premier cru Clos des Ducs

Erzeugung:
10.000 Flaschen

Das an einen steilen Hang hingezwängte Volnay verschwendet keinen Daumenbreit Land für seine Häuser. Sind nicht seine Rotweine das Feinste vom Feinen an der Côte de Beaune? Bossuet, Prediger und Theologe im Jahrhundert Ludwigs XIV., suchte in Volnay göttliche Inspiration. Von den etwa 370 ha Reben sind 115 ha als Premiers crus klassifiziert, darunter Les Caillerets, En Champans, der Clos des Chênes und der Clos des Ducs.

Der ummauerte Clos des Ducs (2,15 ha) liegt ganz oben in der Gemeinde »unter den Felsen.« Seine Fläche ist seit dem sechzehnten Jahrhundert unverändert geblieben. Zunächst Besitz der Herzöge von Burgund, fällt er schließlich an die Krone. Der Boden besteht entsprechend seiner Nähe zu Pommard aus weißem Kalkmergel auf felsigem Untergrund. Die Hangneigung der Lage ist perfekt: Die Reben werden vom Morgen bis zum Abend von der Sonne beschienen. Seit etwa vierzig Jahren wurden sie in kleinen Schritten durch gute Klone und Massenselektion ersetzt, letztmals 17 Ar im Jahre 1994. Sie liefern jährlich knapp 10.000 Flaschen eines Weins von fester Farbe und Struktur mit allem Saft, den man sich wünschen kann.

An der Domaine Marquis d'Angerville, Alleinbesitzerin des Clos des Ducs (insgesamt 14 ha hauptsächlich in Volnay sowie in Pommard und Meursault) kommt man nicht vorbei. Sie wurde im neunzehnten Jahrhundert von den Baronen Jobard du Mesnil gegründet, von denen der eine oberster Beamter des Arrondissements Autun ist und später Staatsrat wird, der andere Reimschmied: Er veröffentlicht eine Neuausgabe der Fabeln La Fontaines, »von schlechten Fersen und geschmacklichen Verfehlungen bereinigt« ... Das Gut gelangt in weiblicher Linie an den Marquis Sem d'Angerville (1873 - 1952), der sich dem Besitz mit hingebungsvollem Eifer widmet. In den dreißiger Jahren spielt er eine wichtige Rolle im Kampf um die AOC; er ist der Erzengel der absoluten Reinheit und ein schrecklicher Sankt Michael der Reben. Er legt sich mit dem Handel an, gibt aber seine weisen Prinzipien nicht auf. Die heutige Strenge ist zum großen Teil diesem geachteten und angesehenen Tempelritter zu verdanken, der bei der Aufteilung der Grands crus wie Père Gouges in Nuits nichts für sich verlangt. Er ist auch Pionier des Direktverkaufs, vor allem auf dem amerikanischen Markt. Sein 1927 geborener Sohn Jacques, ehemaliger Präsident der Academie du Vin de France, ist ebenfalls eine herausragende Persönlichkeit der Weinwirtschaft. Seine Trauben vom Clos des Ducs kommen vollständig entrappt in traditionelle Bottiche (manchmal wird auch ein Behälter verwendet, in dem der Tresterhut automatisch untergetaucht wird). Filtriert wird nach Bedarf: 1990 war dies zum Beispiel der Fall, 1992 nicht. Schönung mit Eiweiß nach achtzehn Monaten in zu einem Viertel neuen Fässern.

Dominus

Der Apfel fällt nicht weit vom Stamm

Dominus Estate

Land:
Vereinigte Staaten von Amerika

Herkunftsgebiet:
Napa Valley

Erzeugung:
140.000 Flaschen

Es ist schwierig, Sohn seines Vaters zu sein, vor allem, wenn dieser Jean-Pierre Moueix heißt, seines Zeichens Architekt des Höhenflugs von Pétrus und Kaiser des Libournais. Der aus gleichem Holz geschnitzte Christian erhält nach einem Landbaustudium in Paris im kalifornischen Davis eine Önologenausbildung. Hier findet er einen persönlichen Weg. Robert Mondavi stellt ihn Robin Lail und seiner Schwester Martha Smith vor, die von ihrem Vater Napanook erhalten haben. Dieses Gut ist eng mit der Persönlichkeit von John Daniel verbunden, dem Großneffen von Gustav Niebaum und Begründer von Inglenook, das er nach der Prohibition übernahm. 1946 erwarb er den Rebgarten La Rue in Yountville, der den Namen Napanook bekam. Der schon vor der Ankunft von Christian Moueix im Jahre 1982 restrukturierte Rebgarten besteht zu 80 % aus Cabernet Sauvignon, aus Merlot, Cabernet franc und Petit Verdot auf der wärmsten Parzelle. Eine Bestockungsdichte von 1.600 Stöcken pro Hektar, alte Reben. Kein Kunstdünger, rigoroses Auslichten der Trauben, Lese bei Vollreife, Ertrag unter 50 hl/ha. Direktor Daniel H. Baron führt auf Dominus Estate eine eiserne Disziplin ein. Während manche Wineries pharaonische Chais errichtet haben, hat man hier nicht in Beton investiert. »Wir verbessern die Reben. Warum sollen wir für einige Tausend Kisten einen teuren Tempel bauen? Man kann auch Kelteranlagen mieten.« Gutes Corrèzer Blut verleugnet sich eben nicht. Im Zuge eines Ausbaus des Guts wird jedoch an eine Kelter gedacht. Der in Davis und Bordeaux ausgebildete Weinmacher Christopher Phelps vinifiziert mit Jean-Claude Berrouet, dem Papst von Pétrus. Gärung bei 30 bis 32° C, Remontage in Maßen, um nur das Beste zu extrahieren, Maischegärung zwischen dreizehn und neunzehn Tagen, Verzicht auf den Preßwein und gnadenlose Selektion. Die Weine kommen ohne Filtration in Barriques. Nach Abzug und Schönung mit frischem Eiweiß liegen sie fünfzehn bis zwanzig Monate in französischem Holz, wobei zwanzig bis fünfzig Prozent der Fässer neu sind. Vor der Abfüllung wird der Wein leicht filtriert; anschließend lagert er noch zwei Jahre in der Flasche.

Der Dominus hat den Geist des Libournais, ist aber dennoch keine Kopie des Pomerol. Der Merlot-Anteil schwankt zwischen 3 % (1988) und 26 % (1984); der Cabernet franc, der 1989 völlig fehlte, kam 1988 auf 12 %. Schwarze Farbe; würzige, mentholartige Aromen mit Obertönen von feinem Süßholz und schwarzen Früchten. Mit zunehmendem Alter Fleischtöne, vermischt mit mineralischen Anklängen vom Boden. Die in ihrer Jugend festen und strengen Tannine runden sich im Keller. Das Fehlen von brennendem Alkohol ermöglicht es, diese Empfindungen nach europäischer Art zu genießen. Dieser sehr teure Wein (eine Stufe unter Opus One) hat die Kraft für ein langes Leben.

Andrus Reserve

Von der Slalomstange zum Rebenstickel

LAND:
VEREINIGTE STAATEN VON AMERIKA

HERKUNFTSGEBIET:
NAPA VALLEY

GARY ANDRUS

ERZEUGUNG:
12.000 FLASCHEN

Gary Andrus, 1968 Mitglied der Ski-Nationalmannschaft der Vereinigten Staaten, ist im mormonischen Glauben erzogen: kein Wein, kein Alkohol. Nach Beendigung seiner aktiven Laufbahn kümmert er sich um den Skiort Copper Mountain (Colorado) und eröffnet Boutiquen. Aber er hat einen alten Traum: Er hatte einst auf Lynch-Bages und Ducru-Beaucaillou an der Weinlese teilgenommen. Der Wein hat seinem Leben einen Sinn gegeben. Er sagt dem weißen Gold Lebewohl und beginnt wieder bei Null. 1978 läßt er sich in Stags Leap mit einer einfachen Idee nieder: Alle Slalomtore des Napa Valley zu durchfahren. Er vinifiziert zunächst die Trauben von Rutherford, einer 6 ha großen Parzelle, die 1980 den ersten Andrus Reserve liefert, und dehnt dann seine Erzeugung auf die Herkunftsgebiete Stag's Leap und Diamond Mountain aus. Die Bestockungsdichte beträgt 2.300 Stöcke pro Hektar am Fuße eines Abhangs, an dem sich Schwemmböden mit Sedimenten vulkanischen Ursprungs mischen. Der Cabernet Sauvignon (über 75 %) wird mit Merlot, Malbec und Cabernet franc verschnitten. Außer bei starker Trockenheit wird offiziell kaum bewässert. Die als Kordons geschnittenen Reben haben nur einen geringen Ertrag. Die Trauben werden vollreif von Hand gelesen, entrappt und gemahlen und kommen in Edelstahlbehälter. Die Maischegärung dauert etwa zweiundzwanzig Tage. Der Wein wird nicht filtriert und in zu 80 % neue französische Barriques abgezogen. Einige geschnitzte Fässer scheinen hier zur Dekoration zu liegen, denn für das Malerische hat man hier ansonsten wenig übrig. Nach sechzehn bis achtzehn Monaten auf Eiche, nach mehrmaligem Auffüllen und Abziehen wird mit Eiweiß geschönt. Vor dem Abfüllen in Flaschen wird vorsichtig filtriert, und anschließend ruhen die Flaschen zum weiteren Ausbau vierundzwanzig Monate in einem unterirdischen Keller. Von dieser cuvée de prestige werden nur in guten Jahrgängen etwa tausend Kisten erzeugt. Seit seinem Erscheinen im Jahre 1980 erweist sich der Wein stets als wirkliche Réussite. Der Preis steht der Qualität nicht nach. Die Pine Ridge Winery erzeugt außerdem einen beachtlichen, burgundisch orientierten Chardonnay. Hinsichtlich des Cabernet Sauvignon hält man sich an das Bordelaiser Vorbild. Gary Andrus erzeugt entsprechend den Bodentypen vier verschiedene Typen von Cabernets. Sein Ziel sind vor allem Finesse und Subtilität. Dabei wird auf alle oberflächlichen Effekte verzichtet. Die sehr reife Frucht, die balsamischen Düfte erzeugen ein überaus delikates Bouquet. Auch wenn der Wein am Gaumen robust und fest ist, bleibt seine Struktur elegant ohne die geringst Wuchtigkeit, stilvoll und von einer perfekt klassischen Art. Lediglich die sich im Abgang vordrängenden Holztöne beeinträchtigen den Gesamteindruck etwas. Die Mannschaft von Lynch-Bages hat beim 1985er Cuvée Duet Pate gestanden. Dieser leidenschaftliche Winzer strebt nach dem Ideal, nach der absoluten Schönheit nach dem Maßstab von Pauillac: Der Maler und sein Modell.

Reserve
1990
Napa Valley

Château Rayas

Der Wein des Kommandanten

Land:
Frankreich

Herkunftsgebiet:
Châteauneuf-du-Pape

Erzeugung:
25.000 Flaschen Rotwein
2.000 Flaschen Weißwein

Es gibt keinen großen Wein ohne einen Winzer von großem Charakter. Ein exemplarisches Beispiel hierfür ist Château Rayas. Dem Kommandanten Raynaud war es durchaus nicht an der Wiege gesungen, daß er einst Gentleman-farmer werden sollte. Er war Städter und darüber hinaus ein Jünger der Themis. Er mußte in das ländliche »Exil« gehen und ließ sich auf Rayas nieder. Eben weil er kein Winzer war, hatte er die Freiheit, von einem großen Wein zu träumen. Er versuchte nicht, seine Nachbarn nachzuahmen; er versuchte auch nicht, es besser zu machen: Er machte es überhaupt anders. In gewisser Weise tat er von allem das Gegenteil: Während man auf Châteauneuf-du-Pape stets die berühmten dicken Kiesel preist und die Rebstöcke dort in einem Meer von Steinen stehen, pflanzte er nur auf sandigen Boden. Während doch die Rebe in möglichst sengender Sonne braten muß, rodete er nur Nordhänge. Während die Pflanzwut sich überallhin ausdehnt, blieben bei ihm zwei Drittel des Besitzes Wald. Während im Herkunftsgebiet Châteauneuf-du-Pape der Hektarertrag ohnehin so niedrig liegt wie kaum sonstwo in Frankreich, drückte ihn der Kommandant Raynaud auf fast nichts, auf ein Niveau, auf dem sich nur noch Château d'Yquem behaupten kann.

All dies hatte er sich jedoch gut überlegt. Der Leitgedanke war, allen Qualitäten des Châteauneuf-du-Pape, seiner Üppigkeit, seiner Kraft, seiner würzigen Seidigkeit, seinem reichen Spiel äußerste Finesse hinzuzufügen, das Siegel des großen Weins.

So erklären sich die Maßnahmen des Kommandanten Raynaud: Er wollte um jeden Preis ein Übermaß an Wärme vermeiden und mied daher die wärmespeichernden Kiesel. Deshalb wählte er nach Norden gelegene Rebgärten, deshalb schuf er ein Mikroklima, indem er Wald stehen ließ, deshalb zog er um der Finesse willen feinere Böden gröberen vor. Schließlich verleiht die extreme Ertragsbeschränkung der Grenache (wie auch allen anderen roten Reben) eine Dichte, die ebenfalls für einen großen Wein unverzichtbar ist. Château Rayas und sein Erfinder stehen symbolisch für diese Forderungen - und für deren Verwirklichung. Der *cuvier* hat durchaus nichts Großartiges, ganz im Gegenteil. Dies zeigt, daß man einen großen Wein mehr mit dem Kopf als mit dem heute allgegenwärtigen Edelstahl macht. Es zeigt, daß man oft den Zweck mit den Mitteln verwechselt. Die Technik ist nur die Magd der Kunst der Weinbereitung. Auf Entrappung wird verzichtet; die Trauben gären getrennt, langer Ausbau in gebrauchten Fässern. Der Kommandant ging noch weiter und wollte sicherstellen, daß sein Wein im Dienste einer wahren Lebenskunst stehen solle. Auch hier war er unerbittlich: Wenn er in einem Restaurant mit dem Essen nicht zufrieden war, wurde das Haus nicht mehr beliefert!

Der Kommandant Raynaud ist tot. Sein Nachfolger ist sein Sohn Jacques, und mit ihm ist die Tradition gewahrt. Rayas bleibt Rayas.

RÉSERVÉ
1984

Château Canon

Die Schatzinsel

LAND:
FRANKREICH (BORDEAUX)

HERKUNFTSGEBIET:
SAINT-EMILION

ERZEUGUNG:
78.000 FLASCHEN

Wovon träumt ein Pirat, der auf den Meeren ein Vermögen gemacht hat? Von seiner Schatzinsel. Jacques Kanon, Seeräuber des Königs, warf am Ufer der Dordogne Anker und kaufte einen Rebgarten in der Gemeinde Saint-Martin auf dem Plateau von Saint-Emilion. Schon wenig später aber wurde dieser Abenteurer seines Rebenozeans überdrüssig und verkaufte 1770 das Gut wieder, um erneut den Duft der weiten Welt zu atmen. Der neue Besitzer dagegen liebt festen Boden unter den Füßen. Raymond Fontemoing, Kaufmann in Libourne und Gutsbesitzer in Caonon-Fronsac, tauft sein Saint-Emilion-Gut Saint-Martin, baut ein hübsches Château und läßt sich dort mit Familie und Wein nieder. Das bürgerliche Glück ist ungetrübt bis zum hochverschuldeten Urenkel, der alles verkaufen muß. 1919 kauft die Familie Fournier Canon in Saint-Emilion, und unter ihren Händen blüht der Rebgarten auf. Henriette Fournier, die Tatkraft selbst, hebt Canon 1958 auf den Rang der erstklassifizierten Gewächse. Ihr Enkel Eric Fournier hält heute auf diesem echten Familiensitz die Zügel in der Hand.

Diese von Mauern umgebene Schatzinsel ist 18 ha groß. Zwei Drittel davon sind lehmig-kalkige Böden, Muschelkalk oder Quarzsand auf dem Plateau auf einem Sockel von zerklüftetem Kalkstein. Der Rest sind oben am Hang leichtere und sandigere Böden. So arm der Boden ist, so reich ist der Wein, der aus 53 % Merlot, 45 % Cabernet franc und einer Prise Malbec entsteht. Die etwa fünfunddreißig Jahre alten Stöcke, die mit kurzem Stamm erzogen und ausgelichtet werden, liefern weniger als 40 hl/ha. Verlesen, gemahlen, bei 31° C mit den Spontanhefen in Holzbottichen vergoren, häufig umgepumpt und drei Wochen auf der Maische stehend geben die Trauben ihr Bestes. Eine alte Vertikalpresse liefert den Preßmost. Durch den Verschnitt entsteht der grand vin, wobei sich der Clos J. Canon beeindruckend abhebt, der auf nichts anderes Anspruch erhebt als die Appellation Saint-Emilion.

Nach zwanzig Monaten in zu 60 % neuen Barriques, ohne Filtration und nach einer Schönung mit Eiweiß erblickt der Canon schließlich das Licht der Welt. Von gesunder Farbe, kraftvoll und tanninreich, von einer beeindruckenden Konzentration, ist dies ein echter Korsar von großem Stehvermögen. Seine Geheimnisse, seine tiefe Frucht und seine Gewürze, sein Fleisch und sein Mysterium gibt er nur demjenigen preis, der äußerste Geduld aufbringt. Die 78.000 Flaschen, die zur Elite der Appellation gehören und vollständig auf den Börsen von Libourne und Bordeaux verkauft werden, erzielen ähnlich hohe Preise wie Figeac, doch läßt sich der Château Canon durchaus entern.

Niebaum-Coppola Estate Rubicon

Leinwandstar

LAND:
VEREINIGTE STAATEN VON AMERIKA

HERKUNFTSGEBIET:
NAPA VALLEY

ERZEUGUNG:
6.000 FLASCHEN

Francis Ford Coppola, Sohn eines Flötisten im NBC-Orchester und einer Pianistin, die Caruso begleitete, erprobt seine Vituosität am Wein. Wie viele Amerikaner italienischer Abkunft sammelte er während der Prohibition erste Erfahrungen, als sein Großvater in der Badewanne der Familie mit einem Extrakt, den er im Geschäft kaufte, Wasser, Zucker und Hefe einen Dago-Red braute. Hollywood war niemals trocken. Alfred Hitchcock besaß in Bel Air einen legendären Keller, und das Champagnerbad, das Paul Masson einst Anna Held anbot, ist in Kalifornien unvergessen. 1975 beschließt Francis F. Coppola, dem Kino zur Hälfte Lebewohl zu sagen, um sich einen Jugendtraum zu erfüllen und einen großen Wein zu erzeugen. Er kauft in Rutherford im Napa Valley das Gut einer farbigen Persönlichkeit, des Kapitäns Gustave Niebaum. Der gebürtige Finne hatte hier Ende des neunzehnten Jahrhunderts Anker geworfen und Inglenook gegründet. Auch wenn der Cinéast im ersten Stock dieses viktorianischen Gebäudes ein Tonstudio für den Cotton Club einrichtet, hat er doch anderes im Sinn.

Auf kiesigem, leicht geneigtem Schwemmland pflanzt er 70 % Cabernet Sauvignon, 22 % Cabernet Blanc und 8 % Merlot. Kordon-Erziehung und vor allen Dingen der Verzicht auf eine Bewässerung ergeben sehr niedrige, konzentrierte Erträge. André Tchelistcheff, der Berater des Guts, war der Önologie-Papst des Tals, in dem er seit den dreißiger Jahren tätig war. Der Stil der Weine des Niebaum-Coppola-Guts zeigt deutlich seine Handschrift. Gärung bei einer relativ niedrigen Temperatur (24° C) mit einem hohen Anteil ganzer Beeren, wobei die Maische acht bis zehn Tage am Most belassen wird. Der Preßmost wird wieder hinzugefügt. Neunmonatiger Ausbau in Fässern aus amerikanischer, französischer und slowenischer Eiche, anschließend sehr lange Weiterreifung in französischen Barriques mit einem geringen Anteil neuen Holzes. Anschließend ruht der Wein noch weitere vier Jahre auf der Flasche.

Der Wein des Paten

Wie bei einem iberischen Gran Reserva wird dieser Rubicon nicht so schnell überschritten: Nur wenige Weine kommen so spät auf den Markt wie dieser. Mächtig, massiv, ausladend im Übermaß, trägt er eine extravertierte aromatische Opulenz zur Schau, während die Frucht alle Register zieht. Sein warmer Abgang gibt den draufgängerischen Tanninen Rundungen. Die Säure und der Körper sind Garanten für eine gute Haltbarkeit der im gleichmäßigen Durchschnitt sechstausend Flaschen, die sieben Jahre im Keller ruhen. Der Rubicon ist ein echter Monumentalfilm, ein mitreißender und durchschlagender Wein, die önologische Umsetzung der Prinzipien des Actor's Studio.

Weißweine

Montrachet

Das Goldene Vlies

Domaine Marquis de Laguiche

Maison et Domaine Joseph Drouhin

Land:
Frankreich

Herkunftsgebiet:
Montrachet Grand Cru

Erzeugung:
9000 Flaschen

Für Stendhal war die Côte bourguignonne »ein ziemlich trockener und ziemlich häßlicher Höhenzug;« er fügte aber gleichwohl hinzu: »Können Menschen von Geist jemals häßlich sein?« Der Hügel von Montrachet erhebt sich kaum aus der Ebene. Einige Meter oberhalb der Reben klammert sich spärliches Strauchwerk an den Felsen. Der berühmteste Weißwein der Erde kommt in einer äußersten Ödnis zur Welt, in einer Landschaft, wo es ihm nur darum zu gehen scheint, sich vergessen zu machen. Keine abweisenden Tore und hohen Mauern - der Montrachet fesselt den Blick nicht. Ist dies die absolute Bescheidenheit - oder die ins Extrem gesteigerte Selbsteingenommenheit?

Mont Rachicensis, Mont Rachat, Montrachet: »rache« bedeutet »kahl,« also einen nackten und unwirtlichen Hang. Dieser kahle Berg erwacht spät, aber er trägt das Goldene Vlies, das alte und leuchtende Ideal des Burgund. Immerhin sind bereits im dreizehnten Jahrhundert Schenkungen von Reben an diesem Ort an die Zisterzienserabtei von Maizières zwischen Beaune und Verdun-sur-le-Doubs urkundlich belegt. Während der ganzen Geschichte ist die Fläche schon unter zahlreiche Besitzer aufgeteilt. Darüber hinaus ist sie auf zwei Gemeinden verteilt, Chassagne und Puligny, die beide 1979 das Recht erhielten, ihrem Namen den fürstlichen Namen Montrachet anzuhängen.

Die Familie Clermont-Montoison folgt im Jahre 1710 durch Heirat den Baronen von La Boutière in der Herrschaft Chassagne und auf Château Chagny nach. Diese alte, mit den Clermont-Tonnerre verwandte Familie verleiht dem Montrachet erstmals Glanz. Sie kauft Parzellen auf und fügt sie wieder zusammen. Bald gehört ihr die Hälfte von Montrachet, »des eigenartigsten und feinsten Weins Frankreichs,« wie Abt Arnoux 1728 schrieb, »dessen Köstlichkeit die lateinische Zunge und die französische Sprache nicht auszudrücken vermögen.« Von nun an mehrt sich sein Ruf. 1787 nennt ihn Thomas Jefferson als einzigen Weißwein unter seinen vier besten Weinen. 1776 heiratet Charles de La Guiche eine Clermont-Montoison. Er stirbt 1794 auf dem Schafott.

Ein kostbarer Boden

Der Montrachet liegt ganz im Süden der Côte de Beaune neben einem Steinbruch, aus dessen Steinen die Pyramide des Louvre in Paris geschaffen wurde. Zwischen 250 und 270 m hoch nach Südosten gelegen, ist dies einer der tiefsten Grand Crus. Kalkstein mit Geröll bilden die Grundschicht dieser Lage, die in der Mitte von einem bräunlich-roten Band durchzogen wird. Könnte diese Ader das Wunder erklären? Jedenfalls ist die Bodendecke auf dem Montrachet dünn, und traditionell heißt es, daß man vor Verlassen des Rebgartens seine Schuhe abkratzen muß, damit man nichts von dem kostbaren Boden hinausträgt. Das Mi-

Joseph Drouhin

kroklima saugt hier die Sonne auf. Der Chardonnay gedeiht hier hervorragend, doch spielt er erst seit dem achtzehnten Jahrhundert eine bedeutende Rolle. Damals wird genau zwischen Montrachet, Bâtard-Montrachet und Chevalier-Montrachet unterschieden. Ersterer umfaßt seit dem Beschluß 1921 8 ha, 7 Ar und 87 Zentiar, worin auch einige kleinere Parzellen der Dents de Chien in Chassagne eingeschlossen sind.

Nach der Französischen Revolution bekommt die Familie de La Guiche, die sich jetzt de Laguiche nennt, dank der Vermittlung eines *régisseurs*, der für sie die schwierige Übergabe bewerkstelligt, ihren Montrachet wieder. 1838 verkauft sie etwa 2 ha an die Familie Bouchard aus Beaune und behält 2,06 ha, die ihr noch heute gehören. Die Marquis de Laguiche, seit 1815 erbliche Pairs von Frankreich, sind auch Besitzer des Château Chaumont bei Saint-Bonnet-de-Joux (Saône-et-Loire) mit den Ställen für 99 Pferde: Nur der König durfte einhundert Pferde besitzen... Die Nachfolge des 1921 geborenen Philibert hat jetzt sein Sohn Jean angetreten. Die Familie hatte immer Betriebsleiter, von denen besonders der 1987 verstorbene Abbé Jean-Baptiste Colin zu erwähnen ist, der in Chassagne, wo er Bürgermeister war, seinen Ruhestand verbrachte. Heute ist der Montrachet Marquis de Laguiche dem Haus Joseph Drouhin anvertraut, das bereits den Vertrieb dieses Weins besorgt hatte.

1961, 1969 und 1984 wurden kleine Teile des Rebgartens neu bestockt. Er wird im Akkord bestellt von Henri Bonnefoy, einem Winzer aus Chassagne. Bekommt er irgendwelche Vorgaben? Nein, er hat das Vertrauen der Besitzer. Wie schneidet er die Reben? »Jeder Stock muß für sich betrachtet werden,« sagt er. »Ich schneide, wie der Stock es verlangt.« Trinkt er manchmal Montrachet? »Vielleicht ergibt es sich einmal ...«, antwortet er mit leisem Bedauern. Gelesen wird in mehreren Durchgängen, ein Drittel relativ früh, der Rest in den letzten Tagen.

Wenn Geist zum Wein kommt

Laurence Jobard, Önologe des Hauses Joseph Drouhin, arbeitet mit einer pneumatischen Presse, deren außerordentlich langsamer Preßzyklus von einem speziellen Rechnerprogramm gesteuert wird. Entfernung des Tresters, leichtes Absitzenlassen während zehn Stunden, anschließend Vergärung ohne Hefezusatz, und zwar während 20 bis 30 % der Gärdauer auf neuem Holz. Bis September bleibt der Wein auf der Hefe stehen. Leichtes Aufrühren vor Weihnachten, doch handhabt man dies hier eher zurückhaltend. Eine einzige Filtration und Schönung je nach Cuvée mit geeigneter Auswahl des Schönungsmittels, achtzehn Monate Flaschenlager. Die durchschnittliche Erzeugung liegt in der Größenordnung von 9.000 Flaschen pro Jahr. Alljährlich werden eines bis zwei der dreißig Fässer deklassiert und »inkognito« als Bourgogne verkauft.

Weitere Montrachet-Besitzer sind Domaine Thénard (1,81 ha), Bouchard Père et Fils (1,1 ha), die Familie Regnault de Beaucaron (80 Ar), die Domaine de la Romanée-Conti (68 Ar) sowie die Domaines Amiot-Bonfils, Marc Colin, Delagrange-Bachelet, Gagnard-Delagrange, René Fleurot, Comtes Lafon, Jacques Prieur, Ramonet .... Die Ouvrée (Tagwerk) kostete 1994 mindestens 1 Million Francs, was einem Hektarpreis von etwa 25 Millionen Francs entspricht.

Der bewundernswürdige, göttliche, kostbare, einzigartige Montrachet wurde immer als eines der schönsten Geschenke der Götter verehrt. Seit dem achtzehnten Jahrhundert wurde er immer über alle anderen burgundischen Weißweine gestellt. »Dies ist kein Wein,« schrieb Frank Schoonmaker, »sondern ein Ereignis!« »Man muß ihn auf Knien mit entblößtem Haupt trinken,« sagte Alexandre Dumas. Lange Zeit wegen seiner »Farblosigkeit« geschätzt, zeigt der Wein heute ein schönes Grüngold mit einem Hauch kistallinem Gelb, in das sich einige Mond- und Sonnenstrahlen mischen. In der Nase erinnert er an Mandeln, reife Weinbeeren, Weißdorn und vor allem Honig. Im Mund sind Körper und Bouquet ununterscheidbar. Struktur und Harmonie verschmelzen zu einer absoluten Einheit. Dies ist sein Geheimnis. Er besitzt Geist ohne Trockenheit, einen likörartigen Geschmack ohne Fadheit, eine äußerste Delikatesse. Sämig und fest, trocken und schmeichelnd, füllig und tief besitzt er alle Gnaden unter einem unerschütterlichen Charakter. Er hat das Geschlecht der Engel. Es fehlen uns die Worte, um ihn zu beschreiben...

Robert Drouhin in seinem Keller.

Bâtard Montrachet

Ein echter burgundischer Mythos

Domaine Ramonet

Land:
Frankreich

Herkunftsgebiet:
Bâtard-Montrachet Grand Cru

Erzeugung:
2.500 Flaschen

Der Bâtard-Montrachet liegt in einer Höhe von 230 - 250 m unmittelbar unterhalb des Montrachet, weist jedoch etwas mehr Humus und Lehm auf. Die leichte Hangneigung begünstigt die Entwässerung. Der Name ist schon seit dem dreizehnten Jahrhundert gebräuchlich, ohne daß man eine Erklärung für ihn hätte. Ein *bâtard* ist das uneheliche Kind einer hochgestellten Persönlichkeit. Hieran ist nichts Unehrenhaftes: Große Bâtards hatten immer ihren festen Platz am burgundischen Hof!

Der ganz vom Chardonnay beherrschte Bâtard-Montrachet ist 11,86 ha groß. Oft scheint er etwas mehr Festigkeit als der Chevalier zu besitzen. Manchmal bleibt ihm ein wenig Erde an den Sohlen haften, doch erreicht er manchmal auch die Höhe des Montrachet. Den Unterschied, heißt es hier, macht das Wetter aus: Der Bâtard blüht bei warmem und trockenem Wetter auf, der Chevalier bei feuchter Witterung. Dies ist der Ort der Reben-Schrebergärtner. Jede Familie hat hier einige Zeilen Bâtard. Kein einziger Besitz ist größer als 1 ha, und die meisten Güter verfügen über kaum mehr als 15 Ar. Wenn man die Eigentümer aufzählen wollte, müßte man das Telefonbuch von Chassagne und Puligny abschreiben ...

Vielen Winzern ist es gelungen, sich einen Namen zu machen; einige haben sogar einen Ruf. Die Domaine Ramonet aber ist berühmt. Der zu Beginn dieses Jahrhunderts geborene Pierre Ramonet war der Sohn eines Winzers aus Chassagne, der einer finanziell ruinierten Müllerfamilie aus der Bresse angehörte. Er heiratete Lucie Prudhon, die Tochter des *chef de culture* der Domaine de l'Abbaye de Morgeot, und der Besitz hieß eine Generation lang Ramonet-Prudhon. Sein Sohn André trat seine Nachfolge an, nach ihm die Enkel Noël und Jean-Claude. Das 15 ha große Gut hat Parzellen auf Montrachet, Bâtard-Montrachet (56,09 Ar, 1955 erworben, die jährlich etwa 2.500 Flaschen liefern), Bienvenues-Bâtard-Montrachet und schöne Premiers crus (Boudriotte, Clos Saint-Jean, Morgeot, Caillеret, mit Rot- und Weißweinen). Pierre Ramonet läuft dem Glück über den Weg, als er 1938 dem Amerikaner Frank Schoonmaker begegnet, der in den Vereinigten Staaten den »Vin de Vigneron« bekannt macht. Ramonet-Prudhon wird jenseits des Atlantiks sehr schnell bekannt, auch wenn die 200 Kisten 1934er, die Frank Schoonmaker kauft, erst 1945 bezahlt werden ...

Die Domaine Romanée hat Grundsätze. Man haßt die »repiquages,« durch die die Stöcke einzeln ersetzt werden. Man beschränkt den Ertrag, baut die Weine auf der Hefe aus und hütet dieses Geläger mit den beinahe magischen Eigenschaften sorgfältigst. Ein Drittel neuer Fässer, zwanzig Monate Ausbau, anschließend nach einer leichten Filtration Flaschenfüllung.

Chevalier-Montrachet »Les Demoiselles«

Perfekt klassisch

Maison et Domaine Louis Latour

Land:
Frankreich

Herkunftsgebiet:
Chevalier-Montrachet Grand Cru

Erzeugung:
5.000 Flaschen

Die Häuser und Domänen Louis Latour (50,75 Ar) und Louis Jadot (52 Ar) teilen sich seit 1913 auf Chevalier-Montrachet (7 ha) die Lage »des Demoiselles«, die zu Ehren von Julie und Adèle Voillot so genannt ist, in deren Besitz sie bis um 1830 war. In Cailleret gelegen, aber stets als Chevalier-Montrachet bezeichnet, wurde die Lage 1939 offiziell in den Grand cru aufgenommen. Sie gehörte einst Léonce Bocquet. Es handelt sich nicht um ein *climat*, sondern eine gebräuchliche Bezeichnung ähnlich der *Vigne de l'Enfant-Jésus* in Beaune-Grèves. Jean-René Chartron erhielt 1974 für eine Parzelle innerhalb des Grand cru die Klassifikation als Chevalier-Montrachet »Les Demoiselles«. Andererseits wurde bei anderen Parzellen festgestellt, daß sie mangels Bodens unkultivierbar waren, weshalb ihnen das Recht auf eine AOC entzogen wurde.

Der Chevalier-Montrachet erstreckt sich waagerecht oberhalb des Montrachet in Puligny. Er ist diesem sehr ähnlich und wurde stets als erster unter den Weißweinen eingestuft -hinter seinem unerreichbaren Nachbarn. Derzeitige Besitzer sind unter anderem die Domaines Bouchard Père et Fils (mit 2,02 ha größte Eigentümer), Jean Chartron, Henri Clerc, Dancer et Courlet de Vrégille, Deléger, Leflaive, Niellon, Jacques Prieur ...

Dieser Rebgarten, der 1960 aus einer Massenselektion aus dem Gut neu bestockt wurde, liefert einen Wein von perfekt klassischem Stil. »Mein Vater hat immer gesagt,« sagt Louis Latour, »daß der Weißwein weiß, was er zu tun hat.« Eine alte Methode und gute Prinzipien: Der Preßmost kommt ohne irgendwelche Eingriffe vollständig ins Faß. Man läßt ihn nach seinem eigenen Rhythmus arbeiten. Ganz gelegentliches Aufrühren. Dies geschieht in der Kelterei von Corton-Grancey Seite an Seite mit dem Corton Charlemagne, den Latour im vorigen Jahrhundert buchstäblich neu auf die Karte schrieb. Ein Jahr in neuen Fässern, ein Jahr in der Flasche. Nach Filtration und Schönung präsentiert sich der Wein in guten Jahren in glorreichem Glanz. Die Durchschnittserzeugung liegt bei 5.000 Flaschen pro Jahr.

Das Haus Latour ist im Burgund allgegenwärtig. Man findet es überall, auf Romanée Saint-Vivant wie auch Chambertin, über 50 ha bester Lagen, und eine Pflanzung in der Ardéche. An der Spitze des 1797 gegründeten Hauses in Beaune steht stets ein Louis Latour. Louis Fabrice steht heute seinem Vater Louis IV. mit derselben umsichtigen Klugheit zur Seite. Dies ist mehr als eine Familie - es ist eine Tradition.

Domaine de Chevalier

Inspirierende Lichtung

Land:
Frankreich

Herkunftsgebiet:
Pessac-Léognan

SC Domaine de Chevalier

Erzeugung:
9000 Flaschen

Zur Hochzeit seiner Tochter im Jahre 1988, bei der ganz Bordeaux vertreten war, ließ Claude Ricard einen rätselhaften Wein servieren, der als Meisterwerk gerühmt wurde. War es ein 1964er aus dem Jahr der Empfängnis der jungen Braut? Ein 1965er aus dem Jahr ihrer Geburt? Oder ein 1966er aus dem Jahr ihrer ersten Schritte? Niemand hätte auf den 1965er zu wetten gewagt, einen der schlechtesten Jahrgänge der Appellation. Und doch war es ein 1965er!

Das ehemalige »Chibaley« war seit dem achtzehnten Jahrhundert bekannt. Nachdem es zu einem Kiefernwald geworden war, kehrte es dank Jean Ricard, der bereits Besitzer von Fieuzal, Malartic-Lagravière und Haut-Bailly war, 1865 als »Chevalier« zu seiner ursprünglichen Bestimmung zurück. Sein Schwiegersohn Gabriel Beaumartin, Holzhändler von Beruf, führt diesen Wein zur Apotheose. Beaumartins Nachfolger ist Claude Ricard. Dieser Künstler und Pianist setzt auf Qualität, und wenn seine schlanke, flinke und melodische Rechte die Weißweine zum Klingen bringt (8.500 Flaschen pro Jahr), so gibt seine rhythmische, kraftvolle, harmonische Linke den Rotweinen Kontur (85.000 Flaschen).

Eine flache Kiesschicht mischt sich hier mit schwarzem, sandigem Mutterboden über einem Untergrund aus feuchtem Ortstein, der die Wurzeln eindringen läßt. Das aus einem Stück bestehende Gut ist ringsum von Kiefernwald umgeben. Die Drainage, die unter diesen Umständen unverzichtbar ist, ist eine der perfektesten des Bordelais, so daß die Reben auch niemals unter Trockenheit leiden. Von den insgesamt 25 ha sind drei mit weißen Reben bestockt. Von den 10.000 Stöcken pro Hektar liefern Sauvignon (70 %) und Sémillon (30 %) den Weißwein; Cabernet Sauvignon (65 %), Merlot (30 %) und Cabernet franc (5 %) ergeben den Rotwein.

Andante cantabile: Zur Ernte werden zwanzig Leute aufgeboten, die in drei Durchgängen die reifen Beeren lesen. Und sie sind unerbittlich: Der zweite Wein bleibt hier am Boden... Allegretto: Die Vinifikation erfolgt mit Feenhänden: Die weißen Trauben werden gepreßt, der Most wird in Fässern entschleimt und gärt anschließend bei mäßigen Temperaturen auf neuem Holz. Er bleibt einen Monat auf den Hefen, die nicht aufgerührt werden. Molto lento: Der Ausbau: Achtzehn Monate im Fässern (Weißweine), die zu einem Drittel neu sind, Abstich in viermonatigen Abständen, Schönung, leichte Filtration. Welche Offenbarung beim Finale! Der Weißwein besitzt eine sublime Frucht. Die Farbe ist stets fest, die Aromen unendlich komplex mit einer sehr reinen Frucht. Dieser Wein bewahrt zwanzig Jahre und mehr seine Brillanz. 1983 übernahm Olivier Bernard das Gut. Claude Ricard bleibt sieben Jahre lang als Berater tätig - ein seltenes Beispiel für einen reibungslosen Übergang. Der Weißwein ist teurer als der Rotwein und dieser wiederum teurer als die Zweitklassifizierten des Médoc.

Corton Charlemagne

Im Reinzustand

Domaine Bonneau du Martray

Land: Frankreich

Herkunftsgebiet: Corton-Charlemagne Grand Cru

Erzeugung: 10.000 Flaschen

Karl Martell, der die Araber bei Poitiers schlug, zog zahlreiche Kirchengüter ein. Sein Enkel Karl der Große betrieb eine andere Politik. Im Jahre 775 schenkte er dem Stift Saint-Andoche aus Saulieu (der Stadt von Alexandre Dumaine und Bernard Loiseau) seine Reben in Aloxe, die den Namen »Clos Charlemagne« bekamen, knapp 2 ha, ganze drei bei der Verstaatlichung während der Revolution. Die Mönche hatten das Land in Saulieu damit über eintausend Jahre in ihrem Besitz. Aus dieser bescheidenen Rebfläche entstanden riesige Lagen: Die *climats* Le Charlemagne in Aloxe-Corton und En Charlemagne in Pernand-Vergelesses umfassen jeweils etwa 17 ha, während der Corton-Charlemagne 71,88 ha bedeckt.

Alle Legenden, die den Kaiser mit diesem Rebgarten verbinden, den er als zweiunddreißigjähriger verschenkte und von dem er zweifellos niemals einen Tropfen trank, entspringen der Phantasie. Umgekehrt haben die Burgunder wie auch alle Conti-Fürsten auf Romanée einen angeborenen Sinn für Publikumswirksamkeit und wissen, welcher Namen sie sich bedienen müssen. Jedenfalls ist der Corton-Charlemagne ein Weißwein aus dem Chardonnay.

Im Corton-Berg sind Kalksteinplatten des alten Jura-Meeres aufeinander getürmt. Je nach Stockwerk spielen Pinot oder Chardonnay die erste Geige. Die weißen Reben stehen oben am Hang unterhalb der Waldkrone; hier wechseln Mergel und Kalkstein, teilweise mit Lehm vermischt, auf steilen Hängen in Südsüdost-Lage ab. Unter den Crus-Domänen ist Bonneau du Martray die Galionsfigur. Ihre Ursprünge reichen auf das achtzehnte Jahrhundert zurück. Die Größe des Besitzes änderte sich vielfach. Heute umfaßt er 11 ha in Pernand und Aloxe, die sämtlich im Herkunftsgebiet liegen. 1969 erbte die Gräfin Jean Le Bault de la Morinière das Gut, die Nichte von René Bonneau du Martray, der seinen ganzen Wein an den Handel verkaufte. Ihr Mann vernimmt den Ruf der Rebe. Madame de Sévigné und Sainte-Jeanne de Chantal zieren den Stammbaum dieses Geschäftsmanns, der bisher in der Industrie tätig war. Er ist ein echter Burgunder, auch wenn er durch berufliche Zwänge Pariser geworden war. Er verschreibt sich mit Leib und Seele diesem Himmelsgeschenk, erneuert den Besitz (Bekämpfung der Bodenerosion, mustergültige Kelteranlagen) und nimmt 1972 den Direktverkauf auf. Le Corton-Charlemagne verdankt seiner gewissenhaften und qualitätsorientierten Arbeit sehr viel, die bald auch von der Kritik gewürdigt wird. Der zu 90 % exportierte Wein entsteht aus vierzig bis fünfzig Jahre alten Reben mit einem entsprechend niedrigen Ertrag, der

40 hl/ha nicht überschreitet. Für die Lese werden etwa vierzig Helfer aufgeboten, von denen fünf damit beschäftigt sind, die Lesekörbe zu waschen, in denen die Trauben auf den Transport in die Kelterei warten. Die Trauben werden in einer pneumatischen Presse vorsichtig gepreßt; anschließend läßt man den Most lange bei Umgebungstemperatur absitzen und fügt die feinen Hefen nach dem Abstich wieder hinzu. Mit der gleichen modernen Sorgfalt wird auch vinifiziert. Von der Qualität der Aromen beeindruckt, die in der Kelterei bei einer klassischen Vergärung bei relativ hoher Temperatur zum Beispiel bei der Vergärung in Fässern frei werden, sagt Jean Le Bault: »Wenn die Aromen frei werden, verflüchtigen sie sich auch sofort!« Um sie im Wein festzuhalten, ermittelte er mit seinem Freund Max Léglise eine ideale Tankgröße von 17 hl mit kubischer Form, in denen der Wein dank einer vollständigen Klimatisierung der Kelterei bei mäßigen Temperaturen gärt, d.h. bei geregelten 18 bis 20° C. Die Gärung kommt ohne Zusatz von Hefen mit einem *pied de cuve* aus der ersten Ernte in Gang. Wenn die Dichte etwa 1,06 erreicht und noch ein Rest unvergorener Zucker vorhanden ist, wird der Most mit Hilfe der Schwerkraft in Fässer abgefüllt. Dort endet die alkoholische Gärung langsam und ohne Erwärmung. Ein Drittel der Fässer ist jeweils neu. Nach drei Wochen ist der Wein »trocken« und enthält weniger als 2 g Zucker. Nach dem Aufrühren wartet man im Keller bei einer Temperatur von 17° C auf den biologischen Säureabbau, der langsam, aber sicher einsetzt. Anschließend wird der Wein vom letzten Gärungstrub getrennt und verbringt zwölf Monate im Holz. Beim ersten und zweiten Abstich werden die verschiedenen Partien verschnitten, wobei der Wein von alten Reben stets getrennt vinifiziert wird. Vor der Abfüllung in Flaschen wird der Wein zweimal filtriert, aber niemals geschönt.

Es ist die Politik von Jean Le Bault de La Morinière, der im übrigen alle Erträge wieder in sein Weingut investiert, Weine vorrätig zu halten und sie erst nach sieben bis acht Jahren in der Flasche voll ausgereift zu verkaufen. Dies ist eine kostspielige Politik, die sich heute kaum noch ein Gut leistet, die aber von Restaurateuren und anderen großen Weinliebhabern außerordentlich geschätzt wird.

Die Lage und Exposition des Hangs, die Konzentration des Ausgangsmaterials und die Vinifikation sind die einfache Erklärung für den Stil dieses mustergültigen Weins. Es ist ein Wein, der stets Volumen am Gaumen und Finesse, Fett und aromatische Nachhaltigkeit, Reinheit der Frucht und eine seltene Komplexität miteinander vereint. Hierin liegt die Großartigkeit des Corton-Charlemagne Bonneau du Martray: Er gewinnt dem Paar Chardonnay/Terroir ein Höchstmaß an Üppigkeit, an Vollendung, an Reinheit ab. Dieses Paar wird durch eine sorgfältig durchdachte Synthese zwischen der großen burgundischen Tradition und modernen, perfektionistischen Verfahren zur Geltung gebracht, die die Tradition von morgen sein könnte - dies ist der Chardonnay in Reinkultur.

Jean-Charles Le Bault de la Morinière, mit Anne de Monjour verheiratet, die einer alten Familie aus Dijon entstammt, arbeitet heute an der Seite seines Vaters. Er hat zwanzig Jahre lang als Architekt gearbeitet und ist von derselben mönchischen Hingabe an einen großen Wein beseelt. Haben nicht sein erlernter Beruf und derjenige des Weinbereiters viele Gemeinsamkeiten?

Château Woltner Cuvée Titus

Der Märchenprinz

Land:
Vereinigte Staaten von Amerika
(Kalifornien)

Herkunftsgebiet:
Napa Valley

Erzeugung:
1.800 bis 3.600 Flaschen

1877 gründeten Jean-Adolphe Brun und Jean Chaix in Howell Mountain ein Weingut, dem sie den Namen Nouveau Médoc Vineyard gaben. Sie errichten einen Chai aus Quadersteinen, bestocken fünfzig Hektar und schaffen den Durchbruch. Nach dem Verkauf im Jahre 1913 unter dem Druck der Prohibition versinkt der Rebgarten in einen langen Dornröschenschlaf. Sein Märchenprinz ist wiederum ein Franzose: Der in Lille geborene Textilingenieur Francis Dewavrin. Zusammen mit seiner Frau Françoise Woltner übernahm er 1977 die Leitung von La Mission Haut-Brion, Laville Haut-Brion und Latour Haut-Brion. 1981 kaufen sie diesen alten Napa-Rebgarten und taufen ihn Château Woltner. Die Entscheidung für den Chardonnay wird durch den Boden und die Lage diktiert. Die 48 ha Reben stehen bald wieder im Ertrag, und zur Frostbekämpfung wird ein Beregnungssystem installiert.

Wein zum Weglegen

Auf den vulkanischen Böden, die arm an Lehm und organischem Material sind und an einem Stück einen Hügel umgeben, ergeben mehrere Parzellen ihren ganz persönlichen Stil: Saint-Thomas (6,2 ha, nach Westen gelegen), Titus (1,69 ha, Südexposition), und Frederic (1,44 ha, Nordlage). Die noch jungen Reben, die mit einer Dichte von 1.200 Stöcke pro ha gesetzt sind, werden als Kordons erzogen und liefern 35 hl/ha. Zeitige Lese. Weinmacher Ted Lemon hat sein Handwerk bei Guy Roulot in Meursault gelernt. Er arbeitet mit sofortigem Abpressen ohne Stehenlassen auf der Maische, einer Mostvorklärung bei 12° C, einem Ausbau auf der Hefe bis zum April mit häufigen Aufrühren und wöchentlichem Auffüllen. Nach dem Abzug wird der Wein bis Juli in zu 30 % neue Stückfässer gelegt, mit Bentonit geklärt, leicht filtriert und anschließend zehn Monate in der Flasche gelagert. Diese Weine und insbesondere der kostbare Cuvée Titus haben nichts mit einem üblichen kalifornischen Chardonnay gemein. Diese zum Weglegen gemachten Weine sind von einer kernigen Struktur mit einem manchmal fast übertriebenen Holzton; sie müssen erst Rundungen und Schmelz gewinnen. Rasse ist vorhanden und schon sehr bald dank jener sich schon andeutenden romantischen Komplexität im Mund wahrnehmbar. Das Fett, die Samtigkeit, diese völlig fehlende Spritzigkeit, alles erinnert an Puligny-Montrachet. Der Preis? Er steigt nicht wie ein Heißluftballon, sondern wie ein Raktentreibsatz.

Die besten kalifornischen Chardonnays besitzen einen extravertierten Stil mit einem manchmal sehr starken Holzton von den Barriques und oft nicht zu entschuldigende exotische Akzente: Acacia, Chalone, Château Montelena, Château Saint-Jean, Flora Spring, Grgich Hills Cellars, Hanzell Vineyards, Long Vineyards, Robert Mondavi, Simi, Sonoma Cutrer und Stony Hill.

Puligny-Montrachet Les Pucelles

Eine Rundung, die die Mutterschaft ankündigt ...

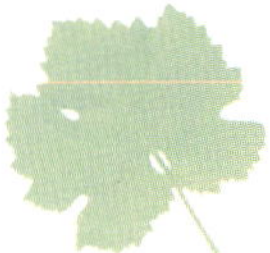

DOMAINE LEFLAIVE

LAND:
FRANKREICH

HERKUNFTSGEBIET:
PULIGNY-MONTRACHET PREMIER CRU LES PUCELLES

ERZEUGUNG:
15.000 FLASCHEN

Die Lage Les Pucelles befindet sich am Hang von Puligny-Montrachet neben Bâtard-Montrachet und Bienvenues-Bâtard-Montrachet. Der Clos des Meix bildet eine Enklave in diesem Weinberg. Die Legende behauptet, daß diese *Pucelles* (Jungfrauen) einst ihre Unschuld unter dem Angriff des Bâtard (Bastards) verloren. Jedenfalls besitzen die 6,76 ha einen unwiderstehlichen Honigduft und jene weichen Konturen, die die Mutterschaft ankündigen... Sie sind vielleicht weniger komplex als manche andere Premier crus von Puligny, doch haben sie den Ruf eines Weins, der schnell verführt. »Die junge Tänzerin, die zur Oper geht,« sagt man hier.
In diesem *climat* sind die Domaines Chartron, Paul Pernot et Fils, Marc Morey et Fils, Henri Clerc et Fils und vor allen Dingen Leflaive vertreten. Wer Leflaive sagt, sagt auch Puligny - eine Familiensaga auf dem Fundament des Montrachet. Die Familie ist seit acht Generationen in der Gemeinde ansässig. Die Domaine Leflaive ist vor allen Dingen das Werk von Joseph (1870 - 1953), Absolvent des Polytechnikums, Ingenieur bei der Pioniertruppe und Industrieller. Sein *régisseur* François Virot ist eine der markantesten Persönlichkeiten des Weinbaus. 25 ha Reben, die ab 1920 erneuert wurden und mit Chardonnay bestockt sind. Seit 1933 wird der Wein mit der Unterstützung von Frederick Wildmann direkt nach New York verkauft.

Die Kritik auf Knien

Jo Leflaive, Versicherer in Grenoble, übernahm 1953 mit seinem Bruder Vincent das Gut. Seit dem Tode Jos im Jahre 1982 kümmert sich Vincent alleine um das Erbe, unterstützt von einem Familienrat. Jean Virot, der Sohn von François Virot, wird Betriebsleiter. Vincent ist viel in der Welt herumgekommen, ehe er in Puligny in den »Ruhestand« geht. In wenigen Jahren wird er zu einer legendären Persönlichkeit. Er legt strengste Vorschriften fest und besteht auf einer klinischen Sauberkeit. Er beeindruckt den Besucher mit seiner rauhen Herzlichkeit und seinem unerschöpflichen Charme. Er ist der geborene Verführer und leidenschaftlicher Kämpfer für seine Weine: Bâtard-Montrachet, Chevalier-Montrachet, Bienvenues, Bâtard-Montrachet von den Grands crus, Les Pucelles, Les Combettes, Le Dos d'Ane ...

Vincent arbeitet im Stil Leflaives, vor allem bei jenen 15.000 Flaschen Pucelles, die jährlich erzeugt werden: Die Natur ihren Gang gehen lassen, Geduld üben. Vincent ist 1993 als großer homme du vin in die himmlischen Rebgärten hinübergegangen. Seine Tochter Anne-Claude und sein Neffe Olivier sind heute neben den Erben von Noue und Suremain Mitgeschäftsführer des Guts.

Chablis Grand Cru Les Blanchots

Ein Wein voller Liebe

Domaine Laroche - Réserve de l'Obédiencerie

Land
Frankreich

Herkunftsgebiet:
Chablis Grand Cru
Les Blanchots

Erzeugung:
3.784 Flaschen

Der in der Nähe von Auxerre (Yonne) gelegene und vom Tal des Serein durchzogene Rebgarten von Chablis umfaßt bis zu 15 und 20 % steile Hanglagen, aber auch flaches Gelände in einer Höhe zwischen 100 und 250 m. Das schon seit dem Mittelalter hauptsächlich von Zisterziensermönchen aus Pontigny kultivierte Rebland liefert ausschließlich Weißweine vom Chardonnay, der hier Beaunois oder Pinot blanc heißt. Der Boden besteht aus Jurakalken, wobei über einer Grundschicht aus Kimmeridge-Mergel und lehmigen Kalken ein Oberboden aus Portlandkalk liegt. Die geheiligte Richtschnur des Kimméridgien hat in den vergangenen dreißig Jahren im wissenschaftlichen Bereich eine höchst unterschiedliche Wertung erfahren. Das Dekret des Jahres 1938 hat praktisch eine starre Verbindung zwischen der AOC Chablis und diesen geologischen Formationen hergestellt.
Das Appellationsgebiet ist etwa 5.000 ha groß, wovon 2.000 ha bestockt sind. In neuerer Zeit wurden erhebliche Neubepflanzungen vorgenommen. Erzeugt werden jährlich etwa 13 Millionen Flaschen Chablis Grand cru, Chablis Premier cru, Chablis und Petit Chablis. Von einem guten Chablis-Wein sagt man in Frankreich, daß er »de l'amour« hat, jene schöne grüngoldene Nuance, jene Aromen von Pilzen (Ritterling) und Feuerstein, jenen Geschmack »aus dem Innern der Erde«, jene elegante und leichte Lebendigkeit. Keine Appellation wird so oft imitiert wie diese. Unzählige »echte« Chablis gibt es in den Vereinigten Staaten, in Australi-

en und in Südafrika. Meist sind es sehr mäßige Weine, manchmal sogar Rosés. 1982 hat das Burgund vom obersten Gerichtshof der Bermudas ein Verbot des Verkaufs falscher Chablis auf diesem Gebiet erlangt. Ebenso konnte mit Japan ein Schutz des Chablis erzielt werden.

Am rechten Ufer des Serein

Chablis Grand Cru umfaßt 106 ha in der Gemeinde Chablis in sieben *climats*: Blanchots, Bougros, Grenouille, Les Clos, Preuses, Valmur und Vaudésir sowie La Moutonne, das zwar nicht als Grand cru klassifiziert ist, aber trotzdem diesen Status hat. Sie liegen am rechten Ufer des Serein in einer hervorragenden Exposition und auf perfektem Boden. Les Blanchots (man sagt auch Blanchot) bilden in dem nach Chablis eingemeindeten Ort Fyé den südöstlichen Wall dieser Côte. Die Hangneigung ist sehr steil, so daß teilweise keine mechanische Bearbeitung möglich ist. Die insgesamt 12,19 ha teilen sich Domaines Laroche, Long-Depaquit (vom Beauner Haus Albert Bichot übernommen), Jean Moreau, François Raveneau, R. Vacoret et ses Fils sowie ein Dutzend weiterer hier ansässiger Besitzer. Les Blanchots, die zu den delikatesten Weinen gezählt werden, sind berühmt wegen ihres Dufts, ihrer Leichtigkeit und Subtilität. Der »magere« Kimméridgien-Kalkstein gibt hier sein Bestes.

Das von der internationalen Kritik gefeierte Gut Laroche glänzt mit seinen Blanchots (4,57 ha), auf denen über 35 Jahre alte Reben stehen. Der Gründer des Hauses, Jean-Victor Laroche, war Mitte des neunzehnten Jahrhunderts Arbeiter in Maligny. Seine Nachfolger waren Henri, dann Michel. Neben ihren Aktivitäten als *negociant-éleveur* und der Vermarktung zahlreicher Marken (unter anderem Bacheroy-Josselin) hat die Familie Laroche versucht, in der Côte de Beaune Fuß zu fassen (Château de Puligny-Montrachet), doch wurde das Projekt aufgegeben. In Chablis bestellt die Firma einen ansehnlichen Rebgarten in den Lagen Blanchots, Bougros und Clos sowie in zahlreichen Premier crus-Lagen wie Fourchaume, Montmains, Vaillons, Montée de Tonnerre und Beauroy. Innovation und Tradition reichen sich hier die Hände: Gärung in Fässern unterschiedlichen Alters und unterschiedlicher Herkunft, die unterschiedliche Nuancen einbringen, möglichst leichte Filtration, Klärung und Schönung. Die Leitung hat Alain Sorba, Landbauingenieur und Önologe, der seine Ausbildung in Montpellier absolviert hat. Von der Lage Blanchot werden jährlich 21.000 - 26.000 Flaschen erzeugt sowie eine spezielle Cuvée, die »Réserve de l'Obédiencerie« von 80 Ar Blanchots, die jedes Jahr ausgelichtet werden, wobei bei dieser *vendange en vert* jede zweite Traube weggeschnitten wird; hieraus entstanden zum Beispiel im Jahre 1992 zwölf Jéroboames, 60 Magnums und 3.784 numerierte Flaschen eines Weins von konzentrierter Aromafülle und Süße. L'Obédiencerie ist ein alter und schöner Landsitz in Chablis. Dieser alte Sitz des *obédienciers*, des Mönchs, der die Güter der Abtei von Saint-Martin de Tours verwaltete, wurde in der Zeit zwischen dem zwölften und dem fünfzehnten Jahrhundert angelegt. Der Keller hat als ehemalige Krypta möglicherweise einst am Ende des neunten Jahrhunderts die Reliquien des Heiligen Martin beherbergt. Heute ist die Domaine Laroche glückliche Besitzerin dieses Anwesens.

Château Grillet

Wechselhaft wie eine schöne Frau

LAND:
FRANKREICH

HERKUNFTSGEBIET:
CHATEAU-GRILLET

ERZEUGUNG:
ETWA 10.000 FLASCHEN

Curnonsky schwor nur auf fünf Weißweine: Montrachet, Yquem, Château-Chalon, Coulée de Serrant und Château-Grillet. Dies war sein berühmtes »königliches Quintett.« Fernand Point (vom La Pyramide in Vienne) machte ihn auf diese winzige Cru im Norden der Côtes du Rhône aufmerksam: »Lebendig, stürmisch, unberechenbar wie eine schöne Frau, mit dem Duft von Reben-und Mandelblüten, ein erstaunliches Bouquet von Wiesenblumen und Veilchen.«
Das schon vor zweihundert Jahren Thomas Jefferson bekannte und von ihm identifizierte, geschätzte und sorgfältig von seinen Nachbarn, den Weinen von Condrieu, unterschiedene Chateau Grillet erhielt 1936 seine eigene AOC. Inmitten eines großartigen Amphitheaters von Reben und Terrassen bedecken die alten Viognier-Stöcke drei ha (ursprünglich 1,5 ha) auf Granitgrus. André Canet, der heutige Besitzer, hat den Rebgarten erneuert, die Bodenerosion bekämpft und die Stützmauern wieder aufgerichtet. Dank eines besonderen Mikroklimas reift der Wein ein wenig früher als ein Condrieu. Gelesen wird von Hand. Gärung bei 20 bis 25° C, Ausbau auf der Hefe bis zum Frühjahr, biologischer Säureabbau, Lagerung in Fässern eines gewissen Alters bis zum Ende des nächsten Winters in dem aus dem Mittelalter stammenden Château. Die Mode hat hier kein Bürgerrecht.
So sucht man hier auch das Feuer der Jugend vergeblich. Château Grillet bleibt manchmal jahrelang stumm. Während aber seine Nachbarn bald an Kraft verlieren, beginnt der Château Grillet erst allmählich zu erstarken. Seine niedrige Säure, sein aus Honig, Quitten, Pfirsich, Linden und Veilchen komponiertes Sekundärbouquet entfaltet sich und verleiht den 10.000 Flaschen pro Jahr eine bewundernswürdige Komplexität, einen sublimen Nachklang von gegrillten Mandeln. »Vente suspendue,« ausverkauft, liest man in der Regel am Eingang zur Domäne. Es ist ein Wein, den man mit seinen Augen, in seiner Phantasie trinken muß, denn im Glas begegnet man ihm nicht so leicht.

Ca' del Bosco Chardonnay

Die Begeisterung eines Mannes

LAND:
ITALIEN

HERKUNFTSGEBIET:
FRANCIACORTA BIANCO - CHARDONNAY

ERZEUGUNG:
20.000 FLASCHEN

Hier hat die Buchsbaumallee die Zypressenzeilen ersetzt. Alles ist entschieden modern. Eine Brücke im japanischen Stil überspannt einen gezähmten Bach. Weiter oben liegen der Helikopterlandeplatz und das moderne Wohngebäude aus Stein, Holz und Glas. In der Mitte des Eingangsraums ein antiker Schrank mit geöffneten Türen und einem außerordentlich komplizierten Schließmechanismus. Darin befindet sich nur ein einziger Gegenstand: eine Flasche Brut de Ca' del Bosco Franciacorta. Unter dem Haus liegen Keller, Degustationsraum und Labor - ein Traumlabor. Alle Werte eines jeden Weins werden in einen Rechner eingegeben. Jedes Faß hat eine Nummer. Man kann am Bildschirm die Entwicklung des Inhalts verfolgen. Alles ist archiviert, die ganze Produktion aller Jahre ist mit ihren Analysewerten abrufbar. Eine Fundgrube für den Weinmacher.

All dies ist die Frucht des Willens und der Begeisterung von Maurizio Zanella. »Ich weiß nicht, wie ich dazu kam,« fügt er hinzu, »und ich würde es nicht wieder tun, aber ich bedaure nichts, ich bin glücklich.« Der Beruf des Weinmachers wurde Maurizio Zanella nicht an der Wiege gesungen. Sein Vater war im Transportgewerbe und hatte in der Lombardei ein Gut gekauft, »um natürliche Produkte zu haben.« Es umfaßte auch einen kleinen, einen halben Hektar großen Rebgarten. 1928 führt Maurizio in Mailand ein Studentenleben. Sein Vater holt ihn nach Bosco zurück. Maurizio fährt Motocross und bestellt den kleinen Rebgarten. 1972 organisiert die Weinbaubehörde mit ihm eine Reise nach Frankreich. Das erste besuchte Gut ist La Romanée-Conti. Die italienischen Fachleute amüsieren sich über diesen Rebgarten, der mit 10.000 Stöcken pro Hektar 30 hl Wein liefert, während sie mit 2.000 Stöcken 150 hl keltern. Maurizio kauft drei Flaschen zu 250 Francs und wird nachdenklich ...

»Wenn nun die Franzosen recht hätten und die Italiener unrecht, die ihren Wein jedes Jahr fünfzig Lire billiger verkaufen müssen, die immer länger schneiden müssen, die nie etwas Großes erzeugen, nicht einmal die Firmen, die vor sechshundert Jahren gegründet wurden ...«
Wieder zuhause in der Casa Del Bosco bekommt Maurizio seine erste Chance. Sein Vater läßt ihm bezüglich des Weins freie Hand und läßt ihn schwere Kämpfe mit den Behörden ausfechten. Er ist der erste, der 10.000 Stöcke pro Hektar pflanzt, und er will den Wein in Barriques ausbauen ...
Seine zweite Chance heißt André Dubois, der Kellermeister in der Champagne war und 1977 nach Bosco kommt. Er arbeitet dort bis 1989 und bis zu seinem Tode im Jahre 1990 noch halbtags. Für ihn ist der Wein kein Gewerbe, sondern eine Kunst. Ihm treu zur Seite stand seit 1980 der Önologe Stefano Capelli. Die Schaumweine Ca' Del Bosco Franciacorta tragen deutlich die Handschrift von André Dubois. Dank seiner Champagnererfahrung gelangen ihm sofort vollkommene Weine. Bald galten die »Méthodes champenoises« von Ca' Del Bosco als die besten Schaumweine Italiens. Der Rebgarten wurde erweitert. Er umfaßt heute 48 ha, zu denen nach einem Verfahren, das Maurizio Zanella entwickelt hat, 43 weitere Hektar hinzukommen werden: Er pachtet Land ohne Reben für dreißig Jahre und pflanzt dort die Stöcke, die er braucht. So wird er 1998 über 92 ha Reben verfügen!

Der burgundische Traum

Maurizio Zanella bleibt nicht auf halbem Wege stehen. Ebenso wie Angelo Gaja, ebenso wie der Marchese Incisa della Rocchetta kennt er die Weine der ganzen Welt. Er träumt von den Chardonnays von Pater Ramonet! Er will seine Chardonnays (wozu ihm die DOC Franciacorta das Recht gibt) à la bourguignonne vinifizieren. Seine Chardonnays sind »Italiener«, d.h. es sind italienische Klonenselektionen, die auf einer Gletschermoräne stehen, d.h. auf Kalk, Sand und Kies. Diese Böden sind sehr fruchtbar und besitzen eine gute natürliche Entwässerung.
Im Rebgarten werden keine Unkrautvernichtungsmittel angewandt, sondern es wird gehackt. Die Bestockungsdichte dieses achtzehn Jahre alten Rebgartens beträgt 4.000 Stöcke pro Hektar. Die eher großzügig auf zwei Fruchtruten zu zehn Augen angeschnittenen Stöcke liefern jeweils nicht mehr als zwei Kilogramm Früchte, was einen Hektarertrag von 55 bis 66 hl ergibt. Die Lesehelfer verlesen bereits bei der Ernte. In der Kelter werden die Trauben erneut auf Tischen verlesen. Nach vierundzwanzigstündiger Maischegärung kommen die Trauben in einen 2.000 kg fassenden Willmes-Presser, der ein mehrstufiges Pressen erlaubt. Verwendet wird nur der Saft der ersten leichten Pressung, d.h. 50 % des gesamten Safts. Nach einer kalten Mostvorklärung gärt der Most in neuen Barriques. Der Wein wird aufgerührt und auf den Hefen ausgebaut. Nach dem biologischen Säureabbau und einer eventuellen Kieselgur-Filtration wird der Wein im Juni, manchmal auch früher, abgefüllt.
Das Resultat erfüllt alle Ambitionen von Maurizio Zanella: Ein fetter Wein mit genau der richtigen Dosis Holz, mit einem fruchtigen und reichen Bouquet und ebensolchen Aromen, deren Eleganz ihrer Beständigkeit ebenbürtig ist.

Süßweine Dessertweine

Scharzhofberg TBA

Der teuerste Wein der Welt

EGON MÜLLER

LAND:
DEUTSCHLAND

HERKUNFTSGEBIET:
MOSEL - SAAR - RUWER

ERZEUGUNG:
NICHT VERÖFFENTLICHT

Das flüssige Gold von Egon Müller.

Auf einem Hügel über Wiltingen, dem Scharzhofberg, wurde etwa im sechsten Jahrhundert das Kloster der Heiligen Maria von Trier gegründet. Dieser Klosterbesitz blieb über die Jahrhunderte erhalten, bis Napoleon die Einziehung der Güter der Geistlichkeit verfügte. Jean-Jacques Koch, der Ururgroßvater von Egon Müller, erwarb das Gut am 11. Thermidor des Jahres 5, oder, wem dies mehr sagt, am 1. August 1797. Napoleon exportierte auch die Gesetzgebung hinsichtlich der Erbfolge. So wurde beim Tode von Jean-Jacques Koch das Gut Scharzhofberg in sieben Teile geteilt. Der Großvater von Egon Müller kaufte die Grundstücke seiner Geschwister zurück und schuf daraus einen 6 ha großen Rebgarten, d.h. ein Drittel der ursprünglichen Lage Scharzhofberg, die auf Druck der Winzer nach Westen, Norden und Osten auf 27 ha ausgedehnt wurde, eine Erweiterung, über deren Berechtigung man streiten kann.

Die Familie Egon Müller besitzt heute 7 ha auf dem Scharzhofberg, einer Lage, die so berühmt ist, daß man darauf verzichtet, auf den Etiketten den Namen der Gemeinde Wiltingen anzugeben, was in Deutschland außergewöhnlich ist. Der Boden ist schieferhaltig und steinig und sehr steil (50 %), doch besitzt er ein gutes Wasserspeicherungsvermögen, was in trockenen Jahren sehr vorteilhaft ist. Der Weinberg ist in engen Zeilen mit Riesling in einer Dichte von 8.000 Stöcken pro Hektar bestockt; davon sind ein Drittel wurzelechte Reben. Ein großer Teil dieser vierzig bis fünfzig Jahre alten Stöcke wurde bereits vor dem zweiten Weltkrieg gepflanzt. Die übrigen sind auf die Unterlagsrebe 266 gepfropft, die wenig widerstandsfähig gegenüber der Reblaus ist. Dieser gefürchtete Schädling hat übrigens die Rebgärten der Mosel mit Ausnahme der Gemeinden Ürzig und Erden verschont, die einander am linken und rechten Ufer der Mosel gegenüber liegen.

MOSEL-SAAR-

Die Geheimnisse eines Meisterwerks

Die Behandlung der Reben und die Bearbeitung des Bodens ist traditionell. Für Egon Müller sind der Arm des Menschen und die Kreuzhacke nach wie vor die besten Hilfsmittel des Winzers. Die Lesehelfer gehen mehrmals durch den Rebgarten, dreimal im Jahre 1922, aber auch fünf- bis sechsmal wie in den Jahren 1989 und 1990. Sie tragen zwei Bütten, eine für die Spätlese und eine für die Beerenauslese. Die Trauben werden in der Kelter nicht nochmals sortiert. Die Beeren werden leicht entrappt und in einer kleinen Horizontalpresse gekeltert. Man läßt den Trub in natürlicher Weise absitzen; Egon Müller verwendet nur bei sehr schleimigen Mosten einen Separator, weil ihn dieses Gerät nicht restlos befriedigt. Anschließend kommt der Most in Eichenfässer. Die Gärung dauert drei bis sieben Wochen. Bis 180° Oechsle geht alles gut, während ab etwa 200° Oechsle das Übermaß an Zucker die Gärung ernsthaft behindert. Der Wein wird nicht geschönt, jedoch vor der Flaschenabfüllung filtriert. Früher erfolgte der Flaschenabzug so schnell wie möglich. Die 1959er Trockenbeerenauslese zum Beispiel wurde bereits im Laufe des Winters abgefüllt. Egon Müller glaubt, daß eine zeitige Abfüllung beim älteren Wein zu einer qualitativen Verbesserung führt.

Die »Spezialweine« werden nur in Mengen von 200 bis 300 Flaschen jährlich erzeugt, und auch nicht jedes Jahr. Interessanterweise wurden die Weintypen Beerenauslese, Trockenbeerenauslese und Eiswein, die bereits im achtzehnten und neunzehnten Jahrhundert hergestellt wurden, bis zur Nachkriegszeit nicht mehr erzeugt. So trägt die erste TBA dieses Guts den Jahrgang 1959. Es folgten 1971, 1975, 1976, 1989 und 1990. Die Weine sind außerordentlich rar und teuer, und ihr Preis wird bei der rituellen Versteigerung in Trier festgelegt (1971: DM 510.—).

Der Wohnsitz von Egon Müller.

Nichts geht über eine Degustation auf dem großen Gut von Egon Müller, das im neunzehnten Jahrhundert errichtet wurde. BA, TBA und Eiswein scheinen der Perfektion nahe. Die 1976er Scharzhofberger Beerenauslese besitzt ein so konzentriertes Orange und eine solche Intensität, daß das Vergnügen schon beinahe schmerzhaft ist. Die Säure ist ausbalanciert, und das bittere Rückgrat ist integriert, aber vorhanden. Ein Meisterwerk mit nichtendenwollendem Abgang.

Eiswein Bernkasteler Doctor

Am Ursprung der TBA

WWE. Dr. H. Thanisch

Land:
Deutschland

Herkunftsgebiet:
Mosel - Saar - Ruwer

Erzeugung:
Nicht veröffentlicht

Den höchsten jemals bezahlten Preis für einen Moselwein erzielte im Jahre 1985 eine Flasche mit dem Etikett WWE Dr. H. Thanisch. Der Käufer, der DM 11.000.— für einen Bernkasteler Doctor Riesling Trockenbeerenauslese 1921 ausgab, leistete sich damit einen der größten Weine der Welt, und er wurde daruber hinaus Besitzer eines Denkmals. Diese Flasche enthielt die erste Trockenbeerenauslese, die jemals an der Mosel geerntet und vinifiziert wurde.

Der Bernkasteler Doctor

Die Ehre dieser Premiere fiel ganz natürlich der Familie Thanisch zu, die sich 1636 in Bernkastel-Kues niederließ. Der Ort war perfekt gewählt: die Lage Bernkasteler Doctor ist seit 1360 urkundlich belegt, ist aber zweifellos schon älter. 1360 erkrankte Boemond II., Erzbischof von Trier. Sein Arzt verordnete ihm Wein aus dem Rebgarten oberhalb des Ortes, und der Erzbischof wurde wieder gesund. Ist dies nur eine Sage? Oder ein glücklicher Zufall? Jedenfalls heißt der Rebgarten seither »Doctor.« Fünfhundert Jahre später kam eine andere wichtige Persönlichkeit wieder zu Gesundheit, indem sie den Wein vom »Doctor« trank, nämlich König Eduard VII.
Wie durch Zufall (wenn hier von einem Zufall die Rede sein kann) erhielt dieser Rebgarten 1888 die höchste steuerliche Bewertung Deutschlands. Dies ist bis heute so geblieben. Im

neunzehnten Jahrhundert mehrte Dr. Hugo Thanisch, Doktor der Philosophie, Mitglied der Regierung, den über hundertjährigen Ruf seiner Weine. Bei seinem Tode im Jahre 1895 übernahm seine Frau die Leitung des Guts und ließ die Etiketten mit dem Namen WWE Dr. H. Thanisch versehen. Das heute noch verwendete Etikett zeigt eine Zeichnung aus dem Jahre 1901 mit der berühmten Lage Doctor, im Vordergrund den Ort Bernkastel. Diese dynamische Witwe war die Urgroßmutter der heutigen Besitzerin, Frau Sofia Spier.

Der Thanisch-Rebgarten umfaßt über 6,5 ha in drei Gemeinden, neben dem bereits genannten Bernkastel Brauneberg und Graach, jeweils Spitzenlagen. Alle Reben klammern sich an Steilhänge hoch über der Mosel. Die Rebgärten liegen nach Südsüdwest und werden von Hand bearbeitet. Die einzige Rebsorte ist Riesling mit zwischen vierzig und sechzig Jahre alten Stöcken. In der Lage Doctor ist die Bestockungsdichte mit etwa 8.500 Stöcken pro Hektar relativ hoch. Der Schnitt erfolgt auf acht bis zehn Augen pro Quadratmeter. In diesem einzigartigen Rebgarten tragen die wurzelechten Rieslinge gesündere, kleinere Beeren, die die Grundlage feinerer und komplexerer Weine sind.

Die Bodenerosion spielt auf diesen Schiefersteillagen keine große Rolle, da der Boden durchlässig ist. Gedüngt wird sehr wenig, jedoch wird anhand von Bodenanalysen Kalk gegeben. Dem Rückschnitt im Winter folgt ein weiterer Rückschnitt kurz nach der Blüte. Dadurch ergibt sich ein um die Hälfte niedrigerer Hektarertrag gegenüber den benachbarten Lagen. In Brauneberg wurden aufgrund der Flurbereinigung Neubestockungen durchgeführt. Der Zeilenabstand wurde auf 160 cm erhöht, um die Arbeit im Weinberg zu erleichtern, so daß die Bestockungsdichte hier bei etwa 6.300 Stöcken pro Hektar liegt.

Die Trauben werden bei der Ernte verlesen. Die Erntehelfer haben eine zweite Bütte, in die die Beeren kommen, aus denen eine TBA entstehen soll. Gegebenenfalls wird in der Kelter ein zweites Mal verlesen. Die Pressung erfolgt in einer pneumatischen Horizontalpresse. Nach eintägigem Absitzenlassen gärt der Most bei 14 bis 16° C zwei bis drei Wochen im Faß oder in mit Glas ausgekleideten Tanks. Der Wein wird einmal abgezogen und im Juni oder wenig später nach einer Sterilfiltration (ohne Schönung) in Flaschen gefüllt.

Unter dem Etikett WWE Dr. H. Thanisch werden zwanzig verschiedene Weine angeboten. Die Trockenbeerenauslesen stammen vom Bernkasteler Doctor, wenn es der Jahrgang erlaubt, wie zum Beispiel 1921, 1935 und 1959, nicht jedoch 1990, als die Edelfäule ausblieb. Unbedingt wichtig ist zu wissen, daß es weitere Weine mit einem Thanisch-Etikett gibt, die jedoch anderer Herkunft sind. Man darf sie nicht verwechseln. Die großen, teuren Weine gehören dem Verband der Deutschen Qualitäts- und Prädikatsweingüter (VDP) mit dem entsprechenden Emblem auf den Etiketten an.

Einen Bernkasteler Doctor WWE Dr. H.Thanisch TBA kann man nur mit innerer Bewegung beschreiben. Fluidität und dennoch Konzentration, Fülle und dennoch Finesse, Säure, aber mit Gleichgewicht, unverbrüchliche Frische und unendliche Länge.

Joh. Jos. Prüm

Die Liebe zwischen Schiefer und Riesling

Land:
Deutschland

Herkunftsgebiet:
Mosel - Saar - Ruwer
Sonnenuhr Auslese

Erzeugung:
500 Flaschen

Der Ursprung der Familie Prüm verliert sich im Dunkel der Geschichte. Jahrhundertelang waren Mitglieder dieser Familie Repräsentanten des Erzbischofs von Trier. Das Weingut hat sich erst im Laufe einiger Generationen seit über einhundert Jahren entwickelt. Die Etiketten des Weins dieses Guts tragen heute die Vornamen von Johann Josef Prüm (1873 - 1944), der den großen Ruf dieser Weine begründete. Sein Sohn Sebastian (1902 - 1969) folgte ihm mit ebensolchem Erfolg nach, und heute hält Dr. Manfred Prüm die Familientradition hoch. Der Rebgarten ist ausschließlich mit Riesling bestockt und umfaßt 14 ha in den Gemeinden Wehlen, Graach, Bernkastel-Kues und Zeltingen, um nur die wichtigsten zu nennen. Die Riesling-Reben stehen nur auf Schiefer. Die Bestockungsdichte ist in den alten Lagen mit 10.000 Stöcken pro Hektar sehr hoch, während die nach der Flurbereinigung angelegten Parzellen nur 5.100 Stöcke pro Hektar aufweisen, »um die Arbeit zu rationalisieren«, wie es heißt. Die meisten dieser Reben sind wurzelecht; Manfred Prüm ist der Auffassung, daß wurzelechte Reben harmonischere und ausgewogenere Weine ergeben. Er führt dies darauf zurück, daß die Kapillaren des Rieslings feiner sind als diejenigen der Unterlagenrebe. Wei-

terhin hat er festgestellt, daß wurzelechte Reben bei Frost ihre Beeren nicht verlieren und die Beeren mehr Widerstandskraft gegen die bei Regen auftretende Graufäule besitzen.
Die Rebgärten liegen nach Südsüdost. Die extreme Steillage von 60 % macht die Bearbeitung mit Seilzug notwendig, wodurch die Produktionskosten mindestens 20 % über der Norm liegen. Die alten Reben sind aus Massenselektion hervorgegangen, während die jüngeren Klone sind. Der Schnitt erfolgt entsprechend dem Alter auf zehn bis fünfzehn Augen. Leichte organische Düngung, Ergänzung von Mineralstoffen und zurückhaltender Einsatz von Herbiziden und Pestiziden sind die Grundlagen für einen Ertrag von 70 hl/ha. Ein Auslichtungsschnitt ist nicht notwendig. Erzeugt werden sehr geringe Mengen: 1990 100 l TBA und 200 l BA, 1989 300 l TBA und 500 l BA. Ob überhaupt etwas erzeugt wird, hängt von den Witterungsbedingungen ab; Trockenbeerenauslesen gab es 1990, 1989, 1976, 1971, 1959 und 1949, Beerenauslesen 1990, 1989, 1983, 1982, 1976, 1975, 1971, 1970, 1969 und 1947.

Die Eisweine

Eisweine entstehen, wenn Ende November, Anfang Dezember gelesen wird. Die Trauben werden gegen sechs oder sieben Uhr morgens geerntet und bei 6 bar in einer alten Kelter gepreßt. Die Gärung verläuft langsam und hört bei 5 bis 8 % Alkohol auf. Die Erzeugung schwankt zwischen vierhundert Flaschen im Jahr 1983 und siebenhundert Flaschen im Jahr 1990. Beerenauslesen und Trockenbeerenauslesen werden beim Ernten in einem Durchgang gelesen, wobei jeder Lesehelfer zwei bis drei Bütten hat. In der Kelter wird nochmals verlesen. Die Trauben werden in mehreren Durchgängen mit leichtem Druck (2 bar) in einer pneumatischen Kelter gepreßt. Dieser Most, der wegen der pneumatischen Pressung nur wenige Trubstoffe enthält, ruht anschließend einige Tage und kommt dann in kleine Fässer, wo er zwei bis drei Wochen bei 12 bis 13° C mit den Spontanhefen gärt. Nach zweimaligem Abstich wird der Wein nach einer Sterilfiltration in Flaschen abgefüllt. Diese Abfüllung erfolgt in Flaschen unterschiedlicher Größe von der halben Flasche bis zur Magnum. Der Preis wird bei Versteigerungen festgelegt. Die letzte Trockenbeerenauslese aus dem Jahre 1976 erzielte einen Preis von DM 1.300.—; die nächste wird die 1990er sein. Manfred Prüm nimmt an, daß BA, TBA und Eiswein ihren Höhepunkt erst sehr spät, und das bedeutet hier nach etwa fünfundzwanzig Jahren erreichen werden.
Die verkostete 1976er Wehlener Beerenauslese (7 % Alkohol, 7 g/l Weinsäure, 100 g Restzucker) hatte eine tiefgoldene Farbe, ein rauchiges Bergamotte-Bouquet und reinen Schmelz am Gaumen mit Zitronenaromen. Die halbcremige Struktur verleiht ihm Leichtigkeit. Perfekt in seiner Art.
Diese Perfektion wird bestätigt durch eine 1959er Trockenbeerenauslese mit Mahagoni-Reflexen, gebrannten, ausgedörrten Aromen von edelfaulem Riesling, eher confit als süß (ein Eindruck von Rosinen), das Ganze getragen von einer Säure, die an kleine Früchte erinnert (rote Johannisbeeren) und einem unglaublichen Gleichgewicht. Dieser Wein muß wohl in zehn Jahren noch besser sein. Aber ist dies möglich?

Schloss Johannisberg

Der Wein der Fürsten

Fürst Paul Alphons von Metternich-Winneburg

Land:
Deutschland

Herkunftsgebiet:
Rheingau
Eiswein

Erzeugung:
Nicht veröffentlicht

Karl der Große, auf dessen breiten Rücken bekanntlich vieles geht, soll an dem großartigen Hang von Johannisberg am Rhein die ersten Reben gepflanzt haben. Sicher ist zumindest, daß auf Anordnung von Hrabanus Maurus, des Erzbischofs von Mainz, um 850 auf dem Hügel eine dem heiligen Nikolaus geweihte Kapelle erbaut wurde. Im zwölften Jahrhundert errichteten Benediktinermönche an der Stelle der Kapelle ein Johannes dem Täufer geweihtes Kloster, von dem die Lage ihren Namen hat. Wie die meisten mittelalterlichen Mönche, waren auch diese Winzer. Um 1100 hieben sie den alten Keller aus, in dem noch heute Fässer lagern, und sie bestockten den Hang, der sich vom Kloster zum Rhein hinabzog, mit Reben. Die Wirren des Jahres 1525 und die Besetzung des Klosters im Jahre 1552 führten zur Auflösung der klösterlichen Gemeinschaft und zur Einziehung der Güter durch das Reich. 1716 kehrten die Mönche zurück, nachdem der Fürstabt von Fulda Johannisberg erworben hatte. 1721 wurde der große Keller ausgehauen (auch dieser besteht noch heute und hat eine Verbindung mit dem Keller aus dem zwölften Jahrhundert), dann der Nordkeller. Über diesen Kellern errichteten sie die Gebäude, die wir noch heute bewundern können, auch wenn die Bombardierung im Jahre 1942 große Schäden verursachte, die einen Wiederaufbau notwendig machte. Wieder einmal bepflanzten die Mönche den Rebgarten neu, vermutlich mit ausgewähltem Riesling. 1775 wurde der Kurier, der im 150 km entfernten Fulda die Leseerlaubnis einholen sollte, unterwegs krank und kehrte erst mit großer Verspätung zurück. Die an Ge-

Reben und Trauben zieren das Firmenemblem der Familie.

horsam gewöhnten Mönche hatten noch nicht gelesen, und alle Beeren waren von Fäulnis befallen. Es handelte sich aber um Edelfäule, denn 1775 war, von den vom Rhein aufsteigenden Morgennebeln abgesehen, ein sehr trockener Herbst. Zur allgemeinen Überraschung schmeckte der Wein ausgezeichnet. Damals wurde das Wort »Spätlese« erfunden. Auf Johannisberg erinnert ein Reiterstandbild an das Abenteuer des Boten und die Erfindung der Weine aus edelfaulen Beeren. Zu dieser Geschichte könnte man zweierlei anmerken: Erstens wird in etwa dieselbe Geschichte auf Yquem erzählt. Hierfür wird das Jahr 1847 angegeben, was absurd ist, denn Yquem erzeugte schon vor der Französischen Revolution Süßwein. Zweitens wurde in Ungarn schon sehr viel früher süßer Tokajer erzeugt. Fest steht jedenfalls, daß nur auf Johannisberg ab 1787 die Praxis der Spätlese urkundlich belegt ist.

Ein weiteres Mal wurden die Mönche während der Säkularisation im Jahre 1803 vertrieben. Johannisberg wurde Besitz des Fürsten von Oranien, jedoch nur für drei Jahre, denn Napoleon enteignete ihn wieder und übergab das Gut dem Marschall Kellermann. Zwischen 1813 und 1815 waren die Alliierten (Preußen, Rußland, Österreich) Herren des Guts, die es wiederum dem Kaiser übergaben und der es seinerseits dem Fürsten Clemens Wenceslas von Metternich-Winneburg schenkte, dem Gesprächspartner Talleyrands beim Wiener Kongreß. Dieses Geschenk war mit einem Zehnten verbunden, d.h. der zehnte Teil der Ernte steht für alle Zeiten dem Chef des Hauses Österreich zu. Dieser Zehnte wird noch heute entrichtet. Zweifellos ist Johannisberg damit das einzige Weingut der Welt, das noch einen Zehnt leistet. Seither ist Johannisberg im Besitz der Familie Metternich geblieben. Der Fürst starb 1992; die Leitung des Guts hat jetzt der Nahrungsmittelriese Rudolf August Oetker, dem auch der nahegelegene Rebgarten von Mumm gehört.

Die Herrschaft des Riesling

Seit 1720 ist der Riesling hier unumschränkter Herrscher. Die Bestockungsdichte ist mit 10.000 Stöcken pro Hektar sehr hoch. Die durchschnittlich dreißig bis fünfunddreißig Jahre alten Reben stammen aus einer Klonenselektion der Forschungsanstalt Geisenheim. Die Hälfte des Rebgartens wird gehackt, die andere Hälfte bleibt grün.

Gelesen wird in Bütten, und das Lesegut wird pneumatisch gepreßt. Der Most wird in einem Separator vorgeklärt und gärt vier Wochen oder länger auf der Hefe (Versuch mit Reinzuchthefen). Der Ausbau des Weins erfolgt in hundertjährigen Fässern von 600 oder 1.000 Litern Inhalt in den großen, von Kellerschimmel geschwärzten Kellern unter dem Schloß. Nach der Filtration kommt der Wein in Flaschen, wobei zu Beginn des zwanzigsten Jahrhunderts die

Schlegelflasche an die Stelle einer Flasche mit geradem Hals im Bordelaiser Stil trat. Das Etikett ist seit 1860 praktisch unverändert geblieben.

In den erlesenen Kellern ist die »Bibliotheca Subterranea« verborgen, wie die Mönche das unterirdische Weinmuseum tauften, dessen beide ältesten Flaschen aus dem Jahre 1748 stammen, wie die Gravur beweist. Diese Halbliterflaschen haben eine eigenartige Form, die an einen Kürbis mit geradem Hals erinnern. Dieses Weinmuseum ist eine wahre Schatzkammer, denn seit 1842 wurden dort mehrere Flaschen von jedem Jahrgang abgelegt.

Eine vom Faß verkostete 1991er Auslese zeigt harmonisch ausgewogene 8,5 % Alkohol, 56 Gramm Restzucker pro Liter und eine Säure von 10,8 Gramm pro Liter. Der Degustationseindruck: Konzentriert in der Nase, fast erdig, Honig im Mund, adstringierende Säure (noch zu jung).

Der Eiswein (165° Öchsle, 7 % Alkohol, 110 g Zucker und 16 Gramm Säure pro Liter hinterläßt einen unvergeßlichen Eindruck: Honig in der Nase, Aprikosen, Zitronen und Rauch. Die Säure beizt die Zähne, die Konzentration ist intensiv, aber endet mit einem Eindruck der Reinheit, der Fluidität, einer unvergleichlichen Länge.

Die Kapelle von Schloß Johannisberg inmitten der Reben.

Lage Pfaffenberg

Ein Archetypus

Schloß Schönborn

Land:
Deutschland (Rheingau)

Bezeichnung:
TBA, Spätlese

Erzeugung:
300 Flaschen

Ein Paradegut des Rheingaus - weil es mit 75 ha unter Reben das größte Privatgut dieses Anbaugebiets ist, und weil es seit 1349 im Familienbesitz und damit eines der ältesten Güter ist. Ein Paradegut auch durch den Adelsrang seines Besitzers, des Grafen Karl von Schönborn-Wiesentheid, dessen Familie in der Geschichte der Region und derjenigen Deutschlands eine Rolle gespielt hat. Schloß, alte Familie und jahrhundertelanger Besitz - diese drei Dinge sind im Rheingau oft miteinander verbunden. Die Geschichte ist auf Schönborn immer gegenwärtig.
Man erinnert sich an Adenauer, der Kunde des Hauses war und Eisenhower einen 1937er Schloß Schönborn anbot, und man weiß von vielen Persönlichkeiten zu erzählen, auf die sich der Ruf des Weins stützt.

45 Lagen wetteifern um Edelfäule

Der Besitz ist stark zersplittert. Schönborn besitzt im ganzen Rheingau landauf landab in fast allen Gemeinden Reben: In Hochhein, das für die Finesse seiner Rieslinge bekannt ist, in Rauenthal mit seinen Steinlagen, in Erbach, wo Schönborn in der berühmten Einzellage Marcobrunn 2 ha besitzt. In Hattenheim ist das Gut Alleinbesitzer der ummauerten Lage Pfaffenberg (6 ha). Weitere Besitzungen liegen in Hallgarten (das schon in den Bergen liegt), in Oestrich, Mittelheim und Winkel. Drei hervorragende Gemeinden gehen Johannisberg voraus, der »Perle der Mitte«, wo Schönborn 4 ha kultiviert, Geisenheim (Klaus), das Sitz der Forschungsanstalt für Weinbau mit ihrem Versuchsrebgarten ist. Schönborn besitzt Reben direkt neben denjenigen der Anstalt, aber auch die Lage Rothenberg, eine weitere Hochburg des Riesling, in Rüdesheim mit den steilen Lagen und soliden Weinen, und schließlich auch in Lorch und Lorchhausen, dem Tor zum Mittelrhein.
Das Gut wird von Gunter Thies geleitet. Dieser kompetente Liebhaber von Weinen aller Provenienzen gibt sich nicht mit Erreichtem zufrieden. Deshalb hat er 1989 einen unglaublich tieffarbenen Spätburgunder (in Deutschland höchst selten und eigentlich unmöglich) von außerordentlicher Dichte und Fülle vinifiziert. Die Ertragsbeschränkung auf 40 hl/ha hat hieran ihren Anteil. Der Ausbau erfolgt in Fässern aus 25 Jahre abgelagertem Eichenholz, das aus dem nahegelegenen Taunus kommt.
Gunter Thies vinifiziert unzählige Weine, weil er über fünfundvierzig verschiedene Lagen mit drei Rebsorten verfügt, wobei Riesling überwiegt; die übrigen sind Weißer Burgunder (3 %) und Spätburgunder. Die Reben werden in einem Abstand von 120 bis 130 cm in der Reihe mit einer Zeilenweite zwischen 160 und 200 cm gepflanzt, was eine Dichte von etwa 5.000 Stöcken pro Hektar ergibt. Der Hektarertrag beträgt höchstens 60 hl und wird in besonde-

ren Lagen zur Erzeugung von »speziellen Weinen« auf 35 hl reduziert. Diese Weine können nur erzeugt werden, wenn Edelfäule auftritt (ausgenommen beim Eiswein). Nach einem trockenen und warmen Sommer und dem traditionellen leichten Regen Ende August braucht nur noch baldmöglichst die Edelfäule einsetzen... Die zwanzigköpfige Gruppe der Lesehelfer sammelt nur Trauben, die mindestens zu 50 % vom Botrytis-Pilz befallen sind; wenn die Trauben in der Kellerei ankommen, werden sie erneut verlesen. Die nicht gelesenen Trauben bleiben am Stock und liefern möglicherweise im November eine vorzügliche Spätlese. Diese mehrfachen Lesedurchgänge, ohne die Qualität nicht möglich ist, begrenzen den Umfang der Erzeugung. Wenn es die Umstände erlauben, werden etwa 300 Liter BA und 150 Liter TBA vinifiziert. Dies ist nur in seltenen Jahren der Fall, so zum Beispiel 1971, 1976, 1979, 1986, 1989 und 1990, d.h. höchstens dreimal alle zehn Jahre (TBA).
Vinifiziert wird nach klassischer Art: Leichte Pressung, Entfernung der Trubstoffe durch natürliches Absitzenlassen (acht Stunden) und Gärung bei 18 - 20 ° C. Der Wein bleibt etwa drei Wochen auf den Hefen und kommt anschließend bis zum Frühjahr in Holzfässer; dann wird er ohne Schönung und Filtration, so oft dies möglich ist, in Flaschen gefüllt. Die Trockenbeerenauslesen werden nur in 0,5 Liter-Flaschen verkauft. Die 1990er TBA von der Lage Pfaffenberg mit 170 Grad Öchsle hat eine goldgelbe, mit einem Hauch Orange unterlegte, sehr dichte Farbe, die die Fülle des Weins schon ahnen läßt, ein Eindruck, den der cremige Botrystiston in der Nase vollauf bestätigt, eine Cremigkeit, die sich auch am Gaumen wiederholt, begleitet von den Aromen von Zitronen, Mango, Pfirsich und Aprikosen. Dieser ebenso feine wie elegante Wein tönt am Gaumen außerordentlich lange nach. Eleganz ist das Wort, das einem bei den Weinen von Schönborn von der Spätlese bis zur TBA am häufigsten in den Sinn kommt.

Château d'Yquem

Frankreich par excellence!

LAND:
FRANKREICH

HERKUNFTSGEBIET:
SAUTERNES

COMTE DE LUR SALUCES

ERZEUGUNG:
60.000 FLASCHEN

»Die Sommer von einst brennen in den Flaschen Yquem ...« sagt François Mauriac. Dieser Wein, für den so oft Worte unzulänglich sind, liebt diesen Satz, in dem sich die Emotion einer tiefen und ergreifenden Erinnerung spiegelt. Kein Wein hat jemals mehr Komplimente und Widmungen erhalten. Man braucht ja nichts weiter zu tun, als sich einige Augenblicke von seinem Vorbild inspirieren zu lassen: Ein geradliniges Leben von bewundernswürdiger Kontinuität, sein Sinn für das Schöne, sein moralischer Anspruch, das Ideal einer Familie. Das ist Frankreich par exellence! Château d'Yquem ist ja nur am Rande ein Wein - es ist viel mehr noch ein nationales Gut, das der Gemeinschaft der Menschen dargeboten wird.
Yquem, im Besitz der Herzöge von Aquitanien, der englischen, dann der französischen Könige, ging 1593 an die Familie Sauvage über, aus der ein Bürgermeister von Bordeaux, ein Gouverneur der Gascogne und Vögte von Barsac hervorgingen. Durch Heirat kam Yquem 1785 an die Familie Lur Saluces. Die fränkischstämmige Familie ließ sich in Limousine nieder und war dort schon sehr lange Schloßherrin von Fargues und Malle neben d'Yquem. Seither blieb der Rebgarten im Besitz der Familie Lur Saluces. Auch die Französische Revolution unterbrach die Anwesenheit der Lur Saluces auf Yquem nicht: Françoise Josephine de Lur Saluces, geborene Sauvage, konnte anhand von Urkunden nachweisen, daß die Sauvage ihr Vermögen 1711 rechtmäßig erworben hatten, daß d'Yquem ihr Eigentum und kein Feudalbesitz war. So entging Yquem der Konfiszierung. Die Châteaus Coutet und Filhot gingen durch Heirat des Sohns von Françoise Josephine und Louis Amédée de Lur Saluces ebenfalls in Familienbesitz über. Dies blieben sie bis 1922 bzw. 1935.

Wo die Edelfäule Königin ist

Als Romain-Bertrand, Enkel des Frischvermählten von 1785, im Jahre 1847 nach Rußland auf die Jagd ging und deshalb die Ernte verschieben ließ, wurde er auf die wohltätigen Wirkungen der Edelfäule aufmerksam. Dies ist natürlich eine Legende, denn Spätlesen gab es in Sauternes schon Anfang des neunzehnten Jahrhunderts, wie Julien und Franck bezeugen, wenn nicht schon sehr viel länger. Dieser hervorragende Jahrgang jedenfalls begründete den modernen Ruf von d'Yquem. Er erregte die Aufmerksamkeit des Großherzogs Konstantin, der einen unglaublichen Preis hierfür bezahlte und den Wein dem russischen Hof vorstellte. Groß ist der Glanz des Yquem in diesem Reich, von den Zaren bis zu Stalin und zweifellos noch bei dessen Nachfolgern. Man versuchte sogar, in der Ukraine Pfropfreiser zu pflanzen. Thomas Jefferson stellte das weinpolitische Gleichgewicht wieder her, indem er den d'Yquem zu einer amerikanischen Leidenschaft machte und den Wein in den Keller des damaligen Präsidenten George Washington legen ließ. Der Kaiser von Japan erhebt ihn in den Rang einer letzten

Ölung. Den Mythos d'Yquem feiert auch die literarische Welt: Turgenjew findet ihn »exquisit,« Colette schlürft ihn tröpfchenweise, Proust genießt ihn zu Fettammern, und Michel Serres empfiehlt: »Nehmen Sie sich Zeit, schweigen Sie und kosten Sie.«

Eine Kuppe, die sich 75 m hoch erhebt, von einer dünnen Schicht Kies und Sand bedeckt, darunter Lehm, der teilweise mit Kalksteintrümmern vermischt ist, und darunter wiederum ein Kalksockel - dies ist das Haus, in dem das Stück spielt. Merken wir uns bereits jetzt, daß das Paar Boden - Unterboden für die Komplexität des Yquem eine wichtige Rolle spielt. Einige hundert Kilometer Entwässerungsröhren aus Ton leiten seit dem Ende des neunzehnten Jahrhunderts das Regenwasser ab - dies sind die Kulissen. Auf der Bühne ist der Sémillon der Titelheld (80 %), während der Sauvignon die zweite Rolle hat (20 %). Auf den 90 ha produktiver Fläche stehen die etwa 45 Jahre alten Stöcke in einer Dichte von 7.000 Stöcken pro Hektar. Gedüngt und geschnitten wird wie im Faubourg Saint-Honoré: Mit einem Höchstmaß an Takt und Eleganz (sechs Augen beim Sémillon, acht beim Sauvignon). Aber der eigentliche Held tritt wie das Schicksal in einem Drama von Shakespeare erst im dritten Akt auf: Der Botrytispilz, die Edelfäule, die aus den nahen Gewässern Garonne und Ciron stammt. Nebel am Vormittag und Sonne am Nachmittag sind sein Lebenselixir. Da Yquem ein wenig höher liegt als die anderen Güter, taucht es ein wenig früher als die anderen Crus von Sauternes aus dem Nebel auf.

Der Botrytispilz durchlöchert die Haut des Sémillon, wodurch der Saft sich konzentriert und das Wasser der Rebe verdunsten kann. Die Verwandlung der goldenen Beere in eine perfekt edelfaule Beere durch den Botrytis-Pilz geschieht völlig zufällig; ein Eingreifen des Menschen ist nicht möglich. Die Vorgänge beschränken sich allerdings nicht auf eine bloße Konzentration des Safts; hinzu kommen tiefgreifende biologische Veränderungen im Inneren der Beere, wo Glycerin, Dextrin, flüchtige Säure »sui generis« und Botryticin entstehen. Hierin liegt der große Unterschied zwischen Weinen aus bloß eingetrockneten Beeren und Weinen, die das Siegel der Edelfäule tragen. Hier vollzieht sich eine komplexe, nuancierte, vielfältige Verwandlung, eine wahre Kulturrevolution.

Wie wird geerntet? Das Wort ist zu grob: Es ist ein Pflücken, ein sorgfältiges Auslesen, je nachdem, wie weit das Werk des Pilzes auf jeder Traube oder vielmehr jeder einzelnen Beere gediehen ist. Zwei Lesedurchgänge 1976, elf im Jahre 1972, als der Jahrgang ausfiel, durchschnittlich fünf bis sechs Durchgänge. Durch das Einsammeln einzelner Beeren zieht sich die Ernte oft bis zum November hin. Eine lange und mühevolle Arbeit.

Das Wunder des d'Yquem

Die Trauben werden in alten vertikalen Pressen, die neben einer nagelneuen pneumatischen Presse stehen, dreimal gepreßt, wobei dazwischen jeweils aufgescheitert wird. Die dritte Pressung ergibt den zuckerreichsten Saft. Versuche mit einer neuen Technik, der Kryoextraktion, wobei gefrorenes Lesegut gepreßt wird, haben gezeigt, daß hierdurch möglicherweise noch eine Steigerung der Konzentration erzielt werden kann. Die Gärung erfolgt in neuen Fässern. Sie endet spontan, wobei unvergorener Zucker der edelfaulen Beeren zurückbleibt, der künftige *liqueur* d'Yquem. Das klassische Gleichgewicht liegt zwischen 19,8 und 20,5 % Gesamtalkohol, davon 13,5 bis 15 % vorhandener Alkohol und 7 bis 4,8 % potentieller Alkohol in Form von Restsüße. Dreieinhalb Jahre Ausbau mit wöchentlichem Auffüllen, häufige Abstiche, Schönung mit Albumin und Bentonit während der stufenweisen, mit äußerster Strenge durchgeführten Assemblages. Der Y (gesprochen: »igrek«) von Yquem ist kein zweiter Wein. Dieser trockene Wein wird erzeugt, wenn sich reife und überzählige Sauvignons zu gleichen Teilen mit Sémillons ergänzen lassen, die wenig oder gar nicht von der Edelfäule befallen sind und für den großen Wein zu leicht sind.

Ist der Yquem ein teurer Wein? Die Produktionskosten sind außerordentlich hoch. In manchen Jahren wird kein Wein erzeugt: 1910, 1915, 1930, 1951, 1952, 1964, 1972 und 1974. Die großen Sammler legen für die Jahre, in denen kein Yquem geboren wurde, eine leere Flasche in den Keller! In den besten Jahren wie zum Beispiel 1983 wird fast aus der ganzen Ernte Yquem (80 %), d.h. 75.000 Flaschen. 1978 dagegen waren es nur 15 %, 1982 33 %. Von einem Hektar werden 833 Flaschen erzeugt. Für eine einzige Flasche braucht man über acht Rebstöcke - einen Stock pro Glas ... Um die Launen der Witterung und der Vegetation auszugleichen, werden alljährlich 66.000 Flaschen verschiedener Jahrgänge auf den Markt gebracht und auf neun Händler in Bordeaux verteilt. Diese Zahl wird auf 72.000 erhöht werden, wenn die jungen Reben in den Ertrag kommen. Wenn der Marktwert zu niedrig erscheint, wird ein Jahrgang (zum Beispiel der 1967er) zurückgehalten.

Der Yquem, ein sublimer, exemplarischer Wein, war der einzige Premier cru von Sauternes, der in der Klassifikation von 1855 das Prädikat »Supérieur« bekam. Marquis Bertrand de Lur Saluces bestand so manche Auseinandersetzung mit dem Bordelaiser Handel, sicherte sich nach erbittertem Kampf das Recht der Erzeugerabfüllung und ging keinen Zoll von seinem Qualitätsstreben ab. Sein Neffe Alexandre verteidigt dieses Erbe, ohne sich Neuerungen zu verschließen. Auf ihn würde die Devise der Fürsten von Oranien passen: »Je maintiendrai!".

Lese auf Château d'Yquem.

Karl von Schubert

Maximin Grünhäuser Abtsberg TBA

Ein echter römischer Weinberg

Andreas und Carl von Schubert

Land:
Deutschland

Herkunftsgebiet:
Mosel-Saar-Ruwer

Erzeugung:
Nicht veröffentlicht

Mit Schwert und Amphore! Die römischen Legionäre trotzten auf ihren Märschen durch das Imperium den Geißelhieben der Barbarenhorden, die aus den Weiten des Ostens heranbrandeten. Wir befinden uns auf diesem Gut in einem echten römischen Rebgarten ähnlich demjenigen, den einst Ausonius einen Steinwurf von hier entfernt in der Trierer Gegend besaß. Die Keller unter dem Gutshaus, einer alten Benediktinerabtei, stammen aus jener Zeit. Wenn man in ihnen umhergeht, kann man sich gut zu jenen antiken Banketten zurückversetzen, bei denen man sich nicht nur an Speis und Trank, sondern auch an poetischen oder philosophischen Diskursen ergötzte. Vielleicht ist der Dichter und Winzer Ausonius auf diesem Boden gewandelt, die jeweiligen Verdienste seiner Weine preisend ...

Das Gut ist so berühmt, daß es auf den Ortsnamen und die Großlage Römerlay verzichten kann und auf dem Etikett nur den Lagennamen angibt. Der Weinberg gliedert sich in drei Lagen. Der unterste Teil ist der Bruderberg mit 4 ha, aus dem einfache Weine kommen; in der Mitte liegt der Herrenberg mit 16,8 ha, der vorzügliche Kabinett- oder Ausleseweine liefert. Unsere ganze Bewunderung aber verdient erst der oberste Teil: Auf dem 11,2 ha großen Abtsberg wachsen die komplexesten, subtilsten, würzigsten und harmonischsten Trockenbeerenauslesen und Eisweine der ganzen Gegend. Die Familie von Schubert ist seit 1882 Besitzerin des Rebgartens, der mit seinen 32 ha zu den bedeutendsten der Gegend gehört. Heute komponiert Carl von Schubert Bravourstücke auf jenem unvergleichlichen Instrument des Rieslings in allen Tonarten. Es ist eine elegante, raffinierte Musik, eine Offenbarung: Diese Schubert-Lieder entzücken unseren Gaumen.

Erbacher Marcobrunn TBA

Ein Wappen mit Bourbonenlilie

LANGWERTH VON SIMMERN

LAND:
DEUTSCHLAND

HERKUNFTSGEBIET:
TBA

ERZEUGUNG:
200 FLASCHEN

Die Mischung der Klone wird im Geisenheimer Weinbauinstitut zusammengestellt. Außerdem werden den Böden entsprechende Unterlagenreben verwendet. Die Bestockungsdichte liegt bei 4.000 Reben pro Hektar, bei jüngeren Bepflanzungen etwas niedriger. Düngung und der Einsatz von Herbiziden und Pestiziden werden sehr vorsichtig gehandhabt, um so mehr, als eine regionale Behörde eine Überwachung und Beratung durchführt, um Belästigungen der Bewohner dieses dicht besiedelten Tals zu vermeiden.

Ende August wird mittels Reifeprüfungen festgestellt, welche Parzellen sich für eine Spätlese eignen. Geerntet werden die Trauben in mehreren Durchgängen. Eine letzte Sortierung vollendet die Selektion. Der Most gärt bei 12 bis 15° C in Edelstahltanks. Dies überläßt man offenbar den Spontanhefen. Nach einer raschen Schönung im Separator, durch die die fruchtige Säure am besten erhalten bleibt, wird der Wein ohne biologischen Säureabbau im Faß ausgebaut. Nach der Schönung und Sterilfiltration wird der Wein im Frühjahr abgefüllt. Zum Verkauf gelangt er erst zehn Jahre später.

Seit 1987 werden fast jedes Jahr, wenn es die Witterungsbedingungen nur irgendwie erlauben, »Spezialweine« in 1/1und halbe Flaschen abgefüllt. Das Etikett muß besonders erwähnt werden: Es ist seit über einhundertfünfzig Jahren unverändert geblieben, was weltweit vermutlich einmalig sein dürfte. Es ist ein besonders interessantes Etikett, da es Elemente des neunzehnten Jahrhunderts und des Mittelalters miteinander verbindet, was durchaus nicht unverträglich ist: Helm und Lilienwappen, wobei die Lilie dem Kanzler des Herzogs der Pfalz zu verdanken ist, der von Frankreich beeinflußt war, jedoch ist auch ein italienischer Ursprung möglich.

Im Herzen des hübschen Städtchens Eltville befindet sich ein 1505 errichtetes Renaissance-Gebäude, das seit 1711 im Besitz der Familie Langwerth von Simmern ist. Vom alten Speisesaal aus, der bis zur Decke mit Delfter Fliesen ausgestattet ist, hat man einen Blick auf den Park. In diesem Saal erstrahlen die Weine in all ihrem Glanz. Die 1991er Spätlesen und Auslesen haben einen Alkoholgehalt von 8,5 %, eine sehr klare Farbe, einen leichten Botrytiston und am Gaumen einen Hauch von Mandeln und Vanille. Ebenso klar ist die Farbe des Eisweins mit 170° Öchsle, der im Geschmack spitz und leicht salzig ist, aber auch Fett und gebackene Früchte aufweist. Die ausgezeichnete 1971er TBA, ganz verhaltenes Gold, besitzt ein ausgeprägtes Mandelbouquet; Zucker, Säure und Alkohol sind in einem idealen Gleichgewicht, das diskret von einem zarten Nußaroma im Abgang unterstrichen wird.

Niederhausen Schloßböckelheim

Eine strenge Ordnung

Staatliche Weinbaudomänen

Land:
Deutschland

Herkunftsgebiet:
Nahe

Erzeugung:
250 Flaschen

Der strenge kaiserliche Adler, der die Etiketten der Weine der Staatlichen Weinbaudomänen ziert, erinnert an den preußischen Ursprung dieses Guts, das heute der Regierung des Landes Rheinland-Pfalz gehört. 1902 beschloß die preußische Regierung, der damals dieses Gebiet unterstand, an der Stelle einer ehemaligen Kupfermine einen Musterweinberg anzulegen. Zahlreiche Photographien vom Anfang des Jahrhunderts, die an den Wänden der Büros zu sehen sind, geben einen Eindruck von den Arbeiten, durch die ein Weinberg von außergewöhnlich strenger Ordnung entstand. Die Bemühungen waren von Erfolg gekrönt, denn der sehr hohe Qualitätsstandard dieses Guts hatte Vorbildwirkung für alle Weine der Nahe. Die Rebfläche umfaßt heute 45 ha, die wie folgt verteilt sind: 27 ha Niederhausen-Schloßböckelheim (darunter die Lage Kupfergrube mit 11 ha) über der Nahe, 8 ha bei Altenbamberg und 10 ha in der Nähe von Bingen.

Gotik und Barock

Die Niederhausener Lage beherbergt die Büros und die Keller. Von hier kommen Weine mit einer üppigen und frischen Nase, die komplex sind, aber auch eine monotone Seite haben. Man könnte sie gotisch nennen. Sie entwickeln sich langsam (sechs Lagen mit 100 % Riesling und eine Rieslinglage mit ein wenig Müller-Thurgau), im Gegensatz zu den Weinen der unteren Nahe bei Bingen mit dem fülligen Geschmack und eher milder Tendenz, die man als barock bezeichnen könnte (überwiegend Riesling). Die dritte Lage, wiederum 100 % Riesling, liefert schlanke und nervige Weine eines jugendlicheren Stils, die sich langsam entwickeln.

Diese Weine sind sehr lange haltbar - zum Beispiel die 1976er Trockenbeerenauslese mit ihrer reifen Goldfarbe, dem ausgeprägten Botrytis-Ton, dem cremigen Terpentin und dem überwältigenden Honig und der mundwässernden Säure. Perfektes Gleichgewicht und kilometerlang. Der 1989er mit der blaßgoldenen Farbe und dem verhalteneren Bouquet stand noch in der Entwicklung. Trotzdem ein cremig-öliger Wein, sehr direkt, mit einer bereits eingehüllten, aber noch spürbaren Säure. Ein jugendliches Meisterwerk.

Die großen Weine, Beerenauslese, Trockenbeerenauslese und Eiswein, kommen von der Hauptlage; welche Parzellen hierfür herangezogen werden, hängt von jährlichen Schwankungen ab. Die Lage ist immer auf dem Etikett angegeben. Nur in besonders guten Jahren kann man sich Hoffnung machen, solche großen Weine zu erzeugen, aber auch dann nur in sehr winzigen Mengen in der Größenordnung von 100 bis 300 Flaschen (Abfüllung in 1/1 und halbe Flaschen). Die Erzeugung von Eiswein, der meist um den 15. November gelesen wird, ist im Vergleich hierzu häufiger möglich.

Der Riesling, der in Stockabständen von einem Meter und einer Zeilenweite von 140 cm gepflanzt ist, wird halbhoch erzogen und auf acht Augen angeschnitten. In den Steillagen muß mit Raupenschleppern gearbeitet werden. Gelegentlich (wie zum Beispiel 1987 - 1989) werden im Sommer die Trauben ausgelichtet. Die Lesehelfer selektieren bei der Ernte; sie arbeiten mit zwei Bütten, wobei die Trauben der zweiten Bütte im Keller ein zweites Mal verlesen werden. Die edelfaulen Beeren werden in einer alten Vertikalpresse gepreßt, und der Most kommt in kleine Fässer in einem relativ kalten Keller. Die Gärung mit den natürlichen Hefen nimmt vier bis sechs Wochen in Anspruch und endet spontan bei 6 bis 9 % Alkohol. Beim ersten Abstich wird der Wein von den Hefen abgelassen; bei einem zweiten Abstich kommt der Wein in Fässer von 60 - 300 l Inhalt. Im Oktober oder November wird der Wein nach Filtration und ohne Schönung in Flaschen abgezogen.

Pefektes Gleichgewicht

Wenn man das von diesem Weintyp erreichte Gleichgewicht charakterisieren will, braucht man eigentlich nur zu erwähnen, daß die drei 1989 erzeugten Trockenbeerenauslesen 174, 188 und 198 Grad Öchsle »auf die Waage« brachten und bei einem Alkoholgehalt von 10,5 % 200 - 280 g Restzucker pro Liter enthielten. Die Gesamtsäure lag zwischen 10 und 12 g/l.

Wachenheimer Luginsland TBA

Wandel in der Beständigkeit

LAND:
DEUTSCHLAND

HERKUNFTSGEBIET:
RHEINPFALZ

ERZEUGUNG:
20.000 FLASCHEN

Dies ist das flächenmäßig zweitgrößte Privatweingut Deutschlands mit 110 ha Reben in den besten Lagen von vier Gemeinden, in denen der Riesling hervorragend gedeiht: Wachenheim, wo der Wein eine fruchtige Verführung besitzt, Forst, das den spezifisch mineralischen Charakter der Rebe betont, Ruppertsberg, in dem sich das Fruchtfleisch offenbart, ganz im Gegensatz zur luftigen Leichtigkeit, die die Weine aus Deidesheim auszeichnet. Der Riesling spielt mit 85 % die überragende Rolle, doch werden auch andere Sorten kultiviert, u.a. Müller-Thurgau und Burgunderreben, wobei aus dem Spätburgunder zusammen mit dem Dornfelder Rotweine erzeugt werden. Nicht zu vergessen ist die aromatische und überaus zuckerreiche Scheurebe.
Das Gut scheint in seinen Anfängen auf das Jahr 1597 zurückzugehen. Im achtzehnten Jahrhundert gehörte es einem Vorfahren der Familie Wolf, der es zur Zeit der Französischen Revolution erheblich erweiterte. Mitte des neunzehnten Jahrhunderts heiratete ein Bürklin, Vizepräsident des Reichstags, in das Gut ein, das daraufhin den Namen Bürklin-Wolf bekam. Mit Dr. Albert Bürklin (1844 - 1924) gewann der Wein des Guts einen großen Ruf. Von 1924 - 1979 verlieh ein weiterer Albert Bürklin, der Großneffe des Präsidenten, den Weinen von Bürklin-Wolf ihren wirklichen Adelsbrief. Seit 1990 ist seine Tochter Bettina mit Unterstützung ihres Mannes, Christian von Guradze, die dynamische Seele dieses Guts, das sechzig verschiedene Weine erzeugt.

Eklektizismus

Die neue Generation trat mit der Präsentation eines noch nie dagewesenen Weins an: eines 1990er Riesling trocken im Geiste eines Chablis Grand cru, ein Wein mit für Deutschland außergewöhnlichen 13 % Alkohol, die ein gütiger Jahrgang und das Mikroklima (durchschnittlich 11° C) ermöglichten, das hier auch Feigen-, Mandel- und Zitronenbäume gedeihen läßt.
Ein spezielles symbolträchtiges Etikett, das den Ahnherrn Dr. Albert Bürklin und Bettina Bürklin von Guradze zeigt, ziert die 20.000 Flaschen, die nach traditioneller Art erzeugt wurden... während sich die am Riesling praktizierte Bâtonnage noch im Erprobungsstadium befindet!
Bürklin-Wolf erzeugt alle Typen von Weinen, darunter die hervorragenden BA, TBA und Eisweine. Die Wachenheimer Lagen (Gerümpel, Mandelgarten, Böhlig) scheinen sich für diesen Weintyp (TBA) besonders gut zu eignen. Die Scheurebe ist zuckerreicher als der Riesling, weshalb zahlreiche Bürklin-Wolf-Spezialweine aus der Scheurebe entstehen, so zum Beispiel die berühmte 1990er TBA, die nicht weniger als 175° Öchsle und 18 Gramm Säure pro Liter besitzt.
Die Böden sind vielgestaltig und bestehen unter anderem aus Lehm, Löß, Basalt und Kalk. Es gibt hier keinen Seilzug, sondern nur den »menschlichen Schlepper.« In Geisenheim ausgewählte

Klone werden auf SO4 und 5BB gepfropft. Unter anderem durch Rückschnitt wird der Hektarertrag begrenzt. Diese Begrenzung ist ein wesentlicher Punkt der Bürklin-Wolf-»Philosophie.« Gelesen wird in zwei Durchgängen, wobei beim ersten Durchgang die edelfaulen Trauben geschnitten werden, die dann auf Matten nochmals verlesen werden. Beim zweiten Durchgang »wird alles mitgenommen.« Die edelfaulen Beeren kommen in eine kleine horizontale Plattenpresse. Nach dem Absitzenlassen gärt der Most in kleinen Edelstahlbehältern mit 140 - 500 Litern Inhalt mit den Spontanhefen vier bis sechs Wochen bei 16 - 18° C. Anschließend ruht der Wein auf den Hefen und kommt nach dem Abstich in neutrale Behälter. Nach Schönung und Filtration wird der Wein im März abgefüllt. Nach einem Flaschenausbau von zwei bis drei Jahren gelangt er zum Verkauf.

Der Eiswein wird wie in den meisten anderen Lagen im Morgengrauen geerntet. Beim 1990er fand die Lese am 7. Dezember um 6.30 Uhr statt!

Das Gleichgewicht der drei »Spezialweine« BA, TBA und Eiswein ist praktisch dasselbe: 8 - 10 % Alkohol, 130 - 230 g Restzucker bei einer Weinsäure von 12 - 17 g/l.

Diese Weine sind mit ihrem unvergleichlichen Bouquet und Aroma niemals mollig oder wuchtig.

Bei Bürklin-Wolf hält man viel auf die Kontinuität und Tradition auf dem Gut. Ist dies Ursache oder Wirkung? Fritz Knorr, der heutige Kellermeister, ist seinem Vater nachgefolgt, der selbst Nachfolger seines Vaters war, der selbst ebenfalls Nachfolger seines Vaters war. »Kontinuität ist alles,« sagt Christian von Guradze, der selbst aus keiner Winzerfamilie stammt, aber auf fränkischen und württembergischen Gütern gelernt hat. Man darf also auf Bettina Bürklin und ihren Mann zählen.

Aszú Esszencia

Der kaiserliche Phönix

LAND:
UNGARN

HERKUNFTSGEBIET:
TOKAJ

BORCOMBINAT

ERZEUGUNG:
NICHT BEKANNT

In Osteuropa entdecken die mährischen, moldauischen, ungarischen, rumänischen, bulgarischen und georgischen Rebgärten die Freiheit. Dimiat, Raktsiteli, Grasa, Furmint und zahlreiche andere Rebsorten träumen davon, ihren einstigen Platz und manchmal auch Rang wieder einzunehmen. Der Tokajer ist unbestrittener Herrscher unter diesen Weinen, die das Potential haben, ihren Adelsbrief wiederzuerlangen. Er war einst die Perle des Reiches der Habsburger, das beste Mittel ihrer Diplomatie.

Die Tempelhüter

Der Tokajer ist also ein Gewächs, das aus alter Zeit kommt. Dieses unvergleichliche Juwel, Vater aller Weine aus edelfaulen Beeren, wurde durch die Vereinheitlichungsmühle des Sowjetimperiums und der Kollektivierung gedreht. Er hat es überlebt, auch wenn die Revolution die Domänen und die Traditionen zerschlagen hat. Die Gewölbekeller unter den Bergen, in denen man sich nur gebückt bewegen kann, die Fässer aus alter Eiche und die goldenen Flaschen, die unter einer dicken Schicht eines ehrwürdigen Schimmels (Cladosporium cellare) ruhen, haben die Flamme erhalten. Einige Kellermeister des Staatsgutes haben die Rolle der Tempelhüter gespielt und die alten Verfahren und das alte Wissen gewahrt. Letztlich hat Bacchus den Sieg über Stalin davongetragen: Auf dem Ozean gewöhnlicher Weine, die zu 90 % in Tankwagenladungen in die ehemalige Sowjetunion exportiert wurden, konnten sich einige Inseln reiner Qualität erhalten. Auf ihrer Grundlage kann die private Initiative wiedererweckt werden. Wenn nun ein alter ungarischer Winzer heute aus dem Dunkel einen bewegenden 1956er hervorholt, drückt sich in seinem Stolz der Widerstandsgeist aus, der auf den Bergen von Sárospatak niemals gebrochen wurde.
Der Tokajer, Nachfahr des Falerno der lateinischen Antike, ist seit dem sechzehnten Jahrhundert berühmt. In Potsdam wie in St. Petersburg war dieser Wein bald nicht mehr wegzudenken. Im achtzehnten Jahrhundert ist er der Wein der Fürstenhöfe, aber nur die wenigsten sind in der Lage, sich den Wein zu beschaffen. Der Zar reserviert sich ein Gut, und der österreichische Kaiser gründet dort das kaiserliche Weingut Szarvas. Der extrem süße Tokajer gilt als Lebenselixir, als Zaubertrank. Der rarste Tokaj, der Esszencia, entsteht aus dem Saft, der von überreifen, edelfaulen, sehr spät gelesenen Trauben abläuft, der so süß ist, daß er kaum gärt, eine Art Gelée Royale für Monarchen auf dem Sterbebett - es ist die ewige Jugend, die Quintessenz des Geschmacks. Der klassifizierte und kontrollierte Boden ist hier vulkanischen oder sedimentären Ursprungs. Die Rebgärten muten irgendwie burgundisch an. Hier und um die Berge von Tokaj stehen die Reben in einer Dichte von 3.000 bis 4.000 Stöcken pro Hektar und werden als Kordons erzogen. Im Augenblick besteht die Tendenz, wieder zu einer Dichte von 8.000 Stöcken und zu kurzen Stämmen zurückzukehren. Die vorherrschenden Rebsorten auf den 5.000 im Ertrag stehenden ha sind Furmint und Hársle-

1963.

velü; hinzu kommt etwas Muscat de Lunel. Zur Zeit werden große Anstrengungen unternommen, die Reben in der Ebene zu roden und die alten Hänge wieder zu bepflanzen.

Die Geburt eines Nektars

Die heißen Sommer und milden Herbste und der Fluß Bodrog begünstigen das Auftreten der Edelfäule. Anders als in Sauternes wird in wenigen Durchgängen gelesen, weil die einzelnen Traubenbüschel selbst verlesen werden. Stück für Stück brechen Erntehelfer in Reih und Glied die edelfaulen Beeren aus; der Rest wird unter noch recht willkürlichen Bedingungen zu trockenem oder süßem Wein verarbeitet. Hieraus entstehen die Szamorodny-Weine, deren gelungenste fast an einen Sherry Fino oder Dulce heranreichen. Das Feinste vom Feinen aber, die legendären »Aszu«-Trauben, werden in exemplarischer Weise behandelt. Das Lesegut kommt in *gönci* (160 l) genannte Fässer mit Siebboden, und unter dem Eigengewicht der edelfaulen Beeren läuft ein überaus kostbarer Saft mit 650 Gramm Zucker pro Liter ab, die legendäre Esszencia. Nach drei Wochen dieser Schwerkraftextraktion werden die Beeren mit ein wenig trockenem Wein vermischt, in eine spezielle Traubenmühle gegeben, die die Kerne nicht zerquetscht, und in eine Art süße Paste verwandelt, die dem Most oder dem trockenen Wein hinzugefügt wird. Der Anteil dieser »Paste« bestimmt die Qualität und die Süße des fertigen Produkts. Drei bis sechs Butten (Puttonyos) zu 25 Litern von dieser Paste werden zu einem gleichmäßigen Brei vermischt und geben 48 Stunden lang ihren Zucker ab. Jenseits von 6 Puttonyos heißt der Wein Aszú-Esszencia, nicht zu verwechseln mit reinem Esszencia. Nach dem Abziehen und Filtrieren der Mischung setzt eine neue Gärung ein. Nach dem Abbruch der Gärung kommt der Wein in Fässer von unbestimmbarem Alter. Der oxidative Ausbau dauert drei - oder aber vierzig Jahre. Außerordentliche Jahrgänge wie zum Beispiel der 1947er werden zu selbständigen Weinen. Andere, die von der Natur weniger verwöhnt sind, kommen zu den Aszú-Weinen. An Ort und Stelle kann man die Jahrgänge 1972, 1988, 1989 und 1990 verkosten, die sich noch im Ausbau befinden. Der 1947er Essencia erzielt je Flasche zu 50 cl 400 Dollar.

Diese ultrasüße und ölige Flüssigkeit hat das Aussehen eines Gelees, eines Fruchtkonzentrats mit mächtigen Säuren. Ein Faustschlag in den Mund - mit Samthandschuhen. Der Ausbau ändert diese erste Empfindung, hinter der ein Getränk auftaucht, wie es kein zweites gibt. Mit zwei bis drei Prozent Alkohol kann man fast nicht von einem Wein sprechen, doch setzt er in einer erregenden Weise ein. Diese bewundernswürdige Komplexität wird von Gewürzen und einer brennenden Empfindung akzentuiert, deren Hintergrund ein Oxidationston von unglaublicher Finesse bildet. Ein 5 puttonyos hat das vollkommene Gleichgewicht zwischen Milde und Süße, eine unverkennbare Frische, Bitterkeit am Gaumen und den Schwung des Herzens.

Andras Basco, Leiter des Weinkombinats, ist zur Zeit mit dessen Privatisierung beschäftigt. Ausländische Investoren sind an großen Gütern interessiert: Franzosen und Deutsche bringen das Kapital ein, das für die Modernisierung unerläßlich ist. Dieses historische Land wird erst dann wieder zu altem Glanz gelangen, wenn es die Gunst der Liebhaber wiedererobert haben wird.

Nur die kleinen Mengen alter Vorräte gelangen derzeit tröpfchenweise auf den westlichen Markt. Sicher ist aber, daß der Tokajer wieder ein kaiserlicher Wein werden wird.

Die Familie Rakoczi erwarb 1617 das Gut Sárospatak im Herzen des Rebgartens, dann das Gutsgebäude von Takaji. Wie es heißt, soll durch einen drohenden Türkeneinfall 1650 die Ernte um mehrere Wochen verzögert worden sein. So wurde die wunderbare Wirkung der Botrytis cinerea, der Edelfäule entdeckt. Wenig später eroberte sie Deutschland und gut einhundert Jahre später Frankreich und Sauternes. Von den Habsburgern ins Exil gezwungen, fand Fürst Rakoczi Zuflucht am Hof Ludwigs XIV., der sich für den »König der Weine, Wein der Könige« begeistert. Den politischen Veränderungen in Ungarn folgte auch ein Austausch zwischen den Rebgärten von Tokaj und denjenigen von Sauternes.

Freinsheimer Goldberg TBA

Eine geteilte Krone

LINGENFELDER

LAND:
DEUTSCHLAND

HERKUNFTSGEBIET:
RHEINPFALZ

ERZEUGUNG:
400 FLASCHEN

Seit 1520 ist der Weinbau die Leidenschaft der Familie Lingenfelder. Hinter Reiner Karl Lingenfelder stehen zwölf Generationen bodenständiger Menschen; das Gut hatte eine vielfältige Produktion, zu der auch Wein gehörte. Nach dem Zweiten Weltkrieg widmete sich die Familie Lingenfelder ganz den Reben und dem Wein. Die wohlgeordneten landwirtschaftlichen Gebäude, der mit Bäumen bestandene Hof und das große Haus mit der vom siebzehnten Jahrhundert inspirierten Fassade könnten den Eindruck vermitteln, daß hier der Klassizismus herrscht, doch ist dem keineswegs so. Die Bestockung ist sehr vielfältig, wobei der Riesling seine Krone teilen muß, und auch Rotwein fehlt nicht - ganz im Gegenteil.
Im weißen Rebgarten stehen neben zwei Dritteln Riesling Scheurebe, Müller-Thurgau und Kerner, während bei den blauen Reben (etwa ein Drittel der bestockten Fläche) der blaue Spätburgunder doppelt so viel Fläche bedeckt wie der Dornfelder. Diese verschiedenen Rebsorten stehen auf ganz unterschiedlichen und unterschiedlich exponierten Böden, insgesamt 15 ha in vier Hauptlagen. Bei Freinsheim eignet sich die Lage Goldberg vorzüglich für die

Scheurebe und für fruchtigen Riesling, während der Musikantenbuckel mit seinem sandigen Boden dem Silvaner und der Scheurebe entgegenkommt. Bei Großkarlbach trägt der Kalksteinboden blauen Spätburgunder und Scheurebe, während der vom Löß beherrschte Osterberg dem Dornfelder und rassigen Rieslinger Entfaltungsmöglichkeiten bietet. In allen diesen Lagen begünstigt das Mikroklima das Auftreten von Edelfäule, zumindest wenn das Wetter mitspielt, und dies ist in drei bis vier von zehn Jahren der Fall. Nur die Beeren von Riesling und Scheurebe liefern Beerenauslesen und Trockenbeerenauslesen.

Die Achtung vor der Tradition

Das Durchschnittsalter der Reben liegt bei dreißig Jahren. Die Rieslingreben sind im Gegensatz zu den Scheureben aus einer Klonenselektion hervorgegangen. Die Stöcke stehen im Abstand von 120 bis 130 cm bei einer Zeilenweite von 2 m, wodurch sich eine Bestockungsdichte von 4.000 bis 4.500 Stöcken pro Hektar ergibt. Die Reben werden als Streckbögen erzogen, wobei pro Quadratmeter sechs bis acht Augen belassen werden. Im Rebgarten wird im Winter eine Gründüngung ausgesät, die im Sommer stehen bleibt, weil die Niederschlagsmengen gering sind. Die Lese der für die »Spezialweine« bestimmten Trauben erfolgt mit größter Sorgfalt: Die Schnitter sind Angehörige der Familie Lingenfelder. In drei Bütten werden die verschiedenen Qualitäten sortiert (TBA und BA, Spätlese, Auslese). Wenn es die Fäule erlaubt, wird eine zwölf- bis vierundzwanzigstündige Maischegärung durchgeführt. Die nicht entrappten Beeren werden in einer alten Vertikalpresse langsam gekeltert (Beerenauslesen, Trockenbeerenauslesen). Nach einem achtzehnstündigen Absitzenlassen gärt der Most in neutralen Behältern bei einer Temperatur von 23 bis 24° C. Bis 1990 wurden keine Reinzuchthefen verwendet. Vor dem sechs-bis achtmonatigen Ausbau wird eine leichte Filtration durchgeführt. Anschließend wird der Wein ohne Schönung in Halbliterflaschen abgefüllt.

Es ist klar, daß eine Riesling-TBA feiner und eleganter ist als eine Scheurebe-TBA. Letztere Rebe hat jedoch den Vorteil, daß sie lange auf den Eintritt der Edelfäule warten kann, während die Riesling-Beeren die unliebsame Neigung haben, abzufallen. So wurde auf dem Weingut Lingenfelder nur 1959 und 1989 eine Riesling-TBA erzeugt, während in dieser Zeit zahlreiche Beerenauslesen und Trockenbeerenauslesen von der Scheurebe das Licht der Welt erblickten. Bei beiden Rebsorten wird ein sehr gutes Gleichgewicht angestrebt und erreicht. Die 1988er und 1990er Scheureben haben 10 % Alkohol, 110 g Restzucker und eine Säure von 12,5 g/l. Es sind sehr fruchtige und florale Weine: Trüffeln, Mangos, Cassis, beinahe »Wollfett« auf einem mineralischen Hintergrund. Die frische und nervige Säure bildet ein vorzügliches Gegengewicht zum Zucker. Die 1989er Riesling-TBA Osterberg (9,9 % Alkohol, 192 g Zucker, 13,8 g Säure pro Liter) hat einen Orangeton, ein balsamisches Bouquet von Mandeln und Südfrüchten, fett und cremig, setzt lebhaft ein und entfaltet sich üppig am Gaumen, an dem auch die Bouquetaromen wiederkehren, vielleicht durch den Zitronenton noch markanter. Der Wein überzeugt durch ein unglaubliches Gleichgewicht und eine ebensolche Länge.

Château Coutet Cuvée Madame

Ein Faß für Madame

Land:
Frankreich

Herkunftsgebiet:
Barsac

M. Baly

Erzeugung:
2.000 bis 3.000 Flaschen

Jedem seine kleinen Streitigkeiten. In Sauternes wie vielfach auch in Bordeaux neigen die einen einem einzigen Etikett zu, das den ganzen Elan des Weinbergs auf sich vereint, während die anderen für eine spezielle Cuvée eintreten, einen ersten Wein, der gegenüber dem Rest abgehoben ist. Auch auf den besten Böden ist das Überragende die Ausnahme. So erzeugen die Vertreter der letzteren Schule winzige Cuvées, die auf dem Markt praktisch nicht in Erscheinung treten und nicht ohne Stolz eine Auszeichnung für sich in Anspruch nehmen: La Crème de Tête (Suduiraut), la Private Cuvée (Caillou) oder jene Cuvée Madame, die 2.000 bis 3.000 Flaschen der insgesamt 75.000 Flaschen von Château Coutet ausmacht. Warum Madame? Es ist alter Brauch, das beste Faß für die Herrin des Hauses beiseite zu legen: La barrique de Madame.

Unvergleichlich

Coutet hat eine alte Geschichte. Während des Hundertjährigen Krieges zur Festung ausgebaut, im achtzehnten Jahrhundert umgebaut, geht es an Gabriel de Filhot über, der bereits Besitzer eines Gutes seines Namens ist. Sein römischer Enkel de Lur Saluces fügt dieses Barsac-Gut zu Yquem, Malle und Filhot hinzu. 1922 geht das Gut in die Hände der Familie Guy (hydraulische Pressen) über, die es ihrem Schwiegersohn M. Rolland anvertraut. Das Château gewinnt seinen Glanz wieder. Nach dem Tode von dessen Witwe im Jahre 1977 übernimmt es Marcel Baly. Diese von Mauern umfriedete 38 ha große geschlossene Fläche alter Reben trägt 74 % Sémillon, 23 % Sauvignon und, als Feder am Hut, 2 % Muscadelle. Geerntet wird in vier bis sechs Durchgängen, und der Ertrag liegt bei 16 bis 17 hl/ha. Eine ganz bestimmte Parzelle liefert diese Cuvée. Nach dem Pressen und der Mostvorklärung erfolgt die Gärung zunächst in Edelstahltanks und wird beim *grand vin* drei Jahre lang in neuen Barriques fortgesetzt. Diese überaus dichten Moste sind so zuckerreich, daß sie schwierig gären, und mit ihrem hohen Alkoholgehalt nähern sie sich den deutschen Eisweinen. Legendär sind die Jahrgänge 1943, 1947, 1959, 1975, 1981, 1986, 1988 und 1989. Während der Château Coutet munter, ungeduldig, extrovertiert, ein echter Barsac ist, ist die *Cuvée de choix* ein großer Süßwein mit mächtigem Confitton und dem Aroma von Orangenschalen, getrockneten Aprikosen, Mandeln und Honig; am Gaumen entfalten sich gebackene Früchte, Vanille und gebrannte Mandeln. Dieses tröpfchenweise abgegebene, ein wenig »unmoderne« Elixir kostet im Château zwischen 1.500 (1971) und 450 Francs (1986). Der größte Teil der Erzeugung wird vom Haus Lichine vertrieben.

Riesling Sélection de grains nobles

Etwas von einem Engel

Land:
Frankreich

Herkunftsgebiet:
Alsace

Hugel et Fils

Erzeugung:
2.000 Flaschen

Wenige Familien haben so sehr wie Hugel den Reben und dem Wein des Elsaß ihren Stempel aufgeprägt. Hans Ulrich Hugel ließ sich 1639 in Riquewihr nieder. Es sind die letzten Jahre des Dreißigjährigen Krieges, und das verwüstete Land erinnert an einen Stich von Callot. Als Bürger des Orts aufgenommen und zum Vorsteher der Winzervereinigung gewählt, legt der Ahnherr des Geschlechts einen Rebgarten an, der zwölf Generationen lang nichts von seinem Glanz einbüßt. Als die Revolution und die Napoleonischen Kriege über den Elsässer Rebgarten hinwegfegen, als ihm die Reblaus den Todesstoß versetzt, ist es immer diese Familie, die neue Hoffnung macht und Energien mobilisiert. Jean Hugel und seinem Sohn Jean-Frédérick ist das Wunder der besten Sélections de grains nobles zu verdanken. Diese von den Trockenbeerenauslesen und Eisweinen der deutschen Tradition inspirierten seltenen und kostbaren Weine entstehen schon seit langem, wie es heißt seit 1865, in den Keltern der Familie. Die Jahrgänge 1934, 1959 und 1961 sind legendär. Die Elsässer Weine erscheinen im Londoner Savoy und auf den bedeutendsten Tafeln Amerikas.

Gold macht Wein

Unter den Gewürztraminer-, Tokay- und Rieslingauslesen ist letztere besonders aufregend. Die Sorte ist später als die beiden anderen, und manchmal tritt Edelfäule auf. Wenn dies der Fall ist, entsteht ein Wunder, ein Wein ohnegleichen: Feiner und geschmeidiger als die Weine aus den beiden anderen Rebsorten, weiblich bis in die Fingerspitzen. Der aus den Trauben

der Grand cru Schoenenbourg erzeugte 1976er ist ein Jahrgang, den man lange im Gedächtnis behalten wird. Auf den nach Südosten geneigten Mergelböden, die mit dem Sandsteinschotter der Vogesen bedeckt sind, herrscht ein ganz besonderes Mikroklima. Vierzigjährige Reben ergeben winzige Erträge von nur wenigen Hektolitern pro Hektar. Die Trauben werden nicht geschnitten: Die Beeren werden einzeln in mühevoller Handarbeit gelesen. Sie gären unglaublich lange - der 1976er neun Monate. Am Ende eines Jahres erfolgt der Flaschenabzug, anschließend acht Jahre Kellerruhe. Dieser Riesling kann nur einmal alle zehn Jahre erzeugt werden: Fünftausend Flaschen vom Jahrgang 1976, dreihundertfünfzig Flaschen vom 1985er, der nicht auf den Markt kam und den die Familie zurückbehält, 2.200 Flaschen vom 1988er.
Der goldgelbe, leuchtende, aufregende Wein verströmt Aromen von äußerster Finesse, von Zitrone, Eisenkraut, Honig und geröstetem Kaffee. Die Gaumenaromen sind beinahe irreal. Eine solche Gegenwart, ein solches Mysterium hat etwas von einem Engel. Im Abgang scheint dasselbe überschwengliche Echo unaufhörlich widerzuhallen. André Malraux, Josephine Baker, Marschall Leclerc und vor allem Winston Churchill waren Stammkunden dieses Guts. Der Graf de Lur Saluces tauscht eine Kiste Yquem gegen eine Kiste Hugel. Die Edelfäule hat ihren Jockey Club. Zu einem Preis, der die Grenzen der Phantasie sprengt ...

Die Grains Nobles (Beerenauslesen)

Für die Auslesen gelten die strengsten Vorschriften der französischen Gesetzgebung: Vorabdeklaration der Erzeugung, sehr hoher Mindestalkoholgehalt (mehr als Sauternes), Verbot der Chaptalisierung, I.N.A.O.-Kontrolle an der Kelter, Genehmigung der Weine in der Flasche sechzehn Monate nach der Ernte. Nur die besten Elsässer Winzer erzeugen einen solchen Wein: Trimbach in Ribeauvillé (ein überaus seltener Riesling), Léon Beyer in Eguisheim (ein fabelhafter Gewürztraminer), Jean-Michel Deiss in Bergheim (der es mit einem Verkauf *en primeur* versucht), die Domaine Schlumberger in Guebwiller (ein erlesener Cuvée Anne), das Haus Kuentz Bas in Husseren-les-Châteaux, Rolly Gassman in Rorschwihr, Marc Kreydenweiss in Andlau, das Gut Ostertag in Epfig sowie sogar einige Genossenschaften wie diejenigen von Pfaffenheim, Turckheim und Eguisheim.

Die Gebrüder Hugel.

Clos Saint-Urbain

Die ganze Sonne des Elsaß

DOMAINE ZIND-HUMBRECHT

LAND:
FRANKREICH

HERKUNFTSGEBIET:
ALSACE GRAND CRU RANGEN DE THANN

GEWÜRZTRAMINER UND TOKAY SÉLECTION DE GRAINS NOBLES

ERZEUGUNG:
500 - 1.000 FLASCHEN

»Die Weine von Andlau oder Kaysersberg in Holzbechern sind größere Herren als diejenigen vom Zorn oder Kochesberg in goldenen Schalen«, behauptete Wimpheling, der berühmte Renaissance-Prediger. Auch wenn man sich im Elsaß bei der Schaffung der kontrollierten Herkunftsbezeichnung für die Rebsorte entschieden hat, so hat man doch nie aufgehört, sich auch für den Boden zu interessieren. Die Grands crus entstanden aus der Beobachtung, daß jede Rebsorte ihren speziellen Boden bevorzugte. Léonard Humbrecht, Winzer aus Gueberschwihr mit Rebenbesitz in den Elässer Elitelagen Rangen, Goldert, Hengst und Brand, war einst der Herold dieser Cru-Legende. Die heutigen Besitzgrenzen gehen auf das Jahr 1959 zurück, als die Familien Humbrecht und Zind beschlossen, auf ihren 35 ha Reben in fünf Gemeinden des Haut-Rhin eine gemeinsame Wein-Zukunft zu gestalten. Olivier, Léonard Humbrechts Sohn, war der erste Franzose, der in London mit dem Titel eines Master of Wine ausgezeichnet wurde. Er studierte in Toulouse Önologie und setzt die Linie dieser glanzvollen Winzer virtuos fort, deren Ursprünge auf die Zeit des Dreißigjährigen Krieges zurückgehen.

Léonard Humbrecht.

Ein Weinbau der Extreme

Der Clos Saint-Urbain an den steilen Hängen des Thanner Rangens ist ein Zeitgenosse des Clos de Vougeot in Burgund. Alle Jahrgänge dieser im zwölften Jahrhundert entstandenen Lage sind in der großen Chronik von Thann sorgfältig aufgezeichnet. So wurde 1186 schon im August gelesen, und 1431 war die Ernte so üppig, daß man den Wein zum Anmischen von Mörtel verwendete. Die Lage verdankt ihren Namen der Sankt-Urbans-Kapelle, die während der Französischen Revolution zerstört und 1934 wieder aufgebaut wurde. Am 25. Mai ziehen die Winzer in einer Prozession zu dieser Kapelle. »Sankt Urban, Schutzpatron der Winzer und Wirte, bitte für uns! Von Trunk und Berauschung, erlöse uns o Herr! Von Gewitter, Blitz und Hagel, erlöse uns o Herr!«

Der Ruf der Weine vom Rangen drang dank der Stiftskirche St. Theobald weit über die Grenzen des Elsaß hinaus. Man trank ihn am Wiener Hof, und Michel de Montaigne zögerte nicht, den Weinen von Bordeaux untreu zu werden, um hier »die schönsten und kultiviertesten Reben« zu bewundern. Dazu muß man allerdings willens und in der Lage sein, eine Steillage von 68 % zu bearbeiten! Léonard Humbrecht nahm die Titanenarbeit auf sich und bestockte 1977 die 14,4 genau nach Süden gelegenen Hektar neu, die durch den Fluß Thur zu Füßen des Rebgartens vor Frost geschützt sind. Der Nordwind hält die Pflanzen gesund. In nur wenigen Elsässer Lagen ist es möglich, die Trauben so lange nach der Reife am Stock zu belassen. Der vulkanische und sandige, arme, leichte und lockere Boden speichert

die Wärme und heizt den Rebgarten. Die kostbare Bodenkrume muß jedes Jahr wieder nach oben getragen werden. Mit Seilzug, Terrassen, Stützmauern und »Basislager« oben am Hang hat Weinbau dieses Stils eher mit Bergsteigen zu tun.
Der Riesling liefert trockene Weine. Aus den Tokay-Pinot gris und den Gewürztraminern werden je nach den klimatischen Bedingungen Spätlesen oder Trockenbeerenauslesen erzeugt. Die Edelfäule schlägt hier mit einem Mal zu, und alles »fault« gleichzeitig. Im Oktober bis November erreicht die Konzentration ihr Optimum. Die Weine werden pneumatisch und sehr schonend gepreßt, manchmal entschleimt, gären bei den Trockenbeerenauslesen mit den Spontanhefen vier bis fünf Monate und bleiben auf ihren feinen Hefen, bis sie im September abgezogen werden; anschließend bleiben sie drei bis vier Jahre in einem in den Felsen eingehauenen Keller. Vom mythischen Jahrgang 1959 über den 1976er, 1983er, 1985er und vor allem den 1986er bis hin zum 1989er scheinen die Trockenbeerenauslesen vom Clos Saint-Urbain die ganze Sonne des Elsaß eingefangen zu haben. Sie haben die Korpulenz eines Domprobsts, eine phantastische Kraft, aber auch subtile Aromen und Nachhaltigkeit am Gaumen. Welch ein Strömen! Lange Zeit war er der teuerste Wein dieser Appellation, doch trifft er heute zunehmend auf Konkurrenz. Deshalb steht hinter der Zukunft der Preise, die noch am Maßstab der besten Weine von Sauternes und ihres Königs Yquem ausgerichtet sind, ein gewisses Fragezeichen. Zweifellos werden die Weine mit zunehmendem Angebot erschwinglicher werden - zur Freude der Weinliebhaber.

Château Suduiraut

Die Pracht am Gaumen

CRÈME DE TÊTE

LAND:
FRANKREICH

HERKUNFTSGEBIET:
SAUTERNES

ERZEUGUNG:
4.000 FLASCHEN
(DURCHSCHNITTLICH)

»Ancien cru du Roy« heißt es auf dem Etikett. Bezieht sich dies auf die Familie Duroy, die ehemaligen Besitzer des Guts? Oder auf die Gunst Ludwig XIV.? Wahrscheinlicher ist ersteres, weil der Sonnenkönig niemals etwas anderes als stillen roten Champagner und ab 1693 alten Burgunder trank. Aber hierauf kommt es nicht an - Château Suduiraut ist selbst königlich: Ein Park, eine Auffahrtsallee, ein Wohntrakt aus dem siebzehnten Jahrhundert mit Ehrenhof, Türmchen und ein Park, den kein geringerer als Le Nôtre entworfen hat. Die Suduirauts, eine alte Sauterner Familie, hatten Geschmack. Ihre Nachfolger waren die Duroy. Nach ihnen kamen die Castelnauds und Guillots. Diese führten das Gut während der Klassifikation von 1855 und erhielten den Rang eines Premier cru. 1940 wachten die Fonquernies über das Château. Die Erbin dieser Familie, Madame Frouin, führte die Geschäfte bis 1992, unterstützt von ihrem *régisseur* Pierre Pascaud, der auch nach der Übernahme des Châteaus durch Axa-Millésimes im Amt blieb. 73 ha Reben werden auf einer Terrasse gegenüber dem Hügel von d'Yquem bestockt, die 25 bis 50 Meter hoch liegt. Auf einem Mergel- und Kalkunterboden liegt lehmig-kalkiger Boden aus Kieselerde, Kies und Sand. Feuchte Senken werden durch Brunnen entwässert, die das in den Tiefen sich stauende Wasser ableiten. Etwa 6.900 Stöcke pro Hektar, etwa dreißig Jahre alt, zu 80 % Sémillon und zu 20 % Sauvignon, keine Muscadelle. Rigoroser Rückschnitt auf zwei Augen. Die Konzentration des Safts aufgrund der Edelfäule beschränkt den Ertrag auf 12 bis 15 hl/ha. Durch mehrfache Lesedurchgänge (bis zu acht, wie z.B. 1988) kann hier relativ früh gelesen werden. Der mit Liebe und Ernst gepreßte Saft wird kalt geklärt, in Edelstahltanks bei 18 bis 22° vergoren und in zu 40 % neue Barriques gefüllt. Nach zweieinhalbjährigem Ausbau Schönung mit Bentonit und leichte Filtration vor der Flaschenfüllung. In großen Jahren (zum Beispiel 1982 4.860 Flaschen) kommen die besten Moste in zwanzig Barriques, in denen der ebenso seltene wie teure Crème de tête entsteht. In der ganzen Geschichte immer dem Yquem auf den Fersen, bieten diese Weine die Perfektion des Gleichgewichts und der Komplexität mit gebackenen und honigartigen Aromen. Sie sind die Distinktion selbst, und die Zeit kann ihnen nichts anhaben: Die Jahrgänge 1893 und 1900 haben nichts von ihrer Verführung verloren. Der Crème de tête besitzt die schönste »Gebackenheit« der Welt unter dem stiebenden Zauber einer intensiven Fruchtigkeit (Honig, Wachs und eingelegte Südfrüchte). Hier versteht man, warum im Französischen der Gaumen »palais« heißt.

Château Gilette

Ein Wein, wie man ihn nicht mehr macht

Land:
Frankreich

Herkunftsgebiet:
Sauternes

Erzeugung:
4.800 bis 7.200 Flaschen

Dieser Wein hält sich nicht an den Rat Ciceros, der empfahl, nicht bis zum Alter zu warten, um weise zu werden. Der Wein hält sich vielmehr an die Devise, daß nur Geduld und Zeit bis hin zu mehreren Jahrzehnten im Keller der Weg zu wirklichem inneren Frieden sind. Mit seinem leuchtenden und vibrierenden Goldton hält er für denjenigen, der in den Genuß dieses Weins kommt, Aromen von Wachs und Trockenfrüchten, von gegrillten Mandeln, von reifem Kompost und ein voll entwickeltes und anhaltendes Bouquet bereit. Das Aroma ist lang, geschmeidig und elegant wie ein Schwanenhals und besitzt unendliches Fett. Und welche Finesse im leicht würzigen Abgang! In seiner Art einmalig, ist der Gilette ein Wein, wie man ihn nicht mehr macht. Er läßt sich wirklich alle Zeit.

Der Antiquar von Sauternes

Das Gut war einst berühmt. Im achtzehnten Jahrhundert kosteten acht Barriques von diesem Wein so viel wie ein hübsches Häuschen. Auch im neunzehnten Jahrhundert wird der Wein von den guten Autoren immer wieder erwähnt, während ihn die Krise des Sauternes zwischen den beiden Weltkriegen mit voller Härte trifft. René Médeville hat das Gut von seinem Großvater geerbt, lebt aber nicht dort. Er zieht es vor, seinen Wein aufzubewahren, statt ihn zu einem niedrigen Preis abzugeben. Dies ist der Grund für den erstaunlichen Vorrat an alten Jahrgängen wie zum Beispiel dem 1937er, der schon Fernand Point entzückte und den sein Sohn Christian tröpfchenweise auf den Markt brachte. Dank dieser klugen Politik seiner Familie konnte er zum Antiquar des Sauternes werden, und er selbst setzt diese Politik fort.

Der Boden von Preignac ist sandiger mit etwas Kies auf einem kalkigen Unterboden. Gerade 4,5 ha sind zu 88 % mit Sémillon, zu 10 % mit Sauvignon und einigen Muscadelle-Stöcken bestockt. Diese Reben haben ein patriarchalisches Alter. Es wird so sorgfältig verlesen, daß der Ertrag nur 13 hl/ha (1988 nur 8 hl) erreicht. Nach der Vinifikation in Edelstahltanks bei 16 bis 18° C wird der Wein abgezogen, stumm gemacht, ein Jahr in Edelstahltanks gelagert und anschließend zwanzig Jahre in Betontanks eingeschlossen. Zur Zeit sind zwölf Jahrgänge in »Klausur.« Vier bis fünf Jahre vor der Auslieferung werden die Weine abgefüllt und ruhen dann in einem klimatisierten Flaschenkeller. Der 1967er und der 1971er haben 1990 das Licht der Welt erblickt. Die fünf- bis achttausend Flaschen werden in wenigen Stunden verkauft. Wenn man dies verpaßt, ist man auf Versteigerungen angewiesen, doch hat der Gilette dort keinen Preis mehr...

Gewürztraminer

Die Quintessenz

Domaine Weinbach

Land:
Frankreich

Herkunftsgebiet:
Elsass Gewürztraminer
Sélection de grains nobles

Erzeugung:
500 bis 1.000 Flaschen

Kaysersberg.

Weinbach - könnte man sich einen schöneren Namen vorstellen, wenn man der Rebe ewige Treue schwört? Das in den Archiven schon 890 erwähnte Rebland gehörte einst den Prämonstratensern der Abtei von Etival und ging 1612 in die Hände der Kapuziner über. Sie errichteten dort einen Konvent, züchteten Schnecken und erzeugten guten Wein - ein schönes Beispiel für die Nutzung eines Ökosystems, bevor hiervon überhaupt noch die Rede war. So entstand in Kientzheim der Clos des Capucins. Von der Französischen Revolution verjagt, übergaben die Mönche den Clos in die Hände der Beamten, die für die Nationalen Güter zuständig waren. Wie die Legende berichtet, trennten sie sich allerdings nicht von Gold und Edelsteinen, die noch in einem geheimen Versteck liegen sollen. Den Clos erwirbt Boeklin von Boecklinsau, uneheliches Kind einer Baronin, die ihn in fremde Hände gab. In der Art eines Helden von Eugène Sue entdeckt er schließlich seinen adligen Ursprung und herrscht befriedigt über diesen Rebgarten.
1898 werden die Gebrüder Faller Besitzer des Clos des Capucins. Théo Faller wird zu einer der herausragenden Gestalten des Weinbaus in dieser Gegend: Politiker, Vorsitzender der Crédit Agricole, leidenschaftlicher Verfechter und Anwalt der Sache der Elsässer Weine bis zu seinem Tode im Jahre 1979. Er ist inmitten seiner Reben im Schatten seines Hauses begraben. Unterstützt von ihren beiden Töchtern Catherine und Laurence leitet heute seine Frau Colette das Hauswesen mit dem Schwung einer Übermutter.

Terroir in Reinkultur

Von den 23 ha der Domäne entfallen acht auf den südexponierten Grand Cru Schloßberg. Der Boden dieser Lage ist wegen der floralen Finesse berühmt, die er seinen Weinen mitteilt. Die Reben stehen in einer Dichte von 4.400 bis 4.500 Stöcken pro Hektar und werden als Doppelstrecker erzogen. Die steilen Granit- und Sandböden sind der Standort der Wahl des Rieslings, auf dem er 500 sagenhafte Flaschen Quintessence erzeugt, Flaschen, die Höchstpreise erzielen. Die 5 ha Clos, wo der Boden flacher ist und Lehm, Kalk und Schiefer enthält, kommen mehr dem Gewürztraminer entgegen und ergeben knapp 1.000 Flaschen Quintessence. Die sehr alten, nicht gedüngten Kapuzinerreben geben nur ein Almosen an Trauben. Die Spätlesen und die Trockenbeerenauslesen vollbringen hier Glanztaten. An Eleganz, Finesse und Auszeichnung schlagen sie die normale Erzeugung um Längen. Vorsichtige Pressung, Absitzenlassen des Mosts, langsame Vergärung, Ausbau in alten Eichenfässern -und alles im Geiste der Tradition. Die moderne Önologie, verkörpert durch Laurence, die in Toulouse studiert hat, steht ganz im Dienste des ursprünglichen Charakters der Weine; sie steigert das terroir, ohne sich aufzudrängen.

Was man auf dem Gut die »Quintessence« (Trockenbeerenauslese) nennt, ist ein äußerst seltener Wein. Er entsteht nur in wenigen Jahrgängen in winzigen Mengen (1988 zum Beispiel 1.000 Flaschen) und hat einen exorbitanten Preis. Sein überaus fruchtiger Stil, seine zerbrechliche Delikatesse, der Duft eines Parfums von einem großen Modeschöpfer verleihen diesem Ausnahmewein eine brillante Persönlichkeit, einen herausragenden Ruf, der auch mit der verläßlichen Ausstrahlung dieser weiblichen Trinität zusammenhängt. Diese geschickt in den Medien plazierten Luxusflaschen geben dem Clos de Capucins eine unbestrittene Aura, und die Schatzsucher des Weins bezahlen hierfür, ohne mit der Wimper zu zucken, jeden Preis.

Daneben gibt es aber bei Madame Théo Faller auch wunderbare Rieslinge, Gewürztraminer und Tokayer (normal oder spätgelesene Pinot gris-Weine), die sich harmonisch, dicht und ohne das geringste Ubergewicht an Körper und Bouquet präsentieren, wie zum Beispiel die Cuvées Théo, Sainte-Catherine oder Laurence. Diese Weine sind zugänglicher und verschaffen beinahe denselben Genuß. Glücklich die Kapuziner von Straßburg, die alljährlich in Erinnerung an den alten Zehnten ein Faß Wein vom Clos erhalten. Nicht viele Winzer gibt es mehr, die ihre Gründer ehren. Aber die Fallers waren niemals Winzer wie alle anderen, und ihre Flaschen haben jenes undefinierbare Anrührende, das das Herz ebenso wie den Gaumen erfreut.

Dr. von Bassermann-Jordan TBA

Weisheit und Können

LAND:
DEUTSCHLAND

HERKUNFTSGEBIET:
RHEINPFALZ

ERZEUGUNG:
NICHT VERÖFFENTLICHT

Die Familie Jordan stammt aus Savoyen, genauer gesagt aus Cluses. Sie kam Ende des achtzehnten Jahrhunderts in die Rheinpfalz, wurde dort heimisch und widmete sich den Reben und der Erzeugung hochwertiger Weine. Dr. Friedrich von Bassermann-Jordan, Nachfolger von Andreas Jordan, wurde zu einer der herausragenden Gestalten des Weinbaus in der Rheinpfalz; er gründete unter anderem ein Weinbaumuseum und veröffentlichte eine Geschichte des Weinbaus.

Der heutige Besitzer, Dr. Ludwig von Bassermann-Jordan, ist Herr über fünfundzwanzig verschiedene Lagen mit einer Gesamtfläche von 40 ha und vinifiziert fünfundzwanzig verschiedene Weine, die jeweils unterschiedliche Eigenschaften aufweisen. Die Böden sind lehmig-sandig, sandiger in der Ebene, lehmiger auf den Hängen. Wo die Edelfäule auftritt, läßt sich nicht festlegen; dies hängt jeweils von unterschiedlichen Jahrgangseinflüssen ab.

Auf den fünfundzwanzig Lagen steht praktisch nur Riesling. Verwendet werden aus einer Klonenselektion hervorgegangene Pflanzen des Geisenheimer Weinbauinstituts auf verschiedenen Unterlagenreben.

Die Lese der Reben, deren älteste fünfundzwanzig Jahre alt sind, erfolgt in einem Durchgang, wobei die Lesehelfer im Weinberg mit mehrfach unterteilten Bütten sortieren. Nach der Ankunft im Keller werden die Trauben sofort gepreßt. Der Most wird im Separator entschleimt und kommt dann entweder in Bottiche oder in kleine Eichenfässer von etwa 25 hl Inhalt. Die schweren Moste der Beerenauslesen und Trockenbeerenauslesen gären langsam in gekühlten Behältern. Bei etwa 7° Alkohol bricht die Gärung spontan ab, wobei etwa 120 g Restzucker pro Liter zurückbleiben.

Der Wein kommt zwischen April und Juli nach Filtration in die Flasche. Eine Schönung wird nur ausnahmsweise durchgeführt. Im Hause von Bassermann-Jordan atmet alles Stabilität und Langlebigkeit. Keinerlei Zurschaustellung, keinerlei Fremdkörper aus neuerer Zeit stören eine Ordnung, die hier seit einem Vierteljahrtausend fest gefügt ist. Dr. von Bassermann-Jordan selbst, ebenso elegant wie seine Weine, ebenso klassisch wie sie, scheint den Erschütterungen der modernen Welt entrückt zu sein. Er ist ein Weiser, der sich seiner Weisheit bewußt ist, der sein Land achtet und den Launen der Natur nachgibt, die er gewaltsam zu berichtigen sich weigert. Auf den alten und hohen Ruf dieser Weine würde die schöne mittelalterliche Devise passen: »Nous maintiendrons«.

Château d'Arlay

Die königlichen Reben

Vin de paille

Land:
Frankreich

Herkunftsgebiet:
Cote du Jura

Erzeugung:
Nicht veröffentlicht

Dieses Château ist das älteste, dessen Name heute noch auf einem Weinetikett erwähnt wird. Es wurde im neunten Jahrhundert von Gérard de Roussillon auf einem Hügel erbaut, den schon die Kelten und nach ihnen die Römer besiedelt hatten. Dieses Gut wurde kein einziges Mal verkauft, sondern ging stets durch Erbfolge in andere Hände über, von den Chalon-Arlay an die Chalon-Orange-Nassau, vom Fürsten d'Isengheim (aus der Linie der Chalon-Alay) über die Gräfin de Lauragais, die Fürsten d'Arenberg und die Vogüé an den Grafen Renaud de Laguiche.

Der Rebgarten von Arlay erstreckt sich südlich der Festung. Dies ist der einzige Rebgarten der Welt, der nacheinander »königlich spanischer Rebgarten« war, als Philipp II., Oberherr der Franche Comté, 1567 das Gut in Besitz nahm, dann »königlicher Rebgarten Englands,« nachdem die Familie Chalon ihr Gut zurückerhalten hatte und Wilhelm III. von Oranien (ein Nachfahr der Chalon) König von England geworden war, und schließlich »königlicher Rebgarten Frankreichs« seit Ludwig XIV., bis Ludwig XV. 1730 das Gut wieder an das Haus Chalon d'Arlay zurückgab.

Man muß die Ruinen der Festung einmal gesehen haben, und man muß einmal in dem 1778 angelegten Park mit seinen Gartentheater, der Grotte und dem eingefaßten Rasenplatz spazieren gegangen sein. Auf Château d'Arlay ist die Zeit stehen geblieben; das gesamte Mobiliar, das der Fürst von Arenberg bei einem Schreiner in Poligny namens Répécaud in Auftrag gegeben hatte, ist noch wie zu Zeiten Karls X. vorhanden.

Der 30 ha große Rebgarten ist bestockt mit Pinot noir, Chardonnay, Trousseau, Poulsard und Savagnin. Der Wein wird zu gleichen Teilen aus vier Rebsorten (ohne Pinot, der schlecht »trocknet«) hergestellt. Die Trauben werden in Weidenkörben auf einem Strohbett ausgebreitet; dort trocknen sie bis zu Sankt Vincent (21. Januar), wenn sie sich vierer Feinde erwehren konnten: Der Vögel, der Ratten, der Wespen und der Fäulnis. Anschließend werden sie im Rahmen eines Festes in einer kleinen Kelter gepreßt. Der sehr süße Saft gärt dann drei Jahre in alten Fässern. Diese langsame Gärung hört spontan auf, wobei noch ein erheblicher Restzuckergehalt im Wein zurückbleibt.

So entsteht ein bewundernswürdiger Vin de paille, den man wie feinste Confiserie nascht. Es ist ein Wein, der mit der Zeit noch an Komplexität gewinnt ... doch gilt die Zeit dem Strohwein nichts.

Auch der Vin Jaune (6.600 Flaschen) erzielt hohe Preise. Der zu 100 % aus Savagnin gekelterte Wein wird ohne Auffüllens des Schwunds sechs Jahre in kleinen Fässern ausgebaut. Zweimal im Jahr wird die Hefedecke, die sich auf dem Wein bildet, mit einer dünnen, sterilen Pipette durchstoßen, um eine Probe zu ziehen. Zu trinken vorzugsweise nach fünfzig bis einhundertfünfzig Jahren.

Château Climens

Land:
Frankreich (Bordeaux)

Herkunftsgebiet:
Barsac-Sauternes

Erzeugung:
72.000 Flaschen

Das bereits 1547 auf einem Pachtvertrag erwähnte Château Climens war bis 1802 Erbsitz eines Bürgergeschlechts aus Barsac, der Familie Roborel. Auf diese Dynastie folgte Jean Binaud; dann führte Eloi Lacoste, ein fortschrittlicher Agronom, dieses Gewächs auf den ersten Platz. Dieser Ruhm spiegelt sich in der Klassifikation von 1855. Von 1885 bis 1971 folgte die Druckerfamilie Gounouihou. Der Stern des Châteaus verblaßt nicht. Lucien Lurton, der im Médoc und in den Graves Châteaus sammelt, erwirbt schließlich auch dieses Gut. Schließlich möchte er jedem seiner zehn Kinder ein Weingut schenken. Climens ist für Brigitte und Marie-Laure bestimmt.
Zwar wurden die Keller modernisiert, doch wird die Tradition hier immer noch hochgehalten; insbesondere wird der Most in Holzfässern vergoren. Die fünfunddreißig ha roter Sand und Kies auf kalkigem Untergrund, der manchmal an die Oberfläche tritt, sind ganz dem Sémillon vorbehalten. Mit zwanzig Metern befindet man sich hier am höchsten Punkt von Barsac! Von der Rebe bis zur Kelter wird stets nach altem und bewährtem Brauch gearbeitet. Der Ertrag ist niedrig, und nur die ersten Pressungen ergeben den grand vin; aus dem Rest wird der Cyprès de Climens erzeugt, der zweite Wein des Guts. Ein Viertel neues Holz, Gärung bei etwa 20° C, zwei Jahre Ausbau, Schönung und Filtration. Wie die Chardons auf Palmer sind die Janins in Barsac berühmte Regisseure. Dank ihnen hat Château Climens die Stürme unbeschadet überstanden, die die süßen Weine am linken Ufer trafen. Es hat den Rücken gebeugt, aber seinen Weg geradlinig fortgesetzt. Mehr Sauternes als Barsac, ist dies ein »glatter« Wein, subtil und komplex zugleich und von einer bewundernswerten Auszeichnung. Seien es die historischen Jahrgänge wie 1928, 1955 und 1964 oder die großartige Triade 88, 89 und 90 - die jährlich 72.000 Flaschen sind ihren Preis immer wert.

Die Quintessenz des Petit Marseng

Inspirierter Fürsprecher einer vergessenen Rebsorte

Domaine Cauhape, Henri Ramonteu

Land:
Frankreich (Jurançon)

Herkunftsgebiet:

Erzeugung:
Nicht veröffentlicht

König Heinrich IV., *le bon roi*, wurde nach dem Brauch von Navarre getauft, indem seine Lippen mit einer Knoblauchzehe bestrichen und mit dem Saft der Reben aus der Gegend beträufelt wurden. Frankreich liebt diesen König mit religiöser Inbrunst, der das Herz der Franzosen eroberte, indem er ihnen allen das sonntägliche Huhn im Topf versprach. Es gibt keinen Zweifel, daß der Wein von Jurançon etwas zu seiner Lebensfreude beitrug. Aber mit den großen Weinen ist es wie mit den griechischen Tempeln: Oft liegen sie still und vergessen auf dem Lande ...
In den achtziger Jahren macht eine Gruppe junger Winzer in dieser Ecke der nördlichen Pyrenäenausläufer Furore, und es gelingt ihr, den Wein von Jurançon wieder auf den höchsten Rang zu erheben. Überall Kühe und Mais - aber man muß nur daran glauben! Henri Ramonteu macht sich zum inspirierten Fürsprecher einer vergessenen Rebsorte, des Petit Marseng. Auf lehmig-kieseligen Böden, die die Gletscher hier abgelagert haben, erzeugt er in einem Mikroklima, das für ein langes Eintrocknenlassen der Trauben sehr günstig ist, mit niedrigen Erträgen einen außerordentlich aromatischen Saft, der bis in den Dezember hinein gewonnen wird. Das Verfahren ist eine lokale Besonderheit und hat nichts mit Edelfäule zu tun: Die Trauben werden einfach bis zu einer extremen und konzentrierten Überreife am Stock belassen. Man klemmt sogar die Stiele ab, um nach der Reife jegliche Saftzufuhr zu unterbinden. Dies ist, kurz gesagt, Kunsthandwerk. Der Erfolg bleibt nicht aus: Diese Quintessenz reiht sich auf Anhieb in die Elite der besten Likörweine der Welt ein. Der Wein ist teuer: Henri ist nicht umsonst Béarnaiser. Ein Strohfeuer? Mitnichten: Seit fünf Jahrgängen behauptet sich der Wein. Extravagant, komplex und überirdisch, hat er sich einen Namen gemacht und ist der Beweis dafür, daß das Jurançon aus der Geschichte seine Lehren gezogen hat.

Champagner

Krug Clos du Mesnil

Eine ewig neue Herausforderung

Clos du Mesnil

Land:
Frankreich

Herkunftsgebiet:
Champagne

Erzeugung:
15.000 Flaschen

Die Alten im Ort nennen ihn noch »Clos Tarin«, weil bis 1971 ein gewisser Jules Tarin sein Besitzer war. Der Clos schlug alle Rekorde an Unproduktivität, denn er bestand aus sehr alten Reben, und sehr viele Stöcke fehlten, weil sie nie ersetzt wurden. Der Clos war nur bei einigen Liebhabern bekannt, die auch einen Clos Tarin mitnahmen, wenn sie schon im Ort Cazals, Montcuit oder Charlemagne einkauften. Dabei ist dieser Clos ebenso alt wie spektakulär. Spektakulär deshalb, weil er mitten in der Ortschaft Mesnil-sur-Oger liegt, d.h. er ist tatsächlich von Gassen und Wohnhäusern umgeben. Man kann ihn nur vom Flugzeug aus richtig sehen, und man würde bei diesem großen grünen Fleck mitten in der Ortschaft eher an einen Park als an einen Rebgarten denken. Die Anlage ist sehr alt, denn ein Stein in der Mauer des Clos - es handelt sich um einen echten Clos, d.h. ein von einer Mauer umfriedetes Grundstück - trägt das Datum 1698. Der Rebgarten wurde zweifellos von den Benediktinern von Mesnil geschaffen, denen er bis 1750 gehörte.
Der Clos du Mesnil bedeckt eine Fläche von 1,87 ha und ist damit etwa ebenso groß wie Romanée-Conti. Er ist auch ebenso einzigartig. Seine Flaschen kosten ein Vermögen, weil sie selten, aber auch außergewöhnlich sind.

Die Marke von Henri und Rémy Krug

Als Henri und Rémy Krug den Clos 1971 kauften, konzentrierten sie sich zunächst darauf, den Rebgarten wieder in Ordnung zu bringen. Deshalb trägt der erste Jahrgang Clos du Me-

snil Krug erst das Datum 1979 und kam erst 1985 auf den Markt. Es war ein Champagner, für den viel Tinte vergossen wurde. Einige »Krugisten«, wie sich die Fanatiker des Champagne Krug selbst bezeichnen, schrien Ketzerei, wenn nicht gar Verrat. In der Tat hatte schon 1843 Josef Krug, der Begründer des Hauses, eine Regel formuliert: Ein Champagner entsteht durch Verschnitt, durch höchst kunstvollen Verschnitt aus unzähligen Crus und aus den drei Champagnerreben Chardonnay, Pinot noir und Pinot Meunier. Darüber hinaus hatte er die Grundzüge von zwei typischen *Assemblages* festgelegt, einer kraftvolleren und einer leichteren, deren Ergebnis auch heute noch die beiden berühmten Cuvées sind: Der Vintage, der gut zur Hälfte aus Pinot noir, aus einem Drittel Chardonnay und 16 % Pinot Meunier besteht, und der Grande Cuvée, dessen Rasse jeder blind erkennt.
Sein Sohn Paul, sein Enkel Joseph, sein Urenkel Paul und seine beiden Ururenkel Henri und Rémy haben diese Regeln der Assemblages angewandt und ihre Verdienste gerühmt. Unter diesen Umständen muß natürlich ein Krug Blanc des Blancs, das heißt also ein reinsortiger (Chardonnay) Champagner, der noch dazu aus einer Einzellage stammt, Protest hervorrufen. Einen Protest, der sich an einer winzigen Zahl (numerierter) Flaschen entzündet, etwa 15.000 an der Zahl, die den *Happy few* vorbehalten sind. Vielleicht wollten die Brüder Krug zeigen, daß sie auch in der Lage sind, einen Champagner zu kreieren, der das genaue Gegenteil ihrer sonstigen Produktion darstellt. Sie wandten dabei ihr übliches (und einzigartiges) Vinifikationsverfahren in kleinen gebrauchten Champagnerfässern von 205 l Inhalt an (Gärung und kurzer Ausbau) und arbeiteten mit ihrer üblichen besessenen Sorgfalt. Sie haben ihre Herausforderung bestanden - der Clos du Mesnil ist ein Charakter-Champagner, der die Kraft und Fülle zum Weglegen hat. Die Art der Vinifikation spielt hierfür eine wichtige Rolle, und wenn die Trauben von Mesnil-sur-Oger bekanntermaßen Weine liefern, die in ihrer Jugend ein wenig hart sind, so entwickeln sie sich mit der Zeit doch großartig. Diese Gegebenheiten, die sich bereits 1911 der Champagne Salon zu Nutze machte, auch er ein reiner Mesnil, liefern einen Clos du Mesnil, der in sich alle Finesse eines hervorragend vinifizierten Chardonnay vereint. Nur große Jahrgänge kommen auf den Markt. So gab es 1984, 1986, 1987 und 1991 keinen Clos. Der Clos du Mesnil ist ein Blanc de Blancs, der mehr ist als ein Blanc des Blancs.

Bollinger

Das Zeitalter vor der Reblaus

VIEILLES VIGNES FRANÇAISES

LAND:
FRANKREICH

HERKUNFTSGEBIET:
CHAMPAGNE

ERZEUGUNG:
NICHT VERÖFFENTLICHT

Jede Region hat ihr Museum mit alten Weingerätschaften. Bei Bollinger macht man es besser, aber das Publikum weiß nichts davon. Das Museum lebt, die alten Werkzeuge werden noch immer (und obligatorisch) in drei kleinen Rebgärten aus der Zeit vor der Reblaus benutzt, wo wurzelechte Reben, die sogenannten »vieilles vignes françaises« stehen. Dies ist kein Rebgarten mit säuberlich auf Drahtrahmen gebundenen Ruten; hier herrschen großzügiges Durcheinander und wuchernde Fülle. Heute setzt man zwischen 2.500 und 10.000 Stöcke pro Hektar - in den Zeiten vor der Reblaus dagegen setzte man die Reben regellos und mit einer Dichte von 25.000 Stöcken pro Hektar und mehr. Alljährlich werden aus den Ruten Absenker hergestellt. Zwei Ruten tragen Trauben (gepfropfte Reben: vier), wobei die Zahl der Trauben je Stock höchstens drei bis fünf erreicht, während der gepfropfte und aufgebundene Pinot fünfzehn Trauben trägt. (Bestockungsdichte des Pinot in der Champagne: 8.000 Stöcke pro Hektar). Unter diesen Umständen verwundert es nicht, daß der Hektarertrag der Vieilles vignes françaises um die Hälfte niedriger liegt als der Durchschnitt in der Champagne (6.000 bis 7.000 kg gegenüber 12.000 kg).

Dieser ganz spezielle Rebgarten muß geschützt werden, auch wenn er von Hand mit traditionellen Werkzeugen bearbeitet wird, die überall sonst von der Mechanisierung verdrängt wurden. Das Hacken, der Schnitt und auch die Pflegebehandlungen werden zu Fuß und von Hand ausgeführt!

Wie diese wurzelechten Reben überleben konnten, ist ein Geheimnis. Es begann mit einem Stück Rebgarten in Bouzy, in dem die Reblaus niemals aufgetreten war. Er ist aber von Weingärten umgeben, die gepfropft werden mußten, während dieser in keiner Weise geschützt wird. Der Boden ist derselbe und enthält keinen Sand, was dieses Phänomen erklären könnte (die Reblaus mag keinen Sand). Seit 1969 werden die Trauben von diesem Rebgarten getrennt vinifiziert.

Vor zehn Jahren wurde in Ay gegenüber den Kellern von Bollinger auf der anderen Seite der Straße ein weiteres Stück Land mit wurzelechten Reben bepflanzt. Dies ist ein echter Clos, der mit hohen Mauern umgeben ist. Schließlich wurde vor fünf Jahren hinter den Büros von Bollinger ebenfalls in Ay ein drittes Stück Land bepflanzt, das ebenfalls von hohen Mauern geschützt ist. Auch wenn häufig etwas anderes geschrieben wird, sind die Trauben von wurzelechten Reben anders als diejenigen von gepfropften Reben. Der Vegetationszyklus von wurzelechten Reben verläuft schneller, sie reifen besser und erreichen einen höheren Zuckergehalt und damit ein ganz anderes Verhältnis zwischen Alkohol und Säure.

Der Bollinger Vieilles Vignes Françaises ist ein Champagne Blanc de Noirs, weil nur Pinot-Trauben für den Verschnitt verwendet werden. Er wird wie die anderen Bollinger-Jahrgangs-

VIEILLES VIGNES FRANÇAISES
CHAMPAGNE
BLANC de NOIRS
BOLLINGER
BRUT
RECOLTE 1988

champagner vinifiziert, d.h. Gärung in Champagner-Fässern zu 205 Litern und Abzug auf verkorkte Flaschen. Im allgemeinen wird kein biologischer Säureabbau durchgeführt, da der Wein aufgrund des sehr reifen Leseguts ohnehin nur wenig Äpfelsäure enthält. Dagegen dauert die *Remuage*, durch die das Depot zum Kork getrieben wird, volle achtzig Tage und ist schwieriger als bei den übrigen Champagnern, weil das »Fett« des Weins den Niederschlag des Depots erschwert.

Der Bollinger Vieilles Vignes Françaises ist ein Bollinger-Jahrgangswein. Äußerlich ähnelt er sehr den übrigen Erzeugnissen von Bollinger, dem Grand Année, RD (für Récemment Dégorgé mit Angabe des Datums des Degorgierens) oder dem Grande Année Rosé - alle diese Weine sind geprägt vom Pinot noir, dessen Anteil beinahe zwei Drittel beträgt. Er gehört zur Familie. Aber eben nur äußerlich. Es ist ein Vergehen, ihn gedankenlos zu trinken, sich mit der äußeren Erscheinung (die übrigens höchst ansprechend ist) zu begnügen. Man muß mehr tun und seinen geschmeidigen Brioche- und Nußgeschmack kosten. Vor allen Dingen aber muß man seine außerordentliche, seine mächtige Finesse kosten. Es ist ein außerirdischer Champagner...

Die Fässer des Hauses Bollinger kommen in den Keller.

Cristal de Roederer

Der Champagner des Zaren

Land:
Frankreich

Herkunftsgebiet:
Champagne

Erzeugung:
Nicht veröffentlicht

Zahlreiche Rosé-Champagner werden in weißen, d.h. farblosen Flaschen ausgeliefert, damit man ihre Farbe bewundern kann; die weißen Champagner ruhen in grünen oder braunen Flaschen. Die Ausnahme ist der berühmte Cristal von Roederer. Wie man weiß, sind die Cristal-Flaschen in gelbes Zellophanpapier verpackt. Es empfiehlt sich, dieses Papier bis zum Genuß an der Flasche zu belassen, da es speziell entwickelt wurde, um den Champagner vor ultraviolettem Licht zu schützen, das durch das farblose Glas nicht zurückgehalten wird. Bekanntlich kann Champagner innerhalb einer Viertelstunde einen unangenehmen »goût de lumière« annehmen.

Woher kommt also diese weiße Flasche, und woher kommt der Name Cristal?

Das kaiserliche Rußland liebte Champagner über die Maßen, und zwar mit hoher Dosage. Das Haus Roederer hatte die Ehre, den Champagner an einen ganz besonderen Kunden verkaufen zu dürfen: An Zar Alexander. Für ihn, und nur für ihn allein, entwickelte es 1876 den »snobistischsten Champagner, den es jemals gab.« Es wird berichtet, daß der Kellermeister des kaiserlichen Palastes dem Verschnitt dieser speziellen Cuvée beiwohnte. Der Zar bewirtete den Hof mit seinem Champagner, konnte es aber nicht vertragen, wenn seine Gäste es nicht bemerkten oder nicht genügend würdigten, daß dieser Champagner nicht jedermanns Champagner war.

Er verlangte, daß sein Champagner in Kristallflaschen geliefert wurde. So geschah es bis zur Oktoberrevolution; der letzte für den Zaren hergestellte Jahrgang war der 1914er, der jedoch nicht mehr ausgeliefert wurde.

So entstand der Cristal. Er verschwand mit seinem hohen Kunden, tauchte aber 1924 allmählich wieder auf. Natürlich wurde der Cristal kein volkstümlicher Wein, doch wurde aus dem Kristallglas gewöhnliches durchsichtiges Glas, wie wir es heute kennen. Die Dosage ist ebenfalls nicht mehr nach russischem Geschmack, sondern auf etwa 1 % (12,5 Gramm) begrenzt. Diese Cuvée ist immer ein Jahrgangswein, und Jean-Claude Rouzaud, der heute die Geschicke der Marke leitet, brachte auch in angeblich »unmöglichen« Jahren wie 1974 und 1977 einen Cristal heraus. Er wird ausschließlich aus Trauben erzeugt, die in den hervorragenden Lagen des Hauses Roederer wachsen: 180 ha, davon 130 ha Grands Crus.

Wie stets bei Roederer stehen die blauen Trauben im Vordergrund. Beim Cristal wird jedoch ein Anteil von 60 % Pinot noir (kein Pinot Meunier) nicht überschritten.

Dieser Cuvée de prestige, einer der bekanntesten nach Dom Pérignon, enttäuscht niemals. Er ist exemplarisch für den Stil des Hauses Roederer und bedarf niemals der Hilfe der berühmten Vins de réserve, die auf Holz gelagert werden und denen manche den »Roederer-Charakter« zuschreiben. Es ist ein sauberer, geradliniger, direkter Wein, der doch niemals Gefahr läuft, simpel zu sein. Ein makelloser Körper steigert die harmonische Eleganz auf höchster archetypischer Ebene.

Cristal Rosé

Seit dem Jahrgang 1974 gibt es den Cristal auch als Rosé. Hierbei ist der Anteil des Pinot noir auf mindestens zwei Drittel der Assemblage erhöht. Der Wein hat seine natürliche Farbe durch Kontakt mit den Häuten der Pinot noir-Beeren. Anschließend wird der Farbton gegebenenfalls eingestellt. Dieser sehr fruchtige Rosé hat eher weinigen Charakter. Im Gegensatz zu vielen anderen Rosés schaden ihm einige Jahre Alter nicht. Er nimmt dann üppige reife Aromen an. Er ist wie der Cristal Blanc nur schwach dosiert.

Salon

Ein einzigartiger junger Mann

Champagne

Land:
Frankreich

Herkunftsgebiet:
Champagne

Erzeugung:
30.000 Flaschen

Er war ein großer Liebhaber der Tafelfreuden, und er hatte sehr dezidierte Vorstellungen, wie ein Gericht aussehen und wie man es zubereiten müsse sowie auch hinsichtlich der Weine, die dazu paßten. Er liebte den Champagner. Er entwickelte eine wahre Leidenschaft für die Chardonnay-Weine. Er verglich die Vorzüge der Rebgärten von Cramant, Avize, Oger und Mesnil. Er kam zu dem Schluß, daß die Trauben von Mesnil die fruchtigsten, die feinsten und die für die Erzeugung alterungsfähiger Weine geeignetsten seien. Er kaufte einige Rebgärten und ließ einen Champagner für seine Tafel, dann für seine Freunde erzeugen - und so wurde der Champagne Salon geboren. Aimé Salon ist viel unterwegs, geht *chez Maxim's* ein und aus, bewegt sich auf dem politischen Parkett, weil er überzeugter Europäer ist (sein Name steht im Jahrbuch der »ersten Europäer«, und er gehört dem berühmten »Club der Einhundert« an). Er ist ein Mann von Welt, und alle Welt will seinen Champagner trinken. Dieser Wein ist eine große Besonderheit, weil es ein Blanc de Blancs ist. Vor dem Ersten Weltkrieg erzeugte kein Champagnerhaus einen reinsortigen Chardonnay. Der 1911er ist der erste Jahrgang des Champagne Salon, und er wird nur an eine ausgesuchte Kundschaft von Liebhabern verkauft.

Auch als Champagnererzeuger rückt Aimé Salon nicht von den Grundsätzen ab, die er für die Erzeugung seines persönlichen Champagners festgelegt hatte. Ob dies aus kaufmännischer Sicht sinnvoll ist, ist ihm gleichgültig; er interessiert sich nur für die Qualität und die ganz besondere Typizität seines Champagners. Es werden immer nur Jahrgangsweine erzeugt, d.h. bei dieser Marke fallen bestimmte Jahrgänge aus, und es findet kein biologischer Säureabbau statt. Für diesen Weintyp wird nur eine einzige Cuvée (20,5 Hektoliter) verwendet, die grüner, aber haltbarer ist, und der Wein bleibt lange auf der Hefe, bevor er auf den Markt kommt.

Diese Grundsätze, die vor achtzig Jahren definiert wurden, gelten noch heute für den Champagne Salon.

Aimé Salon, ein Mann mit Geschmack, hatte die Entwicklung richtig vorausgesehen: Schon 1920 nimmt das Maxim's seinen Champagner auf die Weinkarte, und der 1928er wird einhellig als das beste Produkt des Jahres bezeichnet, ein Jahrgang, der auch heute noch perfekt ist. Der Champagne Salon gewinnt bei seiner Entwicklung auf der Hefe an Komplexität, auch wenn er nur aus einer einzigen Rebsorte und von einer einzigen Lage stammt. Vollkommenes und lebendiges Gleichgewicht, ausgezeichnete Frucht, große Länge am Gaumen: Ein Klassiker.

Aimé Salon starb im Jahre 1943. Nach einigen Jahren mit Erbschaftsproblemen und einer Eigentümergemeinschaft kaufte Besserat de Belfont Salon und verkaufte es 1988 an die Firma Laurent Perrier weiter, die es wie ihr Lieblingskind hätschelt.

Dom Pérignon

Von den Göttern gesegnet

Moët et Chandon

Land:
Frankreich

Herkunftsgebiet:
Champagne

Erzeugung:
Nicht veröffentlicht

Wann hat Dom Pérignon mehr für den Champagner getan - vor oder nach seinem Tod? Er ist im selben Jahr wie Ludwig XIV. geboren, und beide sind im Alter von 77 Jahren gestorben. Er war von 1688 bis zu seinem Tode Kellermeister der Abtei von Hautvillers. Er war querulantisch, streitsüchtig, kleinlich, ein ausgezeichneter Verwalter und verkaufte seinen Wein sehr teuer. Aber es war der beste der ganzen Gegend, und er ließ ihm alle Pflege angedeihen. Mehr weiß man eigentlich nicht, weil die Archive der Abtei während der Französischen Revolution verbrannten. Während dieses Fehlen von Dokumenten für den Historiker betrüblich ist, kommt es andererseits der Legendenbildung entgegen. So wurde Dom Pérignon zu einer mythischen Gestalt: Er hat alles erfunden - den Champagner, die *méthode champenoise*, den Korken... Nichts davon ist wahr. Oberst François Bonal behauptet sogar, daß Dom Pérignon niemals Schaumwein erzeugt hat. Ob der Oberst hier nicht zu weit geht? Wir werden es niemals wissen, weil die Historiker über keine handfesten Fakten verfügen. Es sind nichts als zwei Briefe von Dom Pérignon erhalten sowie einige Unterschriften auf belanglosen Verträgen.

Auf seinem Grabstein in Hautvillers werden seine angeblichen Leistungen für den Wein mit keinem Wort erwähnt. Die wenigen Zeugnisse von Zeitgenossen stammen überwiegend aus der Zeit nach seinem Tod und helfen nicht weiter. Aus unerfindlichen Gründen wurde er im neunzehnten Jahrhundert zur Galionsfigur der Champagne. Er ist als Blinder dargestellt, wie er Trauben verkostet, um eine Cuvée zusammenzustellen. Leider ist auch seine Blindheit eine Hypothese, die immer zweifelhafter erscheint. ...

Ein Zweiakter

Über die Geburt der berühmten Cuvée Dom Pérignon wurde viel Erdichtetes erzählt. Hier die wirkliche Geschichte einer Geburt in zwei Schritten:

Erster Akt: Im flauen Geschäft vor dem Krieg beschließt Moët et Chandon, den hundertsten Geburtstag ihrer englischen Agenten Simon Brothers in London zu feiern. Robert Jean de Vogüé hat eine geniale Idee im besten Champenoiser Stil: Die Nachfahren ihrer besten Kunden Ende des achtzehnten und Anfang des neunzehnten Jahrhunderts sollen ein Körbchen mit zwei Flaschen bekommen, genaue Nachbildungen derjenigen, die ihre Ahnen einst erwarben. Die Flaschenform und das Etikett mit dem Wappen, auf dem seinerzeit zu lesen war »Special shipped for Simon Brothers & Cie« sind authentisch. Die gleichsam archäologische Rekonstruktion ging sogar so weit, daß man den Sicherungsdraht durch einen Bindfaden ersetzte und den Korken mit grünem Siegellack verschloß. Diese dreihundert Flaschen, die 1935 ausgeliefert wurden, enthielten einen (umgefüllten) 1926er Jahrgangs-Champagner.

Zweiter Akt: Einige Amerikaner verkosteten diesen Wein. Sie wollten mehr davon. Eugène Mercier, der in der Champagne *alles* erfunden hat, hatte die Marke Dom Pérignon schützen lassen. Als Francine Duran-Mercier 1927 den Grafen Paul Chandon-Moët heiratete, bot das Haus Mercier Moët et Chandon diese ungenutzte Marke an. Robert-Jeand de Vogüé beschloß nun, die neue Cuvée »Dom Pérignon« zu taufen. Die Form der Flasche und des Etiketts waren identisch mit denjenigen, die nach London geliefert wurden, doch stammte der (ebenfalls umgefüllte) Wein nun aus dem ruhmreichen Jahrgang 1921. Die ersten einhundert Kisten verließen Le Havre an Bord der Normandie am 2. Dezember 1936. Der Erfolg war durchschlagend.

Was »Prestige« bedeutet

Im Gegensatz zu oft gehörten Behauptungen ist dieser *Cuvée de Prestige* nicht der älteste. Der Vorrang gebührt - wiederum - Eugène Mercier, der den ersten Cuvée de Prestige in einer speziellen Flasche auf den Markt brachte.

Der zweite Cuvée de Prestige ist historisch sehr bekannt: Er trug den Namen Cristal, erschien bei Roederer, und der Abnehmer war kein Geringerer als Zar Alexander II. Der Cuvée Dom Pérignon kommt also an dritter Stelle.

Es ist ein Cuvée de Prestige, der sich mit Geheimnissen umgibt; die genaue Zahl der Flaschen wird nicht preisgegeben, doch ist sie zweifellos groß. Der Wein besteht - im Durchschnitt - aus gleichen Teilen Chardonnay und Pinot noir, wobei der Chardonnay-Anteil in bestimmten Jahrgängen um fünf bis zehn Prozent höher sein kann. Der Wein stammt nur von ausgewählten Crus, und wenn man sich auf die Auskünfte des Hauses Moët et Chandon stützt, waren diese Crus bereits im Besitz von Claude Moët, als dieser 1743 die Firma gründete.

Das angestrebte Ziel ist immer dasselbe, nämlich Eleganz ohne Geziertheit im Dienste eines »gebrannten« Bouquets, in dem die Chardonnays eine wesentliche Rolle spielen (getoastetes Weißbrot, Röstaromen, Kaffee).

Eine Flasche Dom Pérignon ist immer perfekt, doch sind manche Jahrgänge von den Göttern gesegnet. Der 1985er, der noch in den Kellern liegt, hat mit seiner machtvoll klassischen Art zweifellos in den letzten zwanzig Jahren keinen Konkurrenten.

Ein seltener und teurer Rosé

Der Dom Pérignon rosé ist eine Kreation jüngeren Datums. Robert de Vogüé und Claude Fourmon ließen 1962 hiervon 10.000 Flaschen abfüllen. Sieben Jahre später wurde dieser Wein bei einem Empfang in New York angeboten. Sein internationaler Erfolg war programmiert. Der Wein ist sehr selten und sehr teuer. Die Cuvée besteht im allgemeinen aus einem Drittel Chardonnay und zwei Dritteln Pinot noir einschließlich rotem Bouzy, der ihm einen keineswegs schüchternen Rosé-Ton verleiht. Diese elegante Flasche zeichnet sich durch eine Länge am Gaumen aus, wie man sie selten findet.

CHANDON

Comtes de Champagne

Lebenskunst

TAITTINGER

LAND:
FRANKREICH

HERKUNFTSGEBIET:
CHAMPAGNE

ERZEUGUNG:
NICHT VERÖFFENTLICHT

Die Blanc de Blancs-Prestige-Cuvées sind rar. Den Clos du Mesnil von Krug gibt es erst seit den achtziger Jahren, während der Dom Ruinart aus den sechziger Jahren stammt. Die Cuvée Comtes de Champagne spielt eine Art Vorläuferrolle, da sie 1957 erschien und den Jahrgang 1952 trug. Es erforderte Mut, in jener Zeit einen hochklassigen Blanc des Blancs zu erzeugen. Man mußte die Entwicklung des Publikumsgeschmacks in Richtung luftigerer Champagner vorausahnen und sich über das in der Champagne sehr verbreitete Credo hinwegsetzen, daß ein reinsortiger Champagner eine Häresie sei. Man wirft den Champagnern, die nur aus einer einzigen und gar noch einer weißen Rebsorte erzeugt werden, einen eintönigen, einseitigen Charakter vor, der zu Lasten eines gewissen Gewichts gehen soll. Um dem entgegenzuwirken, entsteht diese reine Chardonnay-Cuvée aus einem Verschnitt zahlreicher Crus, der besten der Côtes de Blancs. Wie man weiß, können verschiedenartige Böden einem reinsortigen Wein eine unvergleichliche Komplexität verleihen.

Das Etikett ist ein Hinweis auf die Dynastie von Grafen, die im Mittelalter in der Champagne herrschten. Es trägt das Siegel von Thibaud IV., Graf der Champagne, der Sänger genannt, als Dichter berühmter denn als Waffenheld. Er war einer der bezauberndsten Trouvères des XII. Jahrhunderts, den Dante und Petrarca einen »großen Dichter« nannten; seine Verse bestechen durch ihre elegante Form. Das Nämliche kann man von diesem Champagner sagen, für dessen Herstellung Finesse das oberste Ziel ist.

Der Wein wird mit äußerster Sorgfalt behandelt, die jegliche Mechanisierung ausschließt. Die *prise de mousse*, die Entstehung der Bläschen, erfolgt »sous liège«, d.h. der metallische Kronenkorken wird durch einen echten Korken ersetzt, der durch eine Klammer an seinem Platz gehalten wird, wie dies auch die Form des Flaschenhalses zu erkennen gibt. Jeder Laie kann dies feststellen, der einen Blick auf die Schulter der Flasche wirft, einer bauchigen Flasche, wie sie ähnlich im achtzehnten Jahrhundert benutzt wurde.

Die Achtung vor der Tradition schließt aber Entwicklung nicht aus. Seit dem Jahrgang 1988 wird eine sehr geringe Menge Stillwein (5 %) zwei Monate in neuen Barriques ausgebaut und dann mit Weinen verschnitten, die in Edelstahltanks ruhen. Die Verwendung von neuem Holz ist in der Champagne etwas Außergewöhnliches; das Ziel ist jedoch nicht, der Cuvée Comtes de Champagne einen Holzton zu verleihen, sondern ihr lediglich eine kaum wahrnehmbare Note zu geben, die mit dem Wein eine Einheit bildet.

Dies ist die Marke des großen Hauses Rémoise, das erst seit 1936 besteht. Es entstand durch die Übernahme des 1734 gegründeten Hauses Fourneaux durch Taittinger. Taittinger besitzt heute 250 ha Reben und ist damit eine der wenigen großen Familienmarken. Die Familie Taittinger, die sich ein Imperium geschaffen hat, setzt auf Luxus; die Taittinger-Werbung strahlt

VINTAGE
TAITTINGER
Comtes de Champagne
MILLESIME
1986
BRUT
PRODUCT OF FRANCE
REIMS

Eleganz und die Verfeinerung einer *Art de vivre* aus, die das Privileg weniger ist, wiewohl die Erzeugungsmenge des Comtes de Champagne durchaus nicht gering zu nennen ist.
Der erste Comtes de Champagne Rosé kam 1971 als 1966er heraus. Es ist ein Blanc des Noirs Rosé von Grands Crus (Ambonnay und Bouzy), der seine Farbe durch kurze Maischegärung erhält. Es ist ein ausgezeichneter, weiniger Rosé, der ein hervorragender Tafelbegleiter ist.

Die *Collections de Maitres*

Das Streben nach Perfektionierung und Aktualität fand 1983 ihren Niederschlag in der Markteinführung der seltenen und teuren Serie »Collections« durch Claude Taittinger. Die Flaschen in traditioneller Form sind mit einer Kunststoffumhüllung versehen, die von bekannten Künstlern gestaltet wird: Die erste Flasche enthielt einen 1978er Jahrgangs-Brut (60 % Pinot, 40 % Chardonnay), dessen goldene Umkleidung das Werk von Vasarely war; der schwarze und musikalische 1981er ist von Arman signiert; der 1982er erschien in einer blauen Flasche von André Masson; der bunte 1983er ist ein Werk von Maria-Elene Vieira da Silva; der 1985er verdankt seine Ausstattung Roy Lichtenstein, während der 1986er, der noch in den Kellern liegt, von Hartung gestaltet wurde. Jede Flasche hat eine »limitierte« Auflage von 100.000 Exemplaren.
Diese Champagner tragen zwar das Siegel des Pinot, doch besitzen sie einen eleganten Nuß-Charakter vom Chardonnay, der auch den Comtes de Champagne beherrscht. Letztere beweisen einmal mehr, daß der Chardonnay zeigt, was in ihm steckt, wenn man ihm einige Jahre Zeit läßt. Dann steigert sich die Eleganz um eine komplexe Frucht, die durchaus an die großen klassischen Weine anderer Regionen erinnert.

Die Keller von Taittinger in Reims.

INDEX

Die fettgedruckten Namen und Zahlen beziehen sich auf die wichtigsten Texte der hundert Weine; die kursiv gedruckten weisen auf die Bildlegenden hin.

BILDNACHWEIS

Alle Reportageaufnahmen in diesem Werk sind Eigentum der Agentur SCOPE:

S. 10 : © Scope/Michel GUILLARD
S. 11 : © Scope/Michel GUILLARD
S. 12 : © Scope/Jeau-Luc BARDE
S. 13 : © Scope/Michel GUILLARD
S. 14 : © Scope/Jeau-Luc BARDE
S. 15 : © Scope/Jacques GUILLARD
S. 17 : © Scope/Michel GUILLARD
S. 18/19 : © Scope/Jacques GUILLARD
S. 21 : © Scope/Jean-Luc BARDE
S. 22/23 : © Jacques GUILLARD
S. 24 : © Scope/Michel GUILLARD
S. 25 :© Scope/Michel GUILLARD
S. 26 : © Scope/Michel GUILLARD
S. 27 : © Scope/Jacques GUILLARD
S. 29 : © Scope/Michel GUILLARD
S. 30 : © Scope/Philippe GUILLARD
S. 31 : © Scope/Michel GUILLARD
S. 32 : © Scope/Jacques GUILLARD
S. 33 : © Scope/Jacques GUILLARD
S. 35 : © Scope/Charles GUILLARD
S. 36 : © Scope/Charles GUILLARD
S. 38 : © Scope/Alain GUILLARD
S. 39 : © Scope/Jacques GUILLARD
S. 41 : © Scope/Jean-Daniel GUILLARD
S. 42 : © Scope/Jean-Luc GUILLARD
S. 43 : © Scope/Michel GUILLARD
S. 49 : © Scope/Jean-Luc GUILLARD
S. 51 / © Scope/Jean-Luc GUILLARD
S. 52 : © Scope/Michel GUILLARD
S. 54 : © Scope/Jean-Daniel GUILLARD
S. 55 : © Scope/Jean-Daniel GUILLARD
S. 57 : © Scope/Jacques GUILLARD
S. 66 : © Scope/Philip GUILLARD
S. 69 : © Scope/Michel GUILLARD
S. 78 : © Scope/Michel GUILLARD
S. 83 : © Scope/Michel GUILLARD
S. 84 : © Scope/Sara MATTHEWS
S. 91 : © Scope/Michel GUILLARD
S. 94 : © Scope/Sara MATTHEWS
S. 95 : © Scope/Michel GUILLARD
S. 102 : © Scope/Philip GOULD
S. 105 : © Scope/Philip GOULD / Richard ALDINE
S. 110 : © Scope/Sara MATTHEWS
S. 114 : © Scope/Jacques GUILLARD
S. 120 : © Scope/Jacques GUILLARD
S. 123 : © Scope/Jacques GUILLARD
S. 142 : © Scope/Jacques GUILLARD
S. 148 : © Scope/Jean-Luc BARDE
S. 158 : © Scope/Michel GUILLARD
S. 183 : © Scope/Jacques GUILLARD
S. 198 : © Scope/Jacques GUILLARD
S. 200 : © Scope/Jacques GUILLARD
S. 206 : © Scope/Jacques GUILLARD
S. 207 : © Scope/Jacques GUILLARD
S. 213 : © Scope/Michel GUILLARD
S. 227 : © Scope/Jacques GUILLARD
S. 228 : © Scope/Jacques GUILLARD
S. 232 : © Scope/Jacques GUILLARD
S. 240 : © Scope/Jean-Daniel SUDRES
S. 244 : © Scope/Michel GUILLARD
S. 252 : © Scope/Jacques GUILLARD

Photographische Arrangements von Daniel Czap und Claudine Doucet:

S. 53 : Modelle der Satelliten Spot 3 und Intelsat 7
M V CRÉATION
77970 Jouy le Chatel
S. 59 : Links eine Bronze von André del Debbio
Rechts die Bronze „Jenny" von Robert Wlérick:
48, rue de Verneuil,
75007 Paris
S. 63 : Objekte und Muscheln von Thomas Boog
36, Passage Jouffroy,
75009 Paris
S. 65 : Mineralien, zur Verfügung gestellt von der Galerie de Minéralogie des MUSÉUM D'HISTOIRE NATURELLE,
61, rue Buffon,
75005 Paris
S. 71 : Bronze von Francis Délivré
Privatbesitz
S. 75 : Marmorne Bacchus-Büste, Flasche und Weintrauben aus gallisch-römischer Zeit:
À LA REINE MARGOT
7 quai de Conti,
75006 Paris
S. 77 : Steinerner Löwe aus dem 17. Jahrh.:
André MACÉ,
266, Fbg Saint Honoré,
75008 Paris
Englischer Dolch und Panzerhandschuh:
Jean-Michel GUENEAU,
22, rue de Beaune,
75007 Paris
S. 81 : Königliche Sphinx, Reproduktion des Louvre
Kompass von Jean-Michel Wilmotte:
49, rue Etienne Marcel,
75039 Paris
Pläne der Chais von Ricardo Bofill (von Château Lafite zur Verfügung gestellt).
S. 85 : Aushängeschild eines Hufschmieds, Reitpeitsche und Steigbügel:
CHEVAL COLLECTION
Geneviève ROGER,
Marché Vernaison,
allée 7, stand 151,
93400 Saint Ouen
S. 89 : Gips-Säulen und -Kapitelle:
AUBERLET ET LAURENT,
8, bd du Général Giraud,
94100 Saint Maur
Renaissance-Senklot, Reproduktion des Musée d'Ecouen
Stiche aus dem Kupferstichkabinett des Louvre:
RÉUNION DES MUSÉES NATIONAUX
S. 93 : Italienische Terrakotta-Springbrunnenschale aus dem 18. Jahrh.:
Galerie FARNÈSE,
47, rue de Berri,
75008 Paris
Venezianisches Glas aus dem 19. Jahrh.:
Galerie PASSIFLORA,
3, allée Majorelle,
Louvre des Antiquaires,
75001Paris
S. 97 : Weinbecher aus Zinn, Ende 17. Jahrh., Reproduktion der Abtei von Saint Riquier:
RÉUNION DES MUSÉES NATIONAUX
Livres anciens : collection particulière
S. 107 : Schachspiel aus Elfenbein:
LE GAY SAVOIR
Galerie 13,
13, rue Jacob,
75006 Paris
Taft von VEREL DE BELVAL
4, rue de Furstenberg
75006 Paris
S. 109 : Kaffekannen „La Cupola", „La Conica", Kochkiste „La Cubica" und Zeichnung von Aldo ROSSI :
ALESSI,
14, rue du Fbg Saint Honoré,
75008 Paris
S. 113 : Gedrehte Säule, Kapitell und Hand mit Traube:
Andrée MACÉ,
266, Fbg Saint Honoré,
75008 Paris
Säulenfragment: Aliette TEXIER,
41, quai de l'Horloge,
75001 Paris
S. 117 : Rémy-Geige, 1840 :
ARGUENCE, luthier,
15, rue du Pont Louis Philippe,
75004 Paris
Saxophon : Paul BEUSCHER,
27, Bld Beaumarchais,
75004 Paris
S. 121 : Venezianischer Ebenholz-Kabinettschrank aus d. 18. Jahrh. m. Elfenbeineinlagen:
Galerie Charles SAKR,
8, allée Jacob,
Louvre des Antiquaires,
75001 Paris
Kristallglas „Marennes" von BACCARAT,
30 bis, rue de Paradis,
75010 Paris
Besticktes Hochzeits-Taschentuch:
FANETTE,
1, rue d' Alençon,
75015 Paris
S. 131 : Geschnitzter Bumerang "PITCHANCHARA" und Gemälde des australischen Aborigines-Malers Gutsargu, "Mini Figures". Zur Verfügung gestellt von der australischen Botschaftt in. Paris.
S. 143 : Gotische Steinkapitelle:
Andrée MACÉ,
266 Fbg Saint Honoré,
75008 Paris
Alte burgundische Flaschen, 18. Jahrh.:
Aliette TEXIER,
41, quai de l'Horloge,
75001 Paris
Silbernes Tastevin: Privatbesitz
S. 155 : Moschee-Laterne:
Michèle BACONNIER,
6, rue de Varenne,
75007 Paris
Stoff: NOBILIS,
29, rue Bonaparte,
75006 Paris
S. 175 : Terrakotta-Windrose:
IL GIARDINO,
Galerie de la Madeleine,
30, rue Boissy d'Anglas,
75008 Paris
S. 181 : Bronze des Bildhauers Injalbert, "L'enfant aux colombes", Privatbesitz
S. 199 : Alte Steine: ANDRÉE MACÉ,
Zinnteller aus dem 18. Jahrh.:
Thierry L'HUILLIER
42, rue de Verneuil,
75007 Paris
Römer aus dem 19. Jahrh.:
Galerie PASSIFLORA,
3, allée Majorelle,
Le Louvre des Antiquaires,
75001 Paris
S. 221 : Lins: Armleuchter aus Glas und geschliffenemKristall:
BACCARAT,
30 bis, rue de Paradis,
75010 Paris

Rechts: Kristall-Kerzenhalter:
SAINT LOUIS,
La Maison Royale,
13, rue Royale,
75008 Paris
Stoff: NOBILIS,
29, rue Bonaparte,
75006 Paris
S. 243 : Rebstock und Rebmesser: zur Verfügung gestellt vom:
Caveau des Echansons,
rue des Eaux,
75016 Paris
S. 249 : Silbernes Reliquiar aus dem 17. Jahrh.: Privatsammlung PLAISAIT. Ghomon-Kelch (Deutschland, Ende 16. Jahrh.) Reproduktion aus dem Museum von Ecouen:
PLASAIT, Goldschmied
Hôtel de Chaulnes,
9, place des Vosges,
75004 Paris
Bestickte Kasel:
Privatbesitz
S. 251 : Silberne Platte und Schale aus vergoldeter Bronze:
ODIOT, Goldschmied,
7, place de la Madeleine,
75008 Paris
Gläser von Boreck SIPECK :
L'ÉCLAIREUR,
3 ter, rue des rosiers,
75004 Paris

Alle eingerahmten Photographien wurden von AMÉDEO MONTANARI zur Verfügung gestellt:
© ART CADRE, 18, rue de Beaune, 75007 Paris

S. 56 : Venedig, Mitte des 16. Jahrh.
S. 61 : Venedig, Mitte des 16. Jahrh.
S. 67 : Toskana, Anfang des 17. Jahrh.
S. 68 : Frankreich, Louis-seize
S. 87 : Venedig, Ende des 16., Anfang des 17. Jahrh.
S.. 99 : Frankreich, Louis-quatorze, Régence
S. 100 : Italien, Anfang des 16. Jahrh.
S. 103 : Frankreich, Anfang des 17. Jahrh.
S.. 104 :Frankreich, Louis-treize
S. 111 : Frankreich, Régence
S. 119 : Italien, Anfang des 17. Jahrh.
S. 124 : Frankreich, Empire
S. 125 : Venedig, Ende des 16. Jahrh.
S. 127 : Italien, 17. Jahrh.
S. 128 : Frankreich, Louis-quatorze, Régence
S. 132 : Rom, 17. Jahrh., sogenanntes "Salvator-Rosa"-Modell
S. 133 : Venedig, 16. Jahrh.
S. 135 : Frankreich, Louis-quatorze
S. 137 : Bologna, Ende des 16. Jahrh.
S. 139 : Frankreich, Régence
S. 140 : Südfrankreich, Anfang des 17. Jahrh.
S. 145 : Norditalien, Anfang des 17. Jahrh.
S. 146 : Venedig, Ende des 16. Jahrh.
S. 149 : Frankreich, Louis-seize
S. 151 : Italien, Ende des 17. Jahrh.
S. 153 : Frankreich, Louis-quinze
S. 157 : Italien, Ende des 16. Jahrh.
S. 159 : Frankreich, Louis-treize
S. 160 : Frankreich, Louis-quatorze
S. 161 : Venedig, Anfang des 17. Jahrh.
S. 162 : Italien, Ende 17. Jahrh.
S. 163 : Italien, Anfang 16. Jahrh.
S. 165 : Bologna, Anfang 17. Jahrh.
S. 167 : Spanien, Anfang 17. Jahrh.
S. 169 : Mittelitalien, 17. Jahrh.
S. 170 : Spanien, Anfang 17. Jahrh.
S. 171 : Südfrankreich, Mitte 17. Jahrh.
S. 176 : Frankreich, Régence
S. 177 : Bologna, Anfang 17. Jahrh.
S. 184 : Frankreich, Louis-quinze
S. 185 : Bologna, Ende 16. Jahrh.
S. 186 : Frankreich, Louis-treize
S. 187 : Spanien, Anfang 17. Jahrh.
S. 189 : Frankreich, Louis-seize
S. 190 : Italien, Ende 17. Jahrh.
S. 191 : Bologna, zweite Hälfte 16. Jahrh.
S. 193 : Frankreich, Louis-treize
S. 194 : Venedig, erste Hälfte des 17. Jahrh.
S. 201 : Frankreich, Louis-quatorze
S. 203 : Mittelitalien, Anfang 17. Jahrh.
S. 205 : Holland, zweite Hälfte des 17. Jahrh.
S. 209 : Spanien, Anfang 17. Jahrh.
S. 214 : Frankreich, Anfang 17. Jahrh.
S. 215 : Frankreich, Régence
S. 217 : Frankreich, Louis-seize
S. 219 : Toskana, Ende 17. Jahrh.
S. 223 : Frankreich, Louis-seize
S. 225 : Frankreich, Régence
S. 226 : Emilia, Ende 16. Jahrh.
S. 229 : Frankreich, Louis-quatorze
S. 230 : Emilia, Ende 17. Jahrh.
S. 231 : Frankreich, Louis-treize
S. 233 : Frankreich, Louis-quatorze
S. 234 : Venedig, Mitte 18. Jahrh.
S. 235 : Frankreich, Anfang 17. Jahrh.
S. 236 : Bologna, Anfang 17. Jahrh.
S. 237 : Frankreich, Louis-treize
S. 241 : Frankreich, Louis-treize
S. 245 : Frankreich, Louis-quatorze
S. 246 : Venedig, Anfang 17. Jahrh.

DANK

Carmèle Délivré und François Huertas
drücken ihre große Dankbarkeit Herrn Amédeo Montanari von Art Cadre gegenüber aus.
Daniel Czap dankt Franck Chafei für seine wertvolle Hilfe
während der ganzen Realisierung der Fotoaufnahmen.
Der Herausgeber bedankt sich ganz besonders bei Didier Bocquet von *Établissements D. Bocquet*,
Herrn Lévy von *Vinespa*, Peter Thustrup von *Vins Rares*,
La Cave à Millésimes und les *Caves Taillevent*.